那一方土地，
那祖祖辈辈讲给我们的故事，
我们不该忘记。

放缓脚步，
去故事里闻一闻乡土气息，
重拾遗失的美好记忆。

中国民间文艺家协会 组织编写
总主编/罗杨 本卷主编/王丽珠

云南 大理

巍山卷

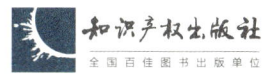

《中国民间故事丛书》总编委会

总　顾　问｜冯骥才
总　主　编｜罗　杨
副 总 主 编｜周燕屏
执 行 总 主 编｜王润贵　刘德伟

《中国民间故事丛书》云南省编委会

顾　　　问｜赵廷光　张文勋　杨知勇　李缵绪　刘辉豪
名 誉 主 编｜郑　明　黄映玲　左玉堂
主　　　编｜杨利先
副　主　编｜张福三　王明达　王四代　杨海涛　罗新元
　　　　　　段炳昌　唐似亮　殷海涛　钱　勇　普学旺
编　　　委｜（以姓氏笔画为序）
　　　　　　王四代　刘　怡　张亚平　普学旺　李　昆
　　　　　　杨羊就　杨利先　杨甫旺　杨海涛　昂自明
　　　　　　罗新元　段炳昌　唐似亮　殷海涛　钱　勇
　　　　　　龚正嘉　谢道辛

《中国民间故事丛书》大理白族自治州编委会

总　顾　问 | 顾伯平　赵立雄
顾　　　问 | 赵济舟　黄永华　杨宴君
主　　　编 | 赵寅松　施珍华
编　　　委 | （以姓氏笔画为序）
　　　　　　王丽珠　严春华　刘纯洁　李　公　李文波
　　　　　　李洪文　李玫仙　张　昭　张云霞　杨义龙
　　　　　　杨伟民　杨建伟　周绍忠　赵　才　菡　芳
　　　　　　章虹宇　谢道辛

《中国民间故事丛书》巍山彝族回族自治县编委会

主　　　任 | 茶崇亮
副　主　任 | 字邵华　吉向阳　熊艳平
主　　　编 | 王丽珠
编　　　委 | 朱介林　字开春　李继武　范　辉　杨光樑
　　　　　　罗永贵
摄　　　影 | 杨光樑　字开春　朱介林

↗ 位于巍山境内的红河源头
→ 南诏垅玗图城遗址
↓ 巍山县城

中国民间故事丛书 云南大理 巍山卷

← 巍山坝子尽头的封川塔
↓ 巍宝山山门

↗ 巍宝山全景图
→ 百鸟朝凤图
↓ 红河源——巍山坝子瓜江如带

中国民间故事丛书 云南大理 巍山卷

← 云南稀有植物云头柏
← 明代巡检楼
↓ 回族村寨马米厂一角

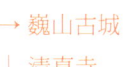
→ 巍山古城
↓ 清真寺

← 清代星拱楼
← 明洪武年间的古城楼
↓ 巍山回族舞蹈

↗ 巍宝山古山茶
→ 南诏土主庙内塑的细奴逻像
↓ 巍山西山彝族三月街展艺

← 巍山扎染布
← 巍山青云打歌
↓ 彝族打歌

→ 建于清代的大围埂清真寺叫拜楼
↓ 彝族打歌

中国民间故事丛书 云南大理 巍山卷

↖ 巍山东山彝族服饰
← 巍山彝族服饰
↓ 巍宝山彝族儿童打歌

人类不能没有故事(序一)
罗 杨

故事,是人类对历史的记忆,它记叙和传播着社会的文化传统与价值观念,引导着社会性格的形成,构建着社会的文化形态。具有五千年文明底蕴的古老中国,是一个充满故事的国度,有着悠久的讲故事的传统。那些"夸父逐日""嫦娥奔月""精卫填海""愚公移山"等神奇的故事,至今仍散发着迷人的魅力,澎湃着感人的生命张力。作为先人创造和遗留下来的宝贵文化财富,民间故事中充满了民族的智慧和生命的记忆,它传承了朴素的文化血脉,是民族文化得以认同的载体。

我们每个人都是听着故事长大的。那些爷爷奶奶、爸爸妈妈讲给孩子们的故事,对于生命尊严的守护和价值观的养成,甚至比上学读书带来的影响力还要绵久和强大。民间故事中蕴含着的历史文化、理想信仰、价值观念、情感道德、生活知识等丰富内容,具有精神娱乐、知识传播和教化启蒙三重作用,不仅给人以知识和智慧,也给人以启迪和力量;不仅传播着社会价值理念,也构建着美好的精神家园。

纵观中华民族的文明文化史,我们的祖先讲着"女娲补天"的故事,开创了华夏民族的创世纪元;伟大领袖毛泽东讲着脍炙人口的故事"愚公移山",

带领中国人民推翻了三座大山；改革开放大潮中，我们又讲着春天的故事，跨入了豪迈的新时代。一个有故事的人生是辉煌的人生，一个有故事的民族是充满希望的民族。故事，始终伴随着我们的民族走向成熟，也伴随着我们的国家走向强大。

伟大的民族不能没有故事，强大的国家不能没有故事，复兴的时代不能没有故事。那些美妙动人的民间故事，在世代的传承中，已经内化为我们的民族精神，融入中华儿女的品格中。然而，在文明更迭、社会转型的年代，很多优秀的民间故事正面临着失传的危险。把祖先留下的精神遗产抢救下来、保存下来，完整地交给后人，是几代民间文艺工作者的责任和使命。为此，中国民间文艺家协会把对民间故事的抢救和传承作为一项长期工作延续了半个多世纪，并将《中国民间故事丛书》列入中国民间文化遗产抢救工程重点项目，常抓不懈。

除了中国，哪个国家还能有如此丰富的故事，并有如此众多的故事传承人和听众！作为一种民间文学样式和娱乐方式，民间故事或许会被人们冷落，但我相信，作为中华文明的血脉，民间文化的基因始终流淌在亿万人民的血液里，它的根不会断。

人类没有故事将会平淡无奇，世界没有故事将会索然无味。随着社会发展和文明进步，我们越来越需要倾听那些本真的、自然的，充满着文化多样性魅力的故事。让我们把祖祖辈辈流传下来的美好故事世世代代地讲下去，让中国的崭新故事向人类倾诉更多的精彩。

2014年4月
（作者系中国民间文艺家协会分党组书记，驻会副主席）

大理山茶别样红（序二）
杨亮才　赵寅松

《中国民间故事丛书·云南大理卷》（包括12个县市卷）的编纂工作，在中国民间文艺家协会、云南省民间文艺家协会和大理州委、州政府的领导和支持下，经该州各地文化部门及民间文艺工作者的共同努力，已如期完成，即将由知识产权出版社出版。这是继"三套集成"之后的又一重大文化工程。它的编纂出版，无疑对于我国目前正在进行的抢救、保护民间文化遗产，弘扬祖国文化和进行社会主义精神文明建设，都将产生深远的历史影响。

一

大理白族自治州位于云南西部。它东连楚雄彝族自治州，南与思茅、临沧地区毗邻，西接保山市和怒江傈僳族自治州，北与丽江市接壤。总面积达29459平方公里。山地面积占总面积的83.7%，坝区仅占16.3%。全州境内有108个大小盆地（当地叫坝子），是人口主要聚居区和农业耕作区。

大理大部分为纵谷区，属横断山脉南端。地势呈南北走向，西北高，东南低。境内最高山为剑川西部的雪邦山，海拔4295.3米，最低点是云龙县怒江边的红旗坝，海拔724米。金沙江、澜沧江、怒江、红河（元江）穿境而过，160多条大小河流遍布全州。境内湖泊主要有洱海、剑湖、茈碧湖、西湖、海西海、青海湖、草海、天池等。

大理地区山脉属云岭山脉和怒山山脉。著名的苍山十九峰将全州切割为东西两部不同的地理环境。西部是崇山峻岭，高山峡谷，东部则地势平缓开阔。大理名山不少，除著名的点苍山外，还有罗坪山、雪邦山、老君山、无量山、哀牢山、鸡足山、马鞍山、天马山、石宝山等。

苍山，又名熊山，白语叫"极造赛"，意为老熊出没的地方。这里由于气候适宜，雨量充沛，很适合于植物生长。据有关部门统计，森林中高等植物类，仅大理苍山上就有182种之多。云南八大名花山茶花、杜鹃花、玉兰花、报春花、百合花、龙胆花、兰花、绿绒蒿，苍山上都有生长，尤以山茶为最。大理是山茶的故乡，素有"云南山茶甲天下，大理山茶甲云南"之誉。

在这块广袤、富饶、美丽的土地上，1956年11月22日，成立了大理白族自治州。自治州现辖12个县、市，即大理市、洱源县、云龙县、剑川县、鹤庆县、宾川县、弥渡县、祥云县、永平县、漾濞彝族自治县、巍山彝族回族自治县、南涧彝族自治县。自治州首府设在大理市。大理市距省会昆明398公里，是国道214线及320线的交汇点。大理自古以来既是滇西政治、经济、文化中心，也是滇西的交通中心。新中国成立以来，大理的交通事业有了飞速的发展。如今被当地群众称为"铁公鸡（机）"的广（通）大（理）铁路，楚（雄）大、大丽（江）、大保（山）高速公路、大理机场均已全线开通，大大地缩短了祖国边陲大理与内地的距离，大大促进了大理地区工农业、文化以及旅游事业的发展，这是上世纪末和本世纪初大理交通史上的一件大事。

大理白族自治州是一个以白族为主体的少数民族自治州。全州现有人口326.09万（1999年年末），其中少数民族人口160.5万人，占人口总数的49.22%。少数民族人口中白族108.5万人，占总人口的33.27%，大理州内汉族不少，占自治州人口的半数左右。人们喜欢把少数民族称为兄弟民族，这不无道理。

因为很多民族的创世神话，都说各民族是一母所生的亲兄弟。居住在大理的各民族，历来都友好相处。今天，大理各族人民在党的民族政策的光辉照耀下，"秉苍山洱海之神韵，承南诏大理之荣光"，更加团结和睦，同心协力，共同建设自己的美好家园。

二

大理是祖国西南边陲开发较早的地区之一。据考证，远在4000多年前，大理地区就有人类居住。自20世纪30年代以来，在以洱海为中心的200多公里范围内，已经发现或发掘出新石器、金石和青铜器遗址近百处，其中以白羊村文化遗址、大理佛顶、马龙等文化遗址、剑川海门口文化遗址、祥云大波那文化遗址等最为典型。在白羊村遗址出土文物516件，除大量手制陶器和部分石器外，还有猪、狗、牛、羊以及其他野兽的骨、角、牙器和蚌器等，屋基内还有稻作文化遗存。这说明，洱海地区的居民当时已开始经营农业，并已形成定居的村落。经测定，白羊村遗址距今约4000年，相当于夏王朝的早期。海门口遗址出土文物近1000件，其中陶器最多，而且还有制陶工具。陶器中有不少陶网坠，还出土有铜钓钩，说明这里居民以捕鱼为业。同时出土有麻石制作的工具。海门口遗址距今约3200年，相当于夏王朝晚期。海门口的铜石并用文化是洱海区域的新发展。大波那出土一具以楠木为外椁的铜棺，随葬品90多件，绝大多数是青铜器，其中有锄、锛、矛、剑、钺、尊、杯、勺、斧、匕、杖等器物，有鼓、钟、葫芦笙等乐器，还有房屋、牛、马、羊、猪、鸡的模型和其他饰物。该墓葬距今约2400年，相当于战国中期。这些文化遗存表明，在很早以前，大理各族先民就已在以洱海为中心的这片辽阔的土地上繁衍生息，他们一步步从新石器时代走向铜石并用时代，再走向青铜时代，他们通过自己的智慧和辛勤劳动，共同创造了大理的历史和文化，创造了洱海文明。

大理一向被称为"亚洲文化十字路口的古都"。所谓十字路口，是说著名的"南方丝绸之路"与"茶马古道"在这里交汇，使大理成为连接东南亚、南亚的重要交通枢纽。"南方丝绸之路"又称"蜀身毒道"，是一条从四川经大理通往印度及中亚的民间商道。从成都到大理的路线实际上有两条。一条称灵关道，也称西路，是从成都经雅安、西昌、盐源、会理、大姚到大理；另一条称五尺道，也称东路，是从成都经乐山、宜宾、昭通、曲靖、昆明、楚雄到大理。而从大理经永平、保山、腾冲到缅甸、印度一段称博南道。大理刚好在灵关道、五尺道和博南道的交汇点上。

所谓茶马古道，是滇川藏进行商业贸易和文化交流的通道。它是以大理为中心往东经楚雄到昆明，再到内地；往南经巍山到茶叶主产区云县、凤庆及普洱、思茅等地；往西经保山到缅甸，再到东南亚诸国；往北经丽江、中甸到西藏，再到印度、不丹、尼泊尔诸国。在这条古道上，大理各族先民们早在两千年前就已做着马匹、茶叶、药材和皮毛的生意了。

据文献记载，早在先秦时期，大理地区已出现了以从事农业生产为主的部落，而且有了君长，出现了不同的族称，如僰、叟、昆明、巂、白蛮、乌蛮等，大理的多民族性此时已初步形成。

西汉元封二年（前109年），汉武帝发巴蜀兵征云南，滇王投降，汉武帝以其故地置益州郡，下辖24县，大都在云南境内，郡治在滇池县（今晋宁）。从此洱海地区便完全置于中央王朝直接管辖之下。

东汉时期，为了加强对洱海地区的统治，东汉王朝将益州郡中的不韦（今施甸）、巂唐（今云龙西南）、比苏（今云龙）、楪榆（今大理）、邪龙（今巍山）、云南（今祥云）划出，加上新设置的哀牢（今腾冲）、博南（今永平）二县，置永昌郡，治所在不韦（今保山东北）。永昌郡地域广大，史称"东西三千里，南北四千六百里"。它除包括今天的整个大理白族自治州外，还包括保山、德宏、西双版纳和临沧的部分地区。

三国时期，诸葛亮平定南中（今云南贵州一带，史称南中），进一步推行郡县制。建兴三年（225年），从益州郡中划出弄栋（今姚安），从永昌郡中划出楪榆（今大理）、邪龙、云南三县，从越巂郡中划出遂久（今丽江）、姑复（今永胜）、青蛉（今姚安）三县，合七县设立新郡——云南郡，郡治云南（今祥云县境）。

隋末唐初，天下大乱，云南大部分部落支离，各据一方。此时洱海地区有蒙巂诏（今漾濞）、邓赕诏（今洱源邓川）、浪穹诏（今洱源）、施浪诏（今洱源东北）、越析诏（今宾川）、蒙舍诏（今巍山），先后崛起，史称"六诏"。蒙舍诏因地处南部，又称南诏。唐开元二十五年（737年），南诏在唐王朝的支持下，征服了其他五诏，统一了洱海地区，建立了南诏国。先建都太和城（今大理太和村），后迁都羊苴咩城（今大理古城）。南诏共传13代王，历时165年。

乾宁四年（897年），权臣郑买嗣杀死南诏王隆舜，后又杀死隆舜子舜化贞及南诏王室800人于五华楼下，夺取了南诏政权，建立了大长和国。天成二年（927年），权臣杨干贞又杀死郑买嗣之孙郑隆亶，灭大长和国，立赵善政为王，建立大天兴国。10个月后，杨干贞又废赵善政，自立为王，改国号为大义宁国。

后晋天福二年（937年），"白蛮"段思平联合滇东"三十七部蛮"进军大理，推翻了大义宁国，建立了大理国，定都羊苴咩城。大理国共传22代，历时316年。

元宪宗三年（1253年），元世祖忽必烈率10万大军，分三路进攻大理，忽亲率中军，"革囊渡江"，攻破大理，国相高祥被杀，国王段兴智逃至押赤城（今昆明）。翌年（1254年），城破，段兴智被俘，大理国遂亡。六年（1256年），元宪宗蒙哥赦免大理国王段兴智，封他为"摩诃罗嵯"（大王）称号，并授予管理大理各部的权力，俗称大理总管。终元之世，段氏世袭大理总管，传11世。

明洪武十四年（1381年），朱元璋以傅友德为统帅，蓝玉、沐英为副帅，调集30万大军征讨云南，很快攻占昆明、大理。梁王自杀，大理总管段明兄弟被俘。明军攻下大理后，实行改土归流，废除世袭土官，在大理地区设置大理、鹤庆、蒙化（今巍山）府。

清顺治十六年（1659年），清军兵不血刃，进入昆明。清军占领云南后，仍沿用明朝建制，大理地区分属大理府、丽江府、永昌府和蒙化厅。大理府为迤西道治所、云南提督驻地。

清咸丰六年（1856年），在滇西爆发了以回族杜文秀为首的各民族起义。起义军很快攻占了大理。杜文秀做了总统兵马大元帅，在大理建立了元帅府，势力扩大到了滇中、滇西50多个县，大理政权存在达18年之久。

宣统三年（1911年），武昌起义成功，各省纷纷响应。10月30日（农历九月初九），云南人民在昆明举行"重九起义"，随后在昆明五华山成立"大汉云南军政府"（大中华国云南军政府）。云南军政府成立后，改迤西道为滇西道，后为腾越道。民国十八年（1929年）废除道制，实行省县两级制，大理地区设置祥云、弥渡、宾川、凤仪、蒙化、大理、永平、云龙、漾濞、邓川、洱源、剑川、鹤庆13个县。

大理地区的历史变迁和地理沿革大致如此。

三

大理是一个美丽神奇的地方。提起云南大理，人们并不陌生。以产大理石和山茶花闻名的点苍山，峰岚岩岫，气象万千。19个山峰，由北向南，像一座天然的屏风，矗立在洱海边上。18条溪水从山顶倾泻而下，像一条条闪光的银链，悬挂在山峰之间。山顶上，古木参天，萦云戴雪，四时不消。山上冰天雪地，山下温暖如春。

苍山对面的洱海，湖水碧蓝，酷似大海。极目眺望，由南至北，浩渺汪洋，烟波无际；从西向东，纤细秀美，形如新月。巍峨的苍山与柔美的洱海相映衬，构成了一个令人遐想的神话世界。

大理好就好在她山水相依。在我国所有的高原城市中，恐怕也没有能与大理相比的风光。在这里山和水都凸现了它们的极致，互相依偎，互相衬托。可以这样设想，如果大理只有山而没有水，那么无论苍山怎么高峻，他也如同一位单身的俊男，虽俊但未免感到寂寞；如果大理只有水而没有山，那么尽管洱海多么清蓝，她也只像一位单身的美女，虽美但毕竟感到孤单。大理真是天作之合，有山有水，山水相依，阴阳调和，刚柔并济，真是再美不过了。

大理的美就美在自然景观与人文景观兼而有之。一个地方，如只有自然景观，而无人文景观，就如同一位未曾受过教育的村姑，打扮得很漂亮，但没有气质，人虽美却不耐看。这种美是不完全的美。大理得天独厚。老天赋予大理的美是完全的美。既有自然之美，又有人文之美，二者可谓相得益彰，使人看了心旷神怡。

大理，一幅美丽的风景画。

大理，一部厚重的历史书。

大理是风花雪月之城。风花雪月原是曲牌名称，但把它用在大理的生态环境上，是再合适不过了。所谓风即下关风，花即上关花，雪即苍山雪，月即洱海月。当地民谣："身披下关风，脚踏苍山雪，早看上关花，晚观洱海月。"下关风猛如虎。它从苍山与哀牢山之间呼啸而来，至下关天生桥峡谷口，风势便由下往上窜，出现了一些奇异的自然景象。下关一年四季风吹不断，故有风城之名。上关花是指上关有棵奇花——十里香树，花大如莲，其果黑而坚硬，可作朝珠，故又名朝珠树。《大理府志》载："花树高六丈，其质似桂，其花白，每朵十二瓣，应十二月，逢闰年则多一瓣，欲以神仙遗种。"今此花已不见，但上关花的传说却一直流传下来。苍山，即点苍山。苍山雪是指苍山顶上一年四季不化的积雪。洱海，又名昆明池，古称榆泽。因湖状如耳，故名洱海。每逢农历十五之夜，泛舟洱海，仿佛见到洱海月在上空，天上月掉进海中。苍洱风光千变万化，构成了"下关风大、上关花艳、苍山雪莹、洱海月明"四大奇景。此外，大理的苍山玉带云，望夫云，花甸坝，蝴蝶泉，天生桥，还有宾川的鸡足山，云龙的三江并流天池风景区，洱源的清源洞、鸟吊山和九气台热水城，剑川的三江并流老君山自然保护区等，也都很美、很有名。

从人文景观看，大理更是一颗熠熠生辉的明珠。由于大理曾是古南诏、大理国建都的千年都城，因而留下了许多文物古迹。最著名的有大理崇圣寺三塔、蛇骨塔、太和城遗址、南诏德化碑、元世祖平云南碑、剑川石宝山石窟、弥渡南诏铁柱、大理古城、巍山古城、喜洲白族民居建筑群以及万人冢、段功墓、杜文秀墓等，都是闻名遐迩的名胜古迹。

大理的美就美在人与自然的和谐。当你走进大理白族村落的时候，就会深深地感受到这一点。

一棵大青树，一堵彩绘照壁，一座戏楼，就是一个白族村落的村口。

那盘根错节、枝叶茂盛的大青树，仿佛记下了村落的漫长岁月与民俗；它的浓荫至今还在庇佑着村落子民的安宁，难怪当地人把它称作"风水树"。

照壁设计也独具匠心。"壁"就是"避"。这有两层意思，一是不让村里的"风水"外泄；二是不让外面邪气进村来。所以在大理地区，不仅村口有照壁，就是宅第和寺庙中，也能常常看到。

不少村子都有戏台，每逢重大节日，如春节、本主会等，村民们都要在此举办各种演出活动，娱人娱神。

在大理地区，最惹人注目的，莫过于白族民居建筑了。走进大理，给人的第一个印象就是村落整齐、美观。白族是一个尚白的民族，不仅服装喜用白色，墙壁、照壁，也多为白色粉墙。当你走在用卵石铺成的街巷里，淡淡的花香扑面而来；路旁是一条清澈见底的小河，苍山上的雪水就是沿着这条河流遍全村。这就是人们通常说的"街街流水、户户养花"了。两旁的房屋，其结构、布局、造型大抵与北京四合院相同。不同处是北京不太注意照壁和门楼，而大理白族则十分注重门楼和照壁的装饰。在当地，一正两厢带照壁的宅院称"三坊一照壁"，四坊围合，有四个小天井和一中心庭院的称"四合五天井""走马转阁楼"；由一个"三坊一照壁"和"四合五天井"组成的两进宅第，称作"六合同春"。大理民居建筑多用石头砌成，远远望去，一色的白墙青瓦、耀人眼目。民谣云："大理有三宝，石头打墙不会倒……"大理以风景优美著称，大理人民很会利用自然条件来营造自己的住房，人工建筑与自然风景往往融为一体，互为映衬。

大理白族民居建筑中，喜洲白族民居最受关注。2001年，喜洲白族民居建筑群已被国务院列为国家重点文物保护单位。

据记载，远在13世纪，"亚洲文化十字路口的古都"大理，是当时世界

14个大城市之一，名列世界第十三、中国第二（当时我国在国内外影响最大的城市有二，一是宋都开封，名列第二，二是大理国国都大理，名列第十三）。

1982年3月大理被国务院公布为第一批全国（24个）历史文化名城之一；同年12月，大理又被国务院公布为第一批（44个）国家级重点风景名胜区之一；1994年，巍山古城被国务院公布为第三批全国历史文化名城；2004年，大理又获中国最佳魅力城市的殊荣。剑川三江并流老君山自然保护区、云龙三江并流天池风景区，已被联合国教科文组织列入世界自然文化遗产名录。如今大理地区拥有国家级重点文物保护单位6处，省级重点文物保护单位33处，可供游览的景点达130多个。

一个地方有如此多的优美的自然风光，如此悠久的历史文化和如此浓郁的民族风情，这在其他地方是很少的。

大理的湖光山色就是天下最醇香的美酒，不饮自醉。大理本身就是一首最美的诗。杨奇鲲走了，"风里浪花吹又白，雨中山色洗还清"的诗还在；杨渊海走了，"蝴蝶梦残滇海月，杜鹃啼破点苍春"的诗还在；邓子龙走了，"唯有苍山公道雪，年年披白吊忠魂"的诗还在；杨桂楼走了，他创作的咏苍洱胜境的《山花碑》却永存天地间……

四

美丽而富于变化的大理自然景色，成为大理人民幻想的一个源泉。苍山洱海之间每年旧历冬腊月出现的风暴，产生了著名的传说《望夫云》；周城一年一度的蝴蝶会，产生了同样著名的《蝴蝶泉》传说；罗坪山上每年中秋前后有候鸟迁徙，产生了著名的《鸟吊山》传说；下关四季不停的大风，苍山上终年不化的白雪，洱海湖面上迷人的月光，上关常年不败的花朵，都产生了各自的优美传说。可见大理优美的自然环境，对大理人民的思想感情、对他们所创作的传说故事，都有不小的影响。

大理山茶别样红。大理的民间传说故事，如同大理的山茶花一样，见风就长，遍布苍山洱海、大街小巷，俯拾皆是，且常开不败，别具特色。

一个地区的民间传说是这一地区人民经年累月口传下来的精神食粮，大理也不例外。大理的民间传说主要也是靠口头流传。大理称讲故事为"讲古本"。这种"讲古本"的形式今天还有。大理地区历来重视民间传说的收集、记录、整理工作。从新中国成立初期就开始收集，至今不断。其中规模比较大的有四次：

1956年秋，中国科学院文学研究所组织民间文学调查组，由毛星带队，成员有李星华、孙剑冰、刘超、陶阳等，对大理地区的民间文学进行了第一次调查采录；

1958年，中共云南省委组织了以云南大学为主的大理民间文学调查队，由张文勋带队，深入大理、洱源、剑川等县，对大理地区民间文学进行了第二次调查采录；

1980年，云南民族文学研究所、云南省民间文艺研究会组成联合调查组，对大理地区的民间文学进行了第三次调查采录；

1984~1988年，大理白族自治州民间文学集成办公室组织各县集成办，对大理地区的民间文学进行了第四次拉网式的调查采录。

这四次调查、采录成果都很大，为后来大理地区的民间文化抢救、保护工程奠定了坚实的基础。

大理的民间故事源远流长，内容丰富。它包括神话、传说、故事、笑话等。它充分表现了大理地区悠久的历史文化传统和大理的"一地风情"，有浓厚的民族特色和地方特色。

在大理民间传说故事中风物传说特别多，特别丰富，如前所述，这可能与大理的优美的自然环境有关。《望夫云》《蝴蝶泉》《蛇骨塔》《辘角庄》《火烧松明楼》《鸟吊山》《牧笛》《大理石和玉带云》《感通寺》《三月街》《绕三灵》等都属于这一类。

其次是龙的故事。在大理地区，尤其是洱海周围地区，龙的故事特别多，流传也很广。主要作品有《九隆神话》《雕龙记》《掷珠记》《浪穹龙王》《小黄龙与大黑龙》《玉白菜》《金猪窜三海》《龙母神话》《金鸡和黑龙》《大官与恶龙》《牧童与龙女》等，收集到的已有100多篇。大理民间故事中，龙的故事之所以如此之多，是与大理一带水多有关系。古代，大理各族先民居住的地方，大小河流纵横，湖泊沼泽密布。水给人们带来了幸福，也给人们带来灾难。古代人的观念是有水就有龙，龙主水。于是就有很多龙的故事产生。在龙的故事中，有好龙，也有恶龙。好龙普施雨露，造福人类；恶龙兴风作浪，危害人民。于是又有好龙与恶龙斗争的故事产生，而且又通常是好龙战胜恶龙。这反映了古代大理各族人民同自然做斗争和战胜自然的理想和愿望。

再次是本主故事。本主是白族崇奉的保护神。白族本主故事是大理民间故事中特色最浓的故事。主要作品有《大黑天神》《白崖王子》《红沙石大王》《石宝大王》《沙漠大王》《段赤城》《猎神杜朝选》《柏洁夫人》《九坛神》《药神孟优》《太阳神》《黄牛本主》《金沙圣母三姐妹》《海神姑娘》《南诏始祖细奴逻》《段思平开创大理国》《中央本主段宗牓》等。

本主故事，生活气息很浓。他们有父母、兄弟、姐妹、爱人，甚至情人。有嗜好和忌讳，有男女的欲望。如大理喜洲本主九坛神，在人们求雨时，被邀去赴宴，竟然醉倒，至天明，无法回到神坛。大理河涘村本主娶了村里一个美女做妻子。鹤庆东山本主与民间妇女私通，被人捉住，还穿错一只鞋子，所以他现在是一只脚穿着靴子，另一只脚穿着绣花鞋。还有一个本主，他有一个情人，他要经常和她幽会，所以本主庙的东墙总是倒塌。人们多次修，多次倒，总修不好，因为这位本主要从这里进出偷情。故事多有意思，在至高无上的神坛里，竟然出现此等事，这哪是神呵！

在这些本主故事中，人与神往往交织在一起。在白族人民心目中，本主也是人，是和自己生活在一起的。他们把本主看作神，具有超人的力量；又把本主看作人，他有优点，有值得颂扬之处，但也有缺点错误，甚至卑劣行为（除男女关系外还有偷盗的本主）。人们可以歌颂本主，也可以批评、讥讽和嘲笑本主。

再是木匠故事。剑川是有名的木匠之乡，木雕工艺十分发达。工匠之多，盖过全滇。因而在剑川一带，木匠故事特别多。具有代表性的作品有《拉木经和压木经》《木马进水一分三》《师傅带徒弟》《黄贡爷吹仓仓》《二七一两三》《木匠翰林》《鲁班传木经》等。这些故事大都是传授生产知识和经验的，它多方面地形象地反映了木匠艺人的生活。

人物故事也比较突出。明建文皇帝朱允炆，明谪迁大理的成都人杨升庵，本地文人杨桂楼、艾自修等都有许多故事在民间流传。特别是段功和杜文秀的故事，令人荡气回肠。段功是大理第九代总管，著名的《孔雀胆》就是演绎着他与梁王之女阿禧公主之间真实的阴谋与爱情的故事，可歌可泣，是真正意义上的爱情悲剧。

杜文秀也是一个值得歌颂的人物。清咸丰年间，他领导着大理各族人民起义，反对腐败的清政府，建立了大理政权。但最后还是失败了。当清军兵临大理城下的时候，他知道大势已去，回天无术，表示愿意用自己的生命去换取全城数万民众的安全。他义无反顾地带领着他的108位家眷集体服下孔雀胆，演出了又一幕惊天地泣鬼神的孔雀胆故事。

此外还有历史故事、民俗故事、地名故事、生活故事等。

著名民间文学家李星华1956年来大理采风后说："大理山川名胜，旖旎宜人，凡是到过那里的人，都会为它的胜境所陶醉。苍山十九峰，像一幅天然的彩屏，紧紧环抱着洱海，著名的'风、花、雪、月'四大奇景都蕴藏着最优美的传说，大理白族地区是神话的海洋，在大理，几乎一山一水、一草一木都有传说。"

其他各民族的民间故事也同样像白族一样绚丽多姿，收入本书各卷中的各民族民间故事充分展示了这一现象，相信读者开卷后会获得许多美的享受。

民间文化遗产是一个民族情感的重要载体，是民俗风情的结晶，是普通百姓代代相传的文化财富。在当前现代化发展的狂潮中，民间文化面临灭顶之灾。为了保护这些不可再生的文化遗产，中国民间文艺家协会发起了抢救收集、编辑整理出版《中国民间故事丛书》这一功在当代、泽被深远的文化工程。大理州民间文化工作者无不欢欣鼓舞。作为民间文学蕴藏十分丰富的大理地区，古往今来，许多有识之士，以"衣带渐宽终不悔"的奉献精神，做了大量工作。据不完全统计，全州各民族民间故事有2500多个，其中1949年以来已出版的各县故事书45本，共541万字，除去反复选用的300多个故事，也有200多万字，为这次故事书的编选，奠定了基础。加上此次广泛深入调查，又有200多个故事发掘出来，基本查清了全州各民族民间故事的现存家底，有效地抢救和保护了这一批民间文化遗产。

需要说明的是，对这项工作，中共大理州委、州人民政府十分重视。州委书记顾伯平、州长赵立雄欣然出任顾问，分管的州委副书记赵济舟、副州长杨宴君听取了汇报后，都表示大力支持并指示按中国民间文艺家协会的要求把工作做好。各县、市党政领导都给予了大力支持和配合，各县、市委宣传部、文体局更是积极参与。尤其是直接参与这项工作的民间文学工作者更是筚路蓝缕，查资料、下基层、调查收集、编辑整理，付出了艰辛的劳动。他们中有毕生耕耘在民间文学园地的老民间文学工作者施珍华、菡芳、章虹宇、李洪文、张昭、王丽珠、谢道辛等，也有热爱民间文学的新秀，如李文波、杨义龙、赵才、杨伟民等。大家不计报酬，乐于奉献，从而保证了大理州各县、市卷的顺利完稿。本书各卷送到北京后，民间文学专家陶阳、刘魁立、段宝林、王一之、陶立璠、黄泊沧、关艳如、金茂年、冯志华、门书文、王锦强都拨冗分别进行了审阅，并提出了宝贵意见。

在此，我们向所有支持、参与这一文化工程的人们表示衷心的感谢。同时，也向倡导这一文化工程，并自始至终指导这一工程顺利实施的中国民间文艺家协会主席冯骥才先生、副主席白庚胜先生致以崇高的敬意和衷心的感谢！

2005年8月

中国民间故事丛书
云南大理·巍山卷 | 目录 |

神 话

003　太阳姐姐和月亮弟弟（彝族）　　005　山神封兽王（彝族）
003　阿玉哺和葫芦、竹子（彝族）　　005　鸟语（彝族）

传 说

风物习俗传说

009　三鹤楼
011　五印山八景
　　一、石阮甘泉
　　二、印领横青
　　三、松笔描天
　　四、万壑秋云
　　五、佛光现瑞
　　六、夜朗村火
　　七、五印摸空
　　八、回光返照
017　巍宝山八景
　　一、头天门
　　二、甘露亭
　　三、碧沙井
　　四、龙潭殿
　　五、青霞观
　　六、磐石
　　七、鹤楼古梅
　　八、长春洞
027　石缸山
030　五台山
032　鸡鸣山
035　笔架山
037　乌龟山
038　观音山
039　范家寺
040　天摩牙寺
043　伏虎寺（一）

045　伏虎寺（二）
050　降龙寺
053　玄龙寺和圆觉寺
054　桃山和桃山寺
055　玉峰寺
058　茶山寺（彝族）
059　北山寺（彝族）
061　魏钟桥
063　永济桥
066　石佛哨
069　新桥
072　长寿桥
075　滴泪桥（彝族）

077　双龙洞（彝族）
078　藏金洞和垅圩山（彝族）
080　龙眼田
081　发油箐
082　二月八的来历（彝族）
084　清明节插柳的来历
085　尝新米饭先喂狗
086　打秋千的传说（彝族）
088　把斋节的传说（回族）
090　祭密枯的来历（彝族）
090　天地树
091　耍龙的来由
092　接三公主的传说

龙王和土主传说

094　水冲庙街
097　左土司斗黑龙（彝族）
099　龙王庙和蛇头穴
102　金甲神（彝族）

104　隐羊庙
107　山神庙（彝族）
109　牧甸罗土主

史事传说

112　六诏传说
117　细奴逻下凡
118　细奴逻成家
119　细奴逻与乌龙剑
123　细奴逻与蒙氏汤池
124　九牛井
126　玄珠观

127　逻凤梅
128　黑牛井　白羊井
130　回蹬山与观山河
131　异牟寻和僧人小沈
132　异牟寻封五岳四渎
133　劝龙晟补苍山
134　劝丰祐与甸尾石

136　世隆"好战"
137　隆舜与大、小鸡足山
138　舜化贞
140　白牛土主庙

杜文秀起义的传说

142　杜文秀到蒙化（回族）
144　"嘘！刷！"（回族）
145　马三进士单锤赴会
148　杜文秀写联（回族）
149　杜文秀和王乡绅
151　杜文秀与马小有姑（回族）
154　七依玛（回族）
156　李九卖酒

故　事

地　名　故　事

161　巍宝山和白塔山
163　三府石和碗窑泥
165　盟石村的来历（彝族）
166　牛长尾寺
167　地胆田
169　铺上村和伙头村
170　落马村与摩马陆
172　天耳山
174　双堆村
179　留一村
181　小围埂（回族）

人　物　故　事

183　孔明的故事
185　左禾大破缅军
189　张氏太太的故事
191　杨状元的故事
　　　宇宙大雄
　　　柴无一根　米无一粒
　　　讨吉利
　　　七筒半
　　　思川
　　　毛皮也

195	担当和尚	201	李大儒拳打白教席
197	童适公		

生活故事

204	天理和良心（彝族）	216	吸烟的来由
205	摇钱树	217	鲁班与众木神
206	乞丐与神仙	218	阿依布玛（彝族）
208	也有今日	224	来顺除蟒
210	亡羊山	227	茶将军
213	吊草村（彝族）	228	弟兄俩

幻想故事

232	人心不足蛇吞象	237	一对山鸟
234	仙草	239	天绵羊
236	好白花	240	漏
237	箐鸡和乌鸦	242	走马皇帝

笑 话

249	满门生无底　一家午出头		比二指
250	阿连登的故事		智取白马
	巧吃糍粑		债换千里马
	智取水田	254	慌张三的故事
	拉猪尾巴		慌张三其人
	打赌		衣服不见了
	招待狗腿子吃饭		鸡死了

	要稻草	265	两亲家
	会屙银子的毛驴	267	庸医
259	二八一吊三	269	三女婿拜寿
260	金银埋在七七里	269	老来莫放牛
262	长工戏东家	270	三人比高
263	卖香香屁	270	大嘴姑娘相亲

中国民间故事丛书

云南 大理

巍山卷

神话

太阳姐姐和月亮弟弟（彝族）

讲述：左春秀 女 彝族
记录：左育能
1986年采录于巍山五印

很古很古的时候，没有太阳，也没有月亮。有一对老夫妇，生有一女一男，为了人间的光明，老人对儿女说："你们上天去做太阳和月亮，太阳白天暖，月亮晚上照。"姐弟俩商量谁做太阳谁做月亮。姐姐说："晚上我一个人不敢行走。"弟弟说："晚上我不怕，那我当月亮，姐姐做太阳。"姐姐说："我穿得简陋，怕人笑我。"弟弟说："你带上妈妈给你的针包，人家来看你，你就拿针刺他们的眼睛。"姐弟俩就这样商定了。第二天，老人用松香架起了一架天梯，叫姐弟俩上去，若梯子下沉时，就坐在那里。姐姐先上去了，弟弟怕夜间行走不便，去找了根柏木棍，待他转来，小狗却抢先上了梯子。弟弟随小狗后面上去。不一会儿，梯子下沉了。于是老人想姐弟已经到了天上，在松香梯子脚上浇上开水。因弟弟有狗跟着，上得慢没有追上姐姐，故太阳升得高，月亮升得矮。因姐姐拿着针刺人，人们难用眼去看太阳。弟弟拿着柏木棍，领着狗，故月亮上有柏树枝和狗的影子，人们把这狗称作"天狗"。太阳姐姐和月亮弟弟成了今天的太阳和月亮，一旦遇日食或月食，彝家人认为太阳姐姐或月亮弟弟得病了，人们就对天摆上一碗冷水，上面横点着三炷香，敲起铜锣锅盖子，口中念咒语，祀祈太阳或月亮平安。

阿玉哺和葫芦、竹子（彝族）

讲述：左琴芝 女 彝族
记录：左育能
1986年采录于巍山龙街

巍山西部龙街一带彝族，每年二月八都要祭献祖先阿玉哺。阿玉是男子，阿哺是姑娘，兄妹成亲，繁衍后代。人们习惯合称"阿玉哺"。

节日这天，人们采来嗯色嗯应丕①和阿五笨底资②。把叶子缝串成波浪式的方块图案，抽出阿五笨底富③，圈成约一寸多过心的圆圈，分别用三根筷子粗的竹签夹住后，连同叶子图案一齐夹在祖公牌下方，点香杀鸡献祭祖先阿玉哺，一直摆到火把节前才焚烧。若不献，眼和耳还会得病。这里有个古老的故事。

洪荒时代，到处洪水滔天，别的人家户都被洪水淹没了，只有聪明的阿玉和阿哺两兄妹躲进大葫芦里，顺水漂荡，漂呀漂呀，一天，漂到一处大岩巴下面，岩巴上有一蓬龙竹，兄妹俩想上岸，可怎么爬也上不去。这时飞来两只麻雀，叽叽喳喳叫了一阵，一大群麻雀飞来全落在一棵竹子上，竹子压弯了，兄妹俩拉着竹尖爬上了岸。为了繁衍后代，兄妹俩滚石问婚后兄妹成亲④。成家后，他们把竹子栽到矮山，把葫芦种于高山，让麻雀住进房子的墙洞里。可是瓜不发，竹子也不旺。他们的后代把柱路竹子种栽到高山上，阿格把葫芦种栽在矮山上，果然瓜发竹旺。

几年后，柱路的儿子拉叭⑤去砍竹子。第一天去，竹篷里飞满了狐狸蜂，砍不着竹子。第二天又去，竹篷里盘绕着一条大蛇，仍砍不着竹子。第三天又去，将到竹篷前，突然跳出像老虎而比老虎还大的一只怪物，竹子未砍到，拉叭却被吓哑了。过了几天后，弟弟拉菜⑥又上山去砍竹，他想起哥哥砍竹时的遭遇，胆战心惊，急急忙忙砍了一棵竹便跑了回来，这棵竹子有十二节，一节厨师做刀把，一节木匠做划签，一节妇人做口弦，一节儿子做笛子，还有五节做笙管，配上葫芦做吹把，可只有五个音，鬼谷子先生看后，在插通葫芦的竹节钻了一个洞，即成了五音六律的芦笙。

后来，人们怕砍竹时再遇到麻烦，便把竹子栽到房前屋后，把葫芦种在田边地角，并在二月八日（过去是过大年），祭献祖先阿玉哺。

---

① 嗯色嗯应丕：彝语，即洪水般颜色的树叶子，一种叶老发红的树的叶子。
② 阿五笨底资：彝语，能够抽出白色芯子的藤本植物。
③ 阿五笨底富：白芯子。
④ 兄妹成亲：彝族人有姑舅表优婚之习惯。
⑤ 拉叭：老三。
⑥ 拉菜：老四。

山神封兽王（彝族）

讲述：左琴芝
记录：左育能
1986年采录于巍山五印

很早以前，山中野兽很多，那些野兽穷凶极恶，常常争食争位相互厮杀，强者欺弱者，大的吃小的。随时有兽到山神那里告状，弄得山神不得安宁。地母说野兽糟蹋了庄稼，密寺又说家里的牲畜被野兽吃了，都叫山神管好山中野兽。怎么管那么多野兽呢？山神想了三天三夜，终于想出了好办法，给野兽封王封位，以兽管兽。便在正月初三（月忌日，民间不准上山打猎），山神把四山野兽叫来，封狮资（狮子）为兽王，封其他兽排列名次：第一是邑尾（野猪），第二是阿玉古（熊），第三是啦把（虎），第四是资把（豹），第五是啃古（野狗），第六是豺狼（狼），第七是味把（豹狗），第八是嗡都（狐狸），第九是嗯曼波（玉墨狸、九第狸之类），第十是汗勒（黄鼠狼），第十一是阿闷古（野猫），第十二是哈拉把（臭鼠），并且"不准随意伤人"。

从那以后，野兽大的让小的，相互礼让，不再相互厮杀，也不敢随意伤人。并流传下来"山神不开口，老虎不吃人"的俚语。人们把每月的初三、十四、二十五日作为月忌日，不准任何人上山打猎。

鸟语（彝族）

讲述：左琴芝
记录：左育能
1986年采录于巍山五印

古时候，鸟类不分季节和昼夜，也不管人间是喜还是忧，只是乱飞乱叫，有的鸟夜间出没却送了命。人们也不分季节，乱种滥栽。地母找山神说："我的地皮上长的草木，是有季节、冷热、湿燥之分的，而人间却不以为然，乱挖滥种，糟蹋了地皮。"不几天，地母又找山神说："鸟兽不分季节、昼夜，乱喊乱叫，不得安宁。"叫山神拿个主意治一治。有一次山神听到喜鹊、乌鸦叫，跑去一看，是人间办喜事；又有一次是人间在送山（抬死人）；再有一次听到鸟群呼叫，醒来一看，天还不亮。后来山神请来地母和鬼谷子先生商量治理办法，按鬼谷子先生的意见安排，使鸟兽出没、叫唤与时节、昼夜相一致，与人间喜事、忧事相联系，以便提醒人们日操夜息，按时下种、收割，对鸟兽一一作了吩咐：鸟类白天活动，野兽夜间活动。鸟类按时节啼叫：

正月燕子叫"吱底底"，与彝语说"高兴"相同，好像说："高高兴兴"。

二月闭别拉鸟叫"闭别拉"与彝语"做、换"相似，好像说："换做别样了。"

三月鹧鸪（布谷）叫"鹧鸪、鹧底，故长长"，似彝语背子背得多，丢了背子叫"吾亨"一样。

四月阿述（野鸡）叫"跺跺若"，彝语"若"为豆，"跺跺"为码得高，好像说：拉得的豌豆码得高。

五月戛汗（金嘎嘎）叫"亨戛呗"，似彝语"房背后"，好像催人快种房背后的地。

六月嘟嗡鸟叫"嘟嗡"，彝语像是叫人们快快栽秧。

七月来依（麻鸡）叫"固噜"，与彝语说"九两"相似，犹如说七月卖牛可得"九两"银子。

八月吱底（鹦鹉）叫"吱吱"，"吱"彝语为绿色，好像说包麦还在绿。

九月鹧杜咱（比麻雀稍小的灰黑色的小鸟，专吃谷子、麻子、高粱）叫"柱柱"，与彝语"这里"相似，好像说"来这里吃谷子"。

十月嗯杜果罗叫"嗯杜果罗、萨杜果罗"，似彝语收谷子时数"两箩、三箩。"

冬月"洞多喽"叫"洞、洞、洞多喽"，似彝语地主收租时，边敲谷箩边说"这箩，那箩"。人们把盯着别人的大眼睛说是"洞多喽墨色绿"。

腊月吁驴（猫头鹰）叫"依哦"，似彝语说"四样"，好像说年关到了，要准备好米、酒、肉、豆腐这四样。

公鸡听话，就叫它报时辰；喜鹊爱跳，叫它报人间之喜；乌鸦馋嘴，叫它报人间忧事。从此，人们便听其鸟音而知时候节令了。

中国民间故事丛书

云南 大理

巍山卷

傳說

风物习俗传说

三鹤楼

采录：芮增祥
1987年5月采录

巍山东门外五里的翠虬山林、锦溪河边有个村庄，名叫"石龙山"。村庄下面的绿树丛中有个古寺，名叫"李家寺"，又名"栖鹤楼"。

在巍宝山的后山，有座规模宏伟的建筑群，名叫"朝阳洞"。洞中后层筑有高台，上建叠阁，高插云霄，是巍宝山八景之一的"朝阳育鹤"，名叫"陪鹤楼"。

又在巍宝山后，距长春洞五里的地方，有个名叫"一碗水"的村庄。地接巍宝，前环瓜江，景色宜人。村边有一道院，坐东面西，一进两院，题名"望鹤轩"，是巍宝山后胜景。

"栖鹤楼""陪鹤楼""望鹤轩"何以均以"鹤"为名？原来有这样一个故事：

相传古时候，山西芮城县的永乐镇上，有个历史悠久、建筑宏伟的道观，名叫"永乐宫"。"八仙"之一的吕纯阳就在这里修炼。一天，吕祖忽然想起"南极仙翁"的诞辰已近，理应早日动身前往祝贺。于是吩咐"天聋地哑""柳精木怪"二童子，坚守宫中门户；自己则不带随从，身背"青锋"，骑上黄鹤，出了洞府，一直向南飞行。途经武昌黄鹤矶头，看见一座重楼叠阁，高冲云霄。于是降下黄鹤，进入楼中，饮够了香醇，拿出玉笛，吹了"梅花三弄"一曲，招来仙鹤翱翔，鸾凤起舞，至游兴已尽，方乘鹤南飞。所以武昌黄鹤矶头的那个高楼，至今还叫作"黄鹤楼"。

吕祖离开黄鹤楼后，乘鹤南飞，飞过千山万水，飞过了"云岭""乌蒙"。一天，黄鹤飞进了"蒙舍川"，只见青山绿水，田塍交错。瓜江上烟云缥缈，巍宝山一片青苍。纯阳不禁喟然长叹："此福地也。"因此，挥毫写下了："壬午仲夏，予闲序悠游，至阳瓜，古蒙阳善行可喜"的满含"仙气"的《栖鹤楼记》；并歌曰："歌紫虚太空之洞章，咏玉灵羽融之仙曲。"从此，蒙郡人士便就其地建起了栖鹤楼，内塑吕纯阳像，以纪其胜事。又因其为石龙山人李姓所倡建，故亦名李家寺。

又过了好些时日，吕纯阳在南极仙山祝完了寿，又乘黄鹤飞回到了蒙舍川上空，看到蒙舍川依旧，但巍宝山头，却放射着万道霞光。原来已临"八百金仙朝巍宝"的灵山胜会。黄鹤在巍宝山上空，一转又一转地盘旋飞舞，渐渐向后山降落，随后，落到"朝阳洞"中"仙鹤抱蛋"的所在，黄鹤停下再不飞了。原来黄鹤此时已身怀有孕，要下蛋育鹤。吕祖只得下了黄鹤，让它在此地下蛋孵卵；自己则加入了"八百金仙"的行列，到前山青霞观中朝贺老君去了。此时青霞观中正举行着隆重的祝贺盛会，仙乐齐奏，琼浆罗列，一片欢腾。到会的大仙们恭祝了老君万寿无疆后，各自游山玩水去了。

再说，后山朝阳洞中，人们正在开山凿地，准备建一高楼时，突然"扑哧"一声，一只仙鹤凭空飞了出来，冲向高空，向南飞去。原来此地正是"仙鹤孵卵"的所在，地名"仙鹤抱蛋"。一个工人一锄下去，正挖在仙鹤巢中，所以惊飞出来。恰巧吕纯阳从前山青霞观中祝贺归来，看见仙鹤突然向南飞去，心中一惊，便驾起祥云，跟踪追去，追到巍宝山后"一碗水"的地方。其地红桃绿柳，万紫千红，山明水秀，于是召回黄鹤，题下"蓬莱仙境"四字，然后回到朝阳洞中，让黄鹤继续抱蛋孵卵，自己也就陪伴黄鹤坐守下来。

后来，那个高楼建成，叫它"陪鹤楼"，内塑吕祖和黄鹤像。

接着，人们又在吕祖召回黄鹤的地方——"一碗水"，建造了一座道观，称为"望鹤轩"，内亦塑吕祖像。望鹤轩至今犹存。

五印山八景

采录：杨国琼 女
1996 年采录于巍山

坐落在巍山县五印区的五印山，是一处名胜之地。它的山腰上常常笼罩着一层青气。人们都说：山似大印，下面埋有玉皇五枚金印。

相传南诏第一个王细奴逻执政后，人民生活得很好。老君向玉帝启奏了细奴逻为人的好处，玉帝一时心动，想来人间走访，一不小心把身边五枚大印掉落在地。大印从天门滚下人间来，恰好落到蒙化（今巍山）。只见西边金光万道，千座山峰从西边闪开；大印朝西山肚子里钻，一时山崩地裂，百鸟乱飞。大印落下去的地方凸起了五座大印似的山，这五座山一样大，山上草木翠绿，周围雾气腾腾。西山村的人们被这突然变化的异象吓呆了。老君化成一个长老，下凡来寻找五个大印，并给人们讲述了山的由来，从此人们把西山改名为"五印山"。

一、石阮甘泉

相传蒙舍诏主细奴逻听到五印山传奇后，决心捐金银到五印山建寺。

一年初春，细奴逻派儿子带着人马直奔五印山。五印山春意盎然，座座山峰挺拔峻秀。细奴逻的儿子真有点着迷了，不愿离开此山回府。他脱口叫道："五印山乃南诏又一发祥地。"人们叹道："此山虽好，就是少水，建寺困难啊。"细奴逻的儿子安慰大家不要着急，只要心诚，水是可以找到的。

他带着人马，到处找水源，可是一个月过去了，除了一口水井外，林中无一塘水。一天夜里，万籁俱寂，公子因劳累过度，没有脱衣就倒在床上睡着了，不多时就昏昏沉沉地进入了梦乡：只见观音菩萨盘腿坐在莲台上，手持一根白蚁帚，穿过云雾，来到他身边，笑着说道："天道对世人没有偏私，它总是帮助善人的。你修寺心诚，上天特降一神龙，永吐清水，万古长流。并赐你一石在石竹林中，修寺规模可照此筹办。等天一亮，你用铲子到所要建寺的地方铲三下就可以了。"说完就不见了。公子忙跪在地上磕头拜谢观音老母。一阵狂喜，从熟睡中醒来。

天刚亮，他就照梦中所说的那样，用铲子在待建寺地方铲了三下，突然一股清泉从山里喷出来。人们高兴地欢呼道："阿弥陀佛，天降神龙！""阿弥陀佛，天赐仙泉！"欢呼声未毕，山坡上突然石竹成林，郁郁葱葱。民工们朝石竹林中跑去，只见有一块可坐百人的大青石，上面刻有"石渊甘泉"四字。字下有一燕窝大小的洞，满满的一塘水，一点也不溢出来，用手巾擦干，可一眨眼水又满满的。试了百次，依然如故。后来建寺蓝图全在上面筹划，所用墨汁全在小洞里磨制。

细奴逻的儿子盖起前殿回到府城，不几年，有了二子，便死去了。人们望见他骑一匹白马向五印山方向而去，大青石也不见了。但"石渊甘泉"一景的故事却一直流传下来。

二、印领横青

相传古时候，五印山周围的寨子里的人得了一种肚子痛的怪病。这病一缠身，不几天就死去了。当时，五印有杨家兄弟俩双双在京做官，正月十四，兄弟二人从京城回乡探亲，踏进五印之地，只见白骨成堆，使人毛骨悚然。

二人丧魂落魄地跑回家，屋里传来："哥哥……哥你在何方……你在何方"的呼声，二人惊慌地来到凄凉孤寂的房中，抱起奄奄一息的妹妹，痛不欲生。妹妹黯然失色的眼睛拼命地睁着，强忍着剧痛说道："哥哥，乡亲们快死绝了，救救他们吧，岩那边山茶花树上的红色寄生草可以治病。"哥哥答应一定去采。妹妹听了吃力地一笑，死去了。二人哭得死去活来。

为了众乡亲，二人含悲来到岩边。哥哥把绳子拴在腰上，然后叫弟弟把另一头拴在大树上看守，他到岩那边去采药。

哥哥脚一蹬就跃到岩那边，但又被如刀一样锋利的石块撞了回来。弟弟痛心地看着被鲜血染红全身的哥哥。就在这时，绳子突然断了，哥哥像一只受伤的大鹏折断了翅膀，落入了深渊。弟弟惨叫一声就失去了知觉。

一阵微风吹来，弟弟如梦初醒，眼前碧蓝的天幕下，一座端庄峻秀的青峰拔地横在两山之间，原来的深渊完全没有了。山的周围是各种树木筑成的一道道黛色的围墙。那树顶上全是艳丽迷人的山茶花，棵棵树都长满了寄生草。弟弟采回好多，刚死去的人吃了以后也大多复活。人们把这座横山称为"印领横青"。至今，来五印山游玩的人大多爱采一些山茶花树上的寄生草做纪念。

三、松笔描天

此景相传明朝时，从京城来了一个五品官叫赵宏。因怀才不遇，看破红尘，当了和尚。他听说大理是个好地方，从来尊老爱幼，又敬重僧人。和尚历尽艰辛，来到蒙化五印。他看到五印山风景优美，登临山顶，远景近物，尽收眼底。他赞叹不已，决心在此建一大殿，以表心意。

他把金、银全献出来，取得当地五姓大家族（称五姓檀越）的支持。二百民工苦干了一个月，因无一棵松木，砍其他树非常费工。所以，大殿未能建起。一天，突然一个身穿白袍的老道人，颠颠簸簸地来到工地。和尚和民工很尊敬他，给他让座，给他盛饭，但他一句话不说，只顾吃饭。吃完了所有剩饭，一跛一跛地走下山去。民工追去，人不见了。忽见一块一尺见方的白缎从天而降，上有四字"木从井生"。人们十分惊奇，不知如何是好。

这时，赵宏开口点破道："有了，有了，井中有松木了！"一句话提醒了人们，民工们跑到井边，一棵八寸头的松木上到井边；一拉便一棵接一棵，长长短短、粗粗细细拉出一大堆。突然一棵青松浮出水面，人们惊叹万分，把青松拉上来。如此，拉了十天，满地青松全自动扎根在山峦上。

民工抬头望去，青翠的松柏，尖头一样齐，好似要给澄净的天幕上彩画云霞。从此，这无松之山成了"松笔描天"。

四、万壑秋云

相传古时候，一个深秋的早晨，有一和尚须髯飘洒，老态龙钟，从五印山下来，准备到蒙化化缘。

他边走边念经。突然，一股血腥气迎面扑来，老人合掌叫道："阿弥陀佛"，急忙紧走了几步，只见一个产妇倒在路旁，遍地鲜血，小孩在血泊中半声半声地哑哭着。和尚惊慌地闭目合掌道："菩萨保佑、阿弥陀佛"。在旧时，吃斋人连妇人房里都不能进，又怎能到产妇身边去呢？若犯戒，那真是千年修真，毁于一旦。然而，这老和尚却与众不同，历来所行：吃斋好善不杀生，见死不救不成仁。他跪下磕头谢过上苍，走到产妇身边，撕下长袍，把血淋淋的小孩包好，取出一些随身携带的药水，把产妇救活，然后用长袍擦干净地上的血，随同脏物用土埋了。产妇跪在地上千谢万谢救命之恩。

妇人走后，和尚望着自己血淋淋的双手发愁。路下边是一条小河，几百户人家都吃河水。和尚合掌道："阿弥陀佛，出家人以善为本。"说完侧下身子扑在河边，把头伸进河里，用嘴把水含出来洗手。他那虔诚的神态映在龙宫里，龙王感动地从宝座上跌下来，立即飞上天宫，把此事启奏玉皇。玉皇感动地流下眼泪，派童子驾云而下，把和尚接上天宫。

从此，逶迤苍黛的青峰，常常雾气腾腾。人们把看到的雾景叫作"万壑秋云"。

五、佛光现瑞

相传明朝时，有一县官做了一个梦：看见一个穿得破烂的老头在城楼下卖四尊大佛，一街人谁也不去买，县官刚去摸佛，突然从梦中惊醒，觉得十分奇怪。

第二天早晨，县官洗过脸就去城楼下查看。果然见梦中人卖四尊大佛。县官上前问道："请问老人家，佛像要多少钱。"那人头也不抬说道："不多不少，要一百两银子，这佛只有五印山能塑。"县官买下了四尊大佛，刚要抬走，只见老头买了一百双草鞋，向南门外走去：每遇见一人给一双，到城门外刚给完草鞋，看看前面，已无一个人影。老头唱着小调向菜秧河走去。等人们追到桥头，他却无影无踪。

后来县太爷把佛像送到五印山寺院里。每当夜色笼罩在五印山时。大佛就放出金光，把寺院里照得通红，不需点佛灯，就可看清一切。此时，又从峨眉山下来一个和尚在五印山住下。他见此妙景，赞口道："大佛不仅给人间带来五谷丰收，而且不辞劳苦地为寺庙驱赶黑暗带来光明"，并提笔在中殿门头上写上了四个大字"佛光现瑞"。

六、夜朗村火

相传古时候，彝家姑娘阿依布花长得如花似玉，非常美丽。她不仅有光彩照人的外貌，而且有水晶一样纯洁的心灵。

阿依布花的父亲是彝家寨主，父亲有令："门前三步，不许乱走。"由此，这位秀丽妖娆的小姐如小鸟关在牢笼里一样。每天夜晚，当山那边传来阵阵歌声，这时姑娘便如痴似醉地凝神倾听，只要歌声中断，她就会心烦意乱。

正月十五是彝家朝五印山的佳节，姑娘非常高兴，向父亲请求到五印山一游。道貌岸然的父亲拒绝了女儿的要求。女儿心痛欲绝：想不到自己如此凄凉，十八个春秋死死关在家里，她长叹一声就想自杀，丫鬟惊慌地夺下公主的刀子。父亲怕掌上明珠急坏了身子，就让她带上十八个丫环到五印山去，但不许她与任何山民对歌，笑也不许露齿。

阿依布花哪里听得进父亲的话，她惦记着心中的郎君。来到五印山，山那边传来昔日听熟的山歌："有情千里来相会，无情对面也不知。阿妹若有情和意，对歌对到断肠时。"阿依布花听到歌声，魂不附体，她回唱道："那边阿哥情意真，小妹千里寻知音。阿妹如鸟关牢笼，想哥倚窗懒度春。"歌声刚停，一个很俊的叫阿拉山的彝家小伙站在阿依布花身边，含情脉脉地看着她。阿依布花用长袖掩住眼里的温情。片刻，他们手拉手地转进了打歌场，直到天黑才分手，二人约定每天晚上在五印山门口会面。

不知谁走漏了风声，寨主终于知道女儿对歌的事。他觉得自己的女儿和贫民一起鬼混，是丢了祖宗的脸面。他一怒之下关起了女儿，杀死了十八个丫鬟。丫鬟的鲜血流红了河，吓得山民家家关门，不敢乱走。阿依布花日夜哭哭啼啼。一天夜里，阿依布花烧了绣楼，在火中自焚了。然而阿拉山却什么也不知道。他一夜一夜地等啊，盼啊……直到看见寨子起火，才觉醒过来。他撕心裂肺地叫了一声"我妻"！就倒到山门口变成了一棵四季常青的等妻树。

从此，当夜色西沉，站在五印山上就可看到各寨的火光，彻夜不灭。光中仿佛出现淡妆素雅的阿依布花姑娘。后人为了纪念他们的忠贞爱情，把夜间看到的亮光叫作"夜朗村火"。

七、五印摸空

相传明末清初，五印山香客很多。寺院住持僧每天鸡叫头遍就起来更换供水、击磬念经。那经声婉转缭绕在群山之中。一天早上，住持僧跪在观音菩萨前，念念有词地唱道："大慈大悲观世音，救苦救难观世音。"只觉厨房中有人动静，住持僧十分奇怪，跑回厨房，灶火灭了，扑面而来的是菜饭的香味。住持僧等了一个时辰，也不见有人来。住持僧合掌道："阿弥陀佛。"然后吃光了菜饭。第二天早上，他念完一遍经后就躲在厨房后面想看个明白。不一会儿，只见有一女子来给他做饭。住持僧合掌道："罪过……罪过……出家人以纯洁为本，请问你是谁家女子，为何到此给贫僧做饭？"女子一句话没说，跑出门外，钻进了石竹林。住持僧追出门外，左看右看也不见人影。他认为是妖，口吐法水烧了石竹林。

第二天，住持僧打开寺门，石竹林依然如故。竹林前是一朵绿叶托着的荷花（莲花）。住持僧想：荷花是生长在水中的，为什么干地方会长出来呢？昨天的女子一定是观音菩萨显灵了。他正要伸手去采，荷花便不见了。只见山峰上又出现了荷花，住持僧追去，花不见了，只觉得云彩在往下飘，伸手便可摸天。从此，人们说五印山虽不高，却直伸云霄，人站在山端，似觉伸手可以摸云彩。从此，把这一景象叫作"五印摸空"。

八、回光返照

五印山闻名遐迩、蜚声八方的"回光返照"一景，常常吸引着不少人到五印山游玩，每到五印山的人都爱在寺院里住上几日，盼着能看到此景。后人也有的把它叫作"抄天晴霞"。

相传古时候，有一银匠用金子做了三只大象，让三千人抬送到五印山寺。说来也怪，三只金象抬到寺门口，突然挣脱人们，跑进寺院。人们大惊失色。突然空中传来："弟子别怕，放心回府去吧！金象寺院道长会收养。"话音刚落，只见道士已牵着三只大象在寺门口向人们叩谢。

南诏宝地五印山又增加了三只金象，"紫马六"寨子的寨主和"皮罗鼓"寨子的寨主早已心怀鬼胎，二人谋划想偷走金象。

一天夜晚，两个寨主带着数百家丁手持钢刀，直奔五印山寺院，到了寺院，他们刚砍下了金象的一只脚，正当他们要砍头时，鸡叫起来，太阳正从东方升起，金象便活了过来。那活了的金象大叫三声，召来西天一大神将，打败了寨主。可神将自己也遍体鳞伤，无力返回天庭。他只好化为一座青山，骑在紫马六寨子上，一手打着皮罗鼓寨子，（后人常爱说五印山头戴黑鸡圾，身骑大紫马，手打皮罗鼓），一手托着五枚大印。但神将却不想独占金象，为了人民世代幸福，有取之不尽的财宝，他吹了一口气，三只金象像离弦之箭，一只飞进了五印山牛街笔架山；一只钻进了五印岩子脚后面的大山里；另一只钻进了五印山后边的鸡足山山肚里。

然而，由于神将回不了天宫，仙人为了和他会面，每逢六十个甲子年的那天夜里，当太阳跳三下落下西山后，西边天空中淡淡的白纱就轻轻铺展开。一股强光反射回来，五印山峰金光闪闪。这时西边天空中奇景出现了，寺院中大大小小的和尚、道士来来往往，西天如来倚座而卧，和身边促膝对坐的和尚谈论经文。殿外飞龙张牙舞爪，舌翘须卷。接着山村出现了，男人耕地，汗流如雨，休息间靠在地边袒怀而卧，女人在家织布，灯光、烟火闪闪烁烁。或又变幻为：老君身穿白袍，头戴红冠子，手握一把鹅毛扇向小道士指点。此时，五印山的全貌在天空中再现，大殿上的对联："三乘法愈就愈精两脚踏倒虚弥山方能自得，四大身若无若有一口吸尽西江水难于人言。"雄鸡一叫，天边奇景消失，山峰变暗下来。听传五印山出现奇景时，笔架山、小鸡足山、岩子脚后山也会隐隐出现亮光。

至今，四方游客一到五印山就住下来，要看夜间曙光，其实人们所要看的正是"回光返照"或"抄天晴霞"。

巍宝山八景

讲述：刘立廷 70 岁
记录：罗怀奇
1984 年 2 月采录于巍山巍宝山

一、头天门

巍宝山进山的起点头天门，是八景之一，人称"天门锁胜"。传说，头天门寺后面的那座小长山①，是天公锁下的一把牛尾锁。它把巍宝山的胜景都锁在后面不让世人发现。所以清代贡生王象贤咏巍宝山诗中说："天井名胜此中藏。"

后来人们看破了天机，就在这把牛尾锁屁股后面造上了一座白塔②，传说这白塔就是打开这牛尾锁的钥匙。自从白塔造起来以后，巍宝山的胜景才陆续被人们发现。一切有关巍宝山的故事也都是从头天门开始。

头天门说它是一景，确也别有景致，在那一片田野的中间横伸出一座长长的小山来，把那十里平野平分成了两半。这小山，前有锦溪环绕，文笔点缀；后有远山荫护，一汪清水辉映。站在小山顶上，北望永春古桥，南眺封川山宝塔，真是"置身景中又观景"。

---

① 小长山：此山名拱城山，山北建有拱城寺，又名准提阁，俗称"头天门"。
② 白塔：系俗名，相传为武侯所建，因与文庙相对，故称"文笔塔"，现存者为清代建筑。

二、甘露亭

过了头天门,爬上望城坡①,便到了高岗上的甘露亭。寺门前那望城台,即是巍宝山八景中的"拱城远眺"。

相传这里原来只是个草坪,后来在盖甘露亭时,还有这样一个故事。

一天清早,巍宝山寺院的道长,叫一个小道人下山来挑香油。临走时叮嘱他要早去早回,香油等着用。可是,一直到了午后,还不见小道人回到山里,道长又叫了另外两个小道人顺路来接他。两个小道人一路来到甘露亭,只见去挑香油的小道人直挺挺地躺在大树脚下,一担香油摆在旁边,连叫他几声都没有答应。两个小道人忙过去看,死了。这两个小道人也顾不得香油挑子,转身就跑回巍宝山去告知道长。道长听说去挑香油的小徒弟死在半路上,心里十分难过。但又没有办法,只好叫人挑上一挑干松柴,背了锣鼓道具来到甘露亭前的草坪上,停放好小道人的尸体,架好了干柴,念过经后就要火化。

却说,就在点火化尸的时候,忽然天上下起小雨来,一时没法把火点着。小雨一阵就过去了,道长叫两个小道人把尸体搬到柴堆上。两个小道人走过去一看,同时惊叫一声,只见那死尸又喘起气来了。道长和众道人围过去细看,小道人真的活回来了。于是,立即把他抬回寺院,精心调养。

再说,那小道人活过来以后,心中感激上苍降下甘露,使他起死回生,更加虔诚修行,成了巍宝山道长。后人在他死去又活回来的那块草坪上,盖了一座亭子,取名"甘露亭"。

三、碧沙井

过了甘露亭,绕过回龙湾,眼前突然出现一个山坳。山坳北端,一池清泉十分显眼。只见这泉水从地下冒出,嵌在碧玉般的细沙上,在阳光下熠熠闪亮,显得格外清澈。这里就是巍宝山八景中的"泉溅碧沙"。

传说,细奴逻家的祖坟在这一带山冈上,这个山坳是当年蒙氏家族上祖坟时立帐篷的地方。这里本来没有井,用水都要到箐里去挑。

农历二月的一天,蒙氏家族老少照例来拜祖坟,到了中午时分,天气十

---

① 望城坡:系巍宝山北面的支脉"挂榜山"上的一段陡坡,是去巍宝山必经之地。此山平列而上,严如张榜,连接于巍宝山公路的终点站。

分炎热,在帐篷里闷不住,各人都到山坳北端的大树下乘凉。见不远的地方露出半个大石头,上面糊着层黄泥巴,也没在意。这时,一只小雀飞来,落到大石头上。一个小伙子随手拣起个石头就朝小雀打去,小雀飞了,却把那大石头打下来一片,只见破口处闪出了一道绿光,两个小伙子惊叫着跑了过去,其他人听到叫声也忙拢来。大家七手八脚刮去石头上的泥巴,只见那大石头绿光莹莹,原来是块光彩照人的大玉石。蒙氏家族立即动手把它挖了出来。只见那大玉石刚一滚出土坑,坑底就喷出一股清泉来,这泉水夹着细沙喷向空中,又溅落在翡翠般的碧沙塘里,十分好看,"碧沙井"名字由此而来。

四、龙潭殿

进入巍宝山第一殿龙潭殿侧门,顿时给人一种宁静幽雅的感觉。龙潭殿的那一个宽大的天井中央,圆圆一大塘池水清澈见底,池边树枝花丛簇簇,几株春柳松柏傲然屹立。池上一弯石桥驮着个精巧玲珑的凉亭,凉亭中央能摆一桌酒席,正好容得"八仙同坐"。左右两厢耳房清秀别致,可供游客留宿。这里是巍宝山八景中的"龙池春柳",传说还是蒙化本境黄龙的故居。

这蒙化本境黄龙,传说是洱海龙王的五公子。只因洱海龙王一心要把巍山坝子变成他的泽国,派他的四公子和三公主来堵塞巍山坝子的出口。结果,凶残的四公子被观音老母用宝塔钉死在坝子的南端,变成了封川山。美丽善良的三公主就在巍宝山落了籍。

再说那洱海龙王,一直在等着四公子和三公主回来禀报好消息。谁知等了好几年,还是杳无音信。龙王知道事出意外,就打发生性刚强的五公子来找。五公子在巍山坝子尾,才找到四公子的一具僵尸,和三公主的美丽化身。

他到巍山后,看到巍山山川秀丽,彝人纯朴热情,也生了留恋之情。又经过三公主的劝说,也在巍山落了籍,和三公主居住在一起,勤勤恳恳地给巍山人吐水行雨。

谁知有一年二月,城里的一伙老爷阔少到巍宝山游玩,住宿在龙潭殿的南耳楼上。这伙人中有好几个抽大烟的,一日三次在铺上吞云吐雾,鸦片烟熏得黄龙头晕恶心。他早想发作,又想到来的都是客,只好压着性子忍住。

谁知,这伙大烟鬼不知趣,临走时,又把洗烟盘的水倒进龙池里。黄龙再也忍不住了,只听得"轰隆"一声山摇地动的巨响,黄龙一跃而起,冲倒龙潭殿的大殿,喷着一股黄烟飞上了天空。他可能还不解恨,不等那伙吓昏了的大烟鬼清醒过来，又是"轰隆"一声，一脚踢倒了龙潭殿的大门，这才向西边飞去。从此，龙池里的清泉再也不清了，阔少们再也不敢在龙潭殿里抽大烟了。

出了龙潭殿，游过建筑雄伟的玉皇阁，迎面又是一片阴森肃穆的古刹，这里不知有多少厢房和过厅，还有好几座巍巍正殿。只见一层又一层，层层依山而上，黑压压地遮住半面山坡。这就是巍宝山的名刹青霞观，它和下面的灵宫殿、太子殿，左边的玉皇阁相互陪衬，相互点缀，构成了巍宝山的建筑中心。

五、青霞观

青霞观，环境幽深，建筑古老。

关于青霞观，有这样一个故事。

传说有一道长在青城山顶打坐，见南面万山丛中一道青霞直冲半空，然后结成了一朵紫云，半天不散。道长认定这出霞之处必是异地，便离了青城山，一路游览，一路寻踪觅迹朝着南方走来。不知走了多少时间，过了多少山水，一直找到巍宝山，才见这青霞从雾中现出。道人走到山边，细细分辨了青霞的气色后，自言自语地叹了一句："此地又要出异人了。"老道的这句话，却被在树林里采药的老人听见了。他快步走到老道身边，想问个明白，可老道只摇摇头，一句也没回答，转身下山去了。

采药老人回家以后，把这消息传了出去。一传十，十传百，不久就传进了左氏土知府的耳朵里。土知府立即把采药老人请进府里，问清道人的相貌后，派人四处寻找道人的踪迹，也想问个明白。找来找去都没找着道人，后来打听到老道已回青城山去了，就叫他的弟弟到青城山求教。土知府的弟弟到了青城山，好不容易才找到这个老道。送上厚礼，老道不收，问来问去，老道总是说不敢泄露天机。怎奈左知府弟弟死死缠住老道不走，老道被缠得没有办法，才说了"太上君，镇乾坤"六个字。

左知府听了弟弟从青城山带回来的六个字，就召集蒙化名士解这六个字之谜。乡绅名士众说纷纭，都难以得出六字谜的正确答案。左知府出于无奈，派人募捐银钱，在青霞的左边盖了巍峨庞大的青霞观，供上了太上老君李耳的高大铜像，并召集四方道人到青霞观烧香换水，四时祭祀。传说当时的青霞观昼夜灯火通明，终年香烟缭绕，晨钟暮鼓，四时香客不断，可算是鼎盛一时。

六、磐石

出了青霞观,顺着通向山顶的大路走来,不几步就走进了一片苍松古柏之中。一段古老的石阶苔径,在这片古林中左弯右拐,弯曲而上。一路坡势陡峭,路旁无半尺平地可以停脚。石路拐弯,路边闪出个小平台。这平台两丈见方,后有靠背两面有围手,活像一把小巧的交椅,端端正正地摆在遮天蔽日的古林里,十分幽深寂静。

平台的中间摆着三块方正的原始磐石。巍宝山八景中的"磐石千古"一景,指的就是中间那块大的磐石。传说老君李耳曾在上面打坐。当年细奴逻的母亲祖师娘给在后山耕田的丈夫送饭,往返三次,都是来到这里被老君讨吃了。但贤惠的祖师娘还是口无怨言,面无愠色,感动了早已看破人情世故的老君。

却说细奴逻当了诏主那年的二月初一,就是当年老君点化的那一天,细奴逻带领着蒙氏家族,到这里整整祭祀了半个月。到了二月十五临下山前,细奴逻又在这三块千古磐石前传下了他的旨意:凡是蒙氏子孙,每年必须在二月初一到十五这半个月内到这里朝拜老君,以报答他对蒙氏家族保佑之恩。因此,直到现在,朝巍宝山的日期,仍然是农历二月初一到十五这半个月。

再说那屹立在宝顶上的斗母阁,远远看去是一座云中楼阁,近了,却是座十分精巧的三层两院建筑。它依着山岭上凸出来的那座小宝山顶的陡峭坡势,一小院又一小院地直通宝山顶。院里那几株松柏,几丛紫竹,显得那么孤高傲慢,好像无意与世同俗。

到了朝山的时节,香客们总喜欢在斗母阁中夜宿,等待着第二天早上看晨雾从巍山坝子冉冉升起,看巍山城里的建筑在晨雾中徐徐呈现出来。这虽不列入巍宝山八景,也算壮观吧!

转过山顶,下一个十来丈高的小陡坡,就到了一块广场似的大平地。这平地三面被山岭围抱,一面直到崖边,活像一把大交椅,既背风又向阳,游人多在这里集散。

在这广阔的大平地中央,有一大水塘碧波涟涟,四时常青。远离池塘的前后左右,合理地摆布着陪鹤楼、看梅亭、财神殿、涵真楼等院观,和几处早已倒塌了的不知什么殿宇的残墙断壁。

在朝山的半个月里,这广阔的平地便成了"深山闹市"。烟摊酒肆,茶铺饭馆,应有尽有。彝家的"打歌"、汉人的"龙灯"也多在这块大草坪上表演。

到了夜晚，大草坪上这里一个火塘，那里一团篝火，照得大草坪通明透亮。吹笛子、弹三弦、唱小调，真是各得其乐。三朋四友喝酒划拳；民间歌手，山歌对唱，更是没完没了。真是一夜篝火烧到天亮，一夜歌声响彻云霄。年老的游客从来不敢在这里夜宿，他们找清静场所去了。

这大草坪不但自古是深山闹市、对歌场合，而且也是"宝山八景"中的"鹤楼古梅"一景。

七、鹤楼古梅

古老的时候，"鹤楼古梅"原址是个砖瓦厂，盖巍宝山寺院的砖瓦就是由这里烧出来的。

传说，这瓦厂刚刚建立，好不容易才筑起个大窑子。不知是瓦窑火太大，还是泥土不合，第一窑瓦才烧了十天十夜正好一半工夫的时候，突然大窑门上面拉开了两丈多长的裂缝，裂口越张越大，眼看就要倒下来。到了这个地步，几十个靠做瓦养家活口的师傅也只得老远站着，眼泪巴巴地等着瓦窑倒塌。

谁料就在半面大瓦窑要塌下来的一霎时，大窑门里突然出现个一丈多高的人影，一双手托住塌下来的半面瓦窑，只见他往上一举，半面瓦窑就稳稳当当地合上去了。随着一股青烟升上天空，人影不见了，瓦窑却复了原，窑火还在熊熊燃烧！一群瓦匠都惊呆了，等清醒过来，听到的是一阵悠扬的笛声。人们朝笛声响处望去，只见远方飘着一朵祥云，云里呈现着一个慈祥的老头，笑盈盈地看着这座大瓦窑，几十个瓦匠不约而同地跪了下去，朝着老头就拜，一直拜到祥云不见了，方才站起来。从此，这座瓦窑一直顺顺当当，砖青瓦白，无破无裂。

不觉到了腊月二十八，这二三十个瓦匠个个领了工钱，收拾好了行李，等着吃了早饭，就要赶回家里过年。

谁知，大家刚端起饭碗，突然听到有人在山头上大叫："一碗水村子失火了！"三十多个瓦匠几乎同时丢下饭碗，冲出灶房门一看，只见对面叫一碗水的村子浓烟滚滚，也没有人指挥，就一窝蜂地向着浓烟起处冲去。一碗水村里的男女老少，由于救火的劳力不足，眼见火势不断上升，到了无可奈何的时候，突然赶来三十多个精壮的瓦匠，好像来了救星，高兴得无法形容。这伙瓦匠一到就拼死爬上房屋，拼命救火。不到一个时辰，那熊熊大火就被扑灭了。瓦匠们回到瓦厂,谁也不想吃饭,只想静静地坐一下,或躺在地上睡一觉。他们你看着我,我看着你,都忍不住大笑起来。只见有的烧焦了头发,有的被火燎掉半件衣裳,有几个把脚也摔破了,头也撞破了,一个个都变成了小丑。谁也没有力气再回家了,只好休息半天,腊月二十九再赶回去。

下午,大家正在吃饭,突然一个疯老头闯进灶房里来。这伙瓦匠都是穷苦人出身,谁也不嫌弃这疯老头,给他递了个位子,又盛了一碗饭给他。这老头也不拘①,接过饭来就吃,他一面吃饭一面疯疯癫癫地扯东说西。但从他的言语中可以听出他家里很穷,无儿无女,老伴又在病中,三十晚上的年饭还没着落。这些瓦匠也都尝过三十晚上没有米的滋味。于是,掌火师傅带了个头,各人都拿出点碎银子,给了老头,叫他回去买粮吃。可这老头说,他的家很远,今天回不去了,瓦匠师傅就留他在瓦厂里住了一夜。晚上老头疯疯癫癫地说,趁瓦匠回去过年的这几天,他要借瓦窑烧一窑。只惹得众瓦匠一阵哄笑,谁也不把这当作一回事。可这老头一直唠唠叨叨地就是要借窑子。掌火师傅为了顺老头的气,顺口答应了句"好"。他才再也没说什么,就睡着了。

第二天一早,瓦匠起来吃饭的时候,疯老头还在好睡,也没叫醒他,给他留下了一份饭菜。掌火师傅临走时,悄悄嘱咐留下守瓦厂的人,如果疯老头不走,也别赶他,但是要防着他偷东西。

瓦匠们回家过了年,到大年初二就约好一同回瓦厂来。刚到砖瓦厂,都惊呆了。只见瓦窑前堆着几大堆青砖白瓦,看上去足有十来万匹。大家跑到房里一看,疯老头不见了,只是地上放着一小堆碎银子,看上去和大家给疯老头的差不多。

那守瓦厂的憨厚汉子,这时还在床上打着鼾声,睡得正香呢!大家连摇带叫把他弄醒,他还伸了个懒腰,问道:"你们怎么还没回家过年?"大家听了,哄笑一通,问他瓦窑前的瓦是哪里来的,他也莫名其妙;叫他出去一看,也惊奇得半天说不出话来;问他疯老头呢?他也不知道,只说大家一出门他就一觉睡到现在了,又惹得大家哄堂大笑了一通,才告诉他今天是大年初二了,你足足睡了四昼夜。他还呆呆地望着大家,怀疑众瓦匠是在哄他。

后来,大家到瓦厂去看看,他们做下的泥坯仍然码在那里,一匹也不少。到窑子里一看,还有三十二个刚烧好的粗瓷大碗放着,恰好每个瓦匠分

---

① 不拘,方言,不客气的意思。

一个。窑子正中间烧好两个四方花盆,口合口地放着。掌火师傅一下醒悟过来,脱口大叫:"吕祖又显圣了!"大家一听吕洞宾显圣,一起跪了下来,朝天就拜。这时耳边又响起了悠扬的笛声。人们为了报答吕祖救窑施瓦之恩,就在这里建了座"陪鹤楼",里面塑着个高大的吕洞宾泥像,盘坐在一只飞着的大白鹤上。

陪鹤楼、看梅亭和古老的大梅树,同时辉映在中间的那一池清水里,构成了一个独特的景色叫"鹤楼古梅"。

然而百丈鹤楼今仍在,古梅却不知何处去了。现在在世的老者,也都只见过三尺来高的一截干梅桩。传说,这棵古梅是三国时孟获的哥哥孟优在这里隐居时栽下的,树态十分精神,开出来的花有铜钱那么大。

八、长春洞

从陪鹤楼向西走,再下一面坡,又是个马蹄形的大山坳。这山坳,气候冬暖夏凉,四季如春。山坳的南面是一堵十几丈高的大山岩,山岩陡峭如壁,猿猴难攀。岩壁的中部,离地一丈二三,有个不大的石洞,石洞上面楷书"长春洞"三个大字。

洞不太宽,刚容得一个人盘腿而坐;也不太深,坐着正好一览这个山坳。山坳里桃红柳绿,清泉环绕。左边丛丛绿荫簇拥着一座粉壁白瓦的寺庵,看去青白相衬,格外新鲜。寺庵中紫竹丛丛,牡丹盛开。山下山花烂漫,百鸟争鸣。这就是巍宝山八景中的"春洞藏仙"。

传说这岩洞是一个黑衣道人凿出来的。这黑衣道人,不知他叫什么名字,也不知是哪里人。只说他神通广大,医术精湛,到巍宝山后,白天云游四乡给人看病,夜晚回到长春洞住宿。天长日久,深得蒙化百姓尊重,都称他为黑衣仙人。

这一年,有个走江湖的马戏班,来到蒙化城的土锅街大场上鸣锣演出。

听说这马戏班里有个本领高强、神通广大的光头师傅,能表演"八瓣分尸",所以人们纷纷涌来观看。

这光头师傅刚到蒙化的头两天,开演前还说上几句客气话,演过两三天后,他看看蒙化①人大都土头土脑,估计不会有什么能人高手,就目中无人,

---

① 蒙化:旧县名,今巍山。

开演前连句客气话都不说了,还规定看完马戏后每人得买他的一张膏药。

一天,坝子南头有个彝家老头,一大早就赶到土锅街大场,买了戏票,去看马戏。马戏完了,他转身就走。

光头师傅见老头要走,几步追了上去,一把抓住老头的手用力一扯,要老头买膏药。老头站不住脚,"咚"的一声摔倒在场子里,半天爬不起来。

几个彝家汉子看到彝家老头摔倒在地上,只好上前去好言劝说马戏班,把老头救起抬回家中。

再说,那被摔伤的彝家老汉被抬回家后口吐鲜血,生命垂危。这时,有人特意跑到他家,说黑衣道人正在邻村给人看病。老汉的儿子听到这个消息,就赶忙去把黑衣道人请来。黑衣道人给老汉查看了伤势,又问明了受伤的原因。他沉默了好一会,详细问清了光头师傅表演"八瓣分尸"的一招一式后,给老头吃了药,就告别老人,连夜回长春洞去了。

这黑衣道人当夜回到长春洞,一夜没睡着,把光头师傅大卸八块的把戏悟了几遍,得出了个眉目。第二天,他穿了身长袍,衣袋里放个小木盒,木盒中装着个活蹦乱跳的小母蜢蚱①,一个人悠悠闲闲地朝城里走来。当他来到土锅街大场,正好光头师傅正要表演"八瓣分尸"。他也没有入场,只站在离戏场老远的一个大石头上静静地看着。当戏场里光头师傅从大木箱里把一个小女孩叫出来,他也从小木盒里把小母蜢蚱拿出来;戏场里小女孩绕场一周,这里小母蜢蚱也同时在黑衣道人手心里绕了一圈;戏场里光头师傅一刀把小女孩的头切下来摆在桌子上,这里黑衣道人把小母蜢蚱的头一下掐下来放在小木盒子上;光头师傅锯下小女孩的手,黑衣道人掐下小母蜢蚱的手;光头师傅砍下小女孩的脚,黑衣道人也掐下小母蜢蚱的脚;那活蹦乱跳的小女孩被卸成八块,这活蹦乱跳的小母蜢蚱也被掐成了八小点;光头师傅把小女孩的尸首一块一块地丢进大木箱里,黑衣道人也把小母蜢蚱的尸首一小点一小点地放到小木盒里;光头师傅口念咒语,黑衣道人口中也念念有词。光头师傅喷了口水,不见小女孩跳出来,掀开黑布一看,八块尸首还血淋淋地摆在大木箱里。他心里一惊,面如土色,强作镇静地又念了一遍咒语,喷了一口水,小女孩还是没有跳出来。再掀开黑布细看,还是血淋淋的八块。光头师傅咬牙站了起来,叫两个徒弟抬起那装着八块尸体的大木箱,带起那班人马怒气冲冲地回去了。这黑衣道人也把小木盒放进衣袋转回了长春洞。

---

① 蜢蚱:形似蝗虫,能飞能跳,系食稻谷害虫。

回到客栈，光头师傅立即燃起丈香，掐指一看，知道是长春洞里的道人和他作对。到了夜深人静，他嘱咐众徒弟千万守好大木箱，一个人背了个包袱就出去了。他来到西边山顶，选好了位置，对准长春洞口，祭起两把飞刀，他一直看着那两把拖着一溜白光的飞刀飞进洞里。

再说黑衣道人早已算到了光头师傅的这一着，他用十口大锅把自己罩在下面，只听得"叮当、叮当！"一阵乱响，只砍得铁片横飞，火星四溅，十口大锅被砍碎了九口，这时光头师傅的两把飞刀也砍烂了。

光头师傅望着自己炼了几十年的两把飞刀都被砍烂了，还没动着黑衣道人的半根毫毛，大吃一惊，急忙拿出他师傅传给的那根大麻绳，吹了几口气，又念了通咒语，那大麻绳就变成了一条大蛇飞到长春洞中，把砍剩的那口大锅团团围住，心里才平静下来，暗暗盘算着："用一个小姑娘换你一个大道人，也不算吃亏。不把你活活困死在铁围城里，我死不瞑目。"

再说那被光头师傅摔伤的彝家老头自吃了黑衣道人的药后，伤势好转了许多，还等着道人再来医治呢。谁知一直等了三天都不见黑衣道人到来。到了第四天早上，还不见道人来。彝家老汉的儿子想，可能是道人师傅忘记了吧！于是就一个人去长春洞请师傅。

他到了山岩下，"师傅、师傅"地呼唤了两声，只见一条大蛇把头伸出洞口来，吓得他几乎昏了过去，转身就往来路飞跑。他回到村里，把长春洞里有大蛇的事告诉了人们，大人娃娃都以为黑衣道人被蛇吃了。

黑衣道人被大蛇吃了的消息，不到一上午就传遍了邻近村寨，那些被黑衣道人从死里救活的男女，都痛哭流涕，一些血气方刚的汉子发誓要为黑衣道人报仇。

第二天一早，彝家老汉的儿子和一伙彝家汉子背着弩箭，挂着牛耳尖刀，扛着长矛，来到长春洞。他们拿出准备好的烟草和雄黄等药品，只见那蛇才把头伸出洞来，几十支毒箭就朝它头上射去。那大蛇的头上一下中了十几支毒箭，连眼睛都被射瞎了，一阵乱翻乱滚，"嗖"的一声蹿出洞口，砸在山岩下。人们点着草烟正要朝乱滚瞎蹿的大蛇冲去，突然一声"别动！"只见黑衣道人已出现在洞口，把打蛇的人弄得莫名奇妙。

黑衣道人飞身下岩，也不管那乱翻乱滚的大蛇，来到人们跟前要了些雄黄，朝大蛇撒过去，只见大蛇不动了，从尾到头慢慢变成一根大麻索。黑衣道人把大麻索系在腰间，向着打蛇的人一一打躬感谢后，挥手请他们回去。

到这时，光头师傅再也无计可施了，只好带领着马戏班的男男女女抬着装着小女孩尸体的大木箱，来到长春洞前，一齐跪在地上。

黑衣道人好像没有看到他们，自在洞中闭目打坐。光头师傅也不敢打扰，只是静静地在地上跪着。过了一个时辰，长春洞里传出了一句"得法不如得人心"的话，光头师傅听后，抬起头来答道："弟子省悟到了。"

黑衣道人才出现在洞口，从衣袋里拿出小木盒子吹了口气，然后一打开盒盖，只见一个活蹦乱跳的蜢蚱跳了出来；外面光头师傅也把木箱盖子一掀，一个小女孩也蹦跳着出了箱子，直向黑衣道人叩拜。黑衣道人朝他们摆了摆手，催他们下山，自己也背起药箱，给黎民百姓治病去了。

石缸山

采录：茶万清 彝族
1997年采录于巍山庙街

从前，有个住在歪角河边的小伙子名叫罗石，幼年死了爹，被一个好心的石匠收留。他跟着老石匠走南闯北，以凿刻石碑为生。罗石心灵手巧，勤快好学，几年后，凿石技术就不比师傅差多少。老石匠打心眼儿里喜欢上了这个纯朴的小伙子。时过数年，老石匠由于年老体弱，贫病交加，不幸死去。罗石怀着悲痛的心情掩埋了师傅。他为了报答师傅的恩德，就在歪角河边找了一块最好的青石，为师傅篆刻碑文。他不分白天黑夜地凿啊、刻啊，北风凛冽，他的心是热的。他终于用师傅教给他的手艺把碑雕刻完了。

这天，他对着刻好的碑看了看，总觉得碑上的花草刻得不够满意，于是他又再次修理起石碑来。突然，狂风大作，电闪雷鸣，一场暴雨从天而降，歪角河水猛涨起来，顷刻间就漫到了他刻碑的地方。他用尽平生力气掀起石碑向坡上翻去。河水咆哮着、上涨着，他不停地向高处翻动着石碑，将石碑翻到安全的地方。他转身看着歪角河滔天的洪水，连泥带石的巨浪将牛大的石头冲得翻滚着、碰撞着，发出一阵阵"隆隆"的响声。突然，浪涛中传来"救命"的呼喊声，他定睛一看，在忽起忽落的洪水里挣扎着一个姑娘。他脑子里忽地闪过一个念头："救她吧，连自己也不保险。不救吧，良心上又受责备。"他打定了主意，毅然跳进了河里，向姑娘游去。不料一排恶浪劈头盖脸地向他打来，把他冲出了几丈远，接着他又被洪水猛地冲在大石头上，碰得他眼冒金花。他双手死死地扳住石头，定了定神，用力睁开被泥沙打红的眼睛，看着姑娘被咆哮的洪流冲了下来，离自己有五六尺。他当机立断用力站稳脚跟，左手使劲扳住石头，伸开右手，准备搂住直冲下来的姑娘。片刻之间，姑娘就冲到了他的跟前。他使尽平生力气，用力拉住姑娘的一只手臂，把她拉上来，放在河中的大石头上，这时洪水也小了些。

罗石吃力地把姑娘背在背上向岸边走去，好容易才上了河岸。他把姑娘放在一块草地上，只见她微微地喘着气，头被石头撞出了血，脸色青白，紧紧地闭着双眼。罗石轻轻地叫了一声："姑娘！"她眼皮稍微动了一下，没有出声，他又叫了一声："阿妹！"她慢慢地睁开眼，呆呆地看着眼前的小伙子。罗石问："伤得厉害吗？"姑娘摇摇头。"你是怎么被冲下来的？"罗石接着问。姑娘吃力地坐起来，颤抖着身子，轻声地说："我和阿爹从大舅家回来，正在过河，突然下起了大雨。正来到歪角河心，洪水就直冲下来，我和阿爹就被洪水冲散了，如今还不知阿爹被冲到哪里去了哩。"说完大滴大滴的泪珠从她那美丽的眼睛里滚落下来。罗石安慰姑娘说："你不要难过，我整天就在河边，没有看到冲下人来，他可能游到岸上去了。你放心，如果冲到此处，我一定把他救上岸来。"他们在河边上看了好久都没有发现什么，罗石便对姑娘说道："时候不早了，你回去吧，我在这里看着，省得你家里的人牵挂。"姑娘难过地说："我就有个阿爹，再无别的亲人。"她抬头仔细打量着小伙子：黑黑的脸膛，宽宽的肩膀，穿一件匀称的麻布短袖衣，一双黑亮的眼睛忽闪忽闪的，一副天生的笑脸在对着她微笑。姑娘不由自主地扑向罗石，脸紧紧地靠在罗石胸前。小伙子的心跳得快了，他从来没有这样紧张过，周身的血液好像都急速地奔流起来，他颤抖着嘴唇，一句话也说不出来。还是姑娘先开口："阿哥！叫我怎么感谢你呢！"罗石这才喘了一口气，不知所措地说道："这有什么值得感谢的呢！"说完，他仍然催促姑娘赶快回去。姑娘站起身，用深情的目光看着罗石；罗石也目不转睛地看着这个美丽的姑娘，他们互相对视着，谁也没有说话，姑娘羞涩地低下了头，转过身依依不舍地走了。当姑娘再次回过头来想再看一眼救命恩人时，罗石已消失在深深的草丛中了。

话说罗石回家后，请了几个老人和几个年轻小伙子，在师傅的坟前立起了石碑。他默默无语地跪在墓前，大滴大滴的眼泪滚落在师傅的坟堆上。他心里暗自叨念着："师傅呵，你的徒弟再没有别的能力来悼念你了，这块碑就算是我的一点心意吧。"他慢慢地站起来绕坟走了一圈,便辞别了师傅的坟墓,回家去了。

却说被罗石救起的那个姑娘,满腹心事地回到家,一进屋就看见阿爹焦急地躺在床上呻吟着。姑娘一进门就叫了一声"阿爹!"老人有气无力地睁开眼睛,惊喜地看着眼前的人。他不敢相信自己的耳朵和眼睛,不禁又回想起被洪水卷走时的可怕情景:父女俩被洪水卷入浪涛后,自己本想拉住女儿往岸边游去,可是无情的恶浪把他们冲散了。他毕竟懂得一点水性,经过一番挣扎,终于游到了岸边。当他回头往河中看时,只见洪峰滚滚,浊浪滔天,自己的女儿却无影无踪。此时他万万没想到,站在眼前的竟是自己的骨肉。女儿讲述了冲散后怎样被一个小伙子救了出来的情景。老人听后非常感动,决心要找到这个小伙子,报答他的救命之恩。可是父女俩不知打听了多少天,也没有得到小伙子的下落。

一天,罗石背着石匠工具,准备出门寻找一块好石料打一盘小磨。他翻过九条山岭,走过十九条山梁,都没有找到一块如意的石料。已是中午的时候,他来到了一个寨子背后,忽然发现一个青黑色的石头,这石头石纹细腻,石质硬而有韧性,正是打石磨的好料子。他放下背箩,拿出锤錾高兴地打了起来。打得正起劲时,一不小心,一锤打在手指上,顿时鲜血直流,疼得他直咬牙。他正想找点布条包扎伤口,只见寨子里走出一个姑娘来,罗石仔细一看,不由得怔住了,"是她!"他不眨眼睛地看着,"不错,就是她。"不等罗石叫她,姑娘已飞跑着来到罗石面前,甜甜地叫了一声"阿哥!"当她看到罗石手上的血时,马上从旧衣服上撕下一条布来,帮他包扎。一双细嫩柔软的小手在他布满老茧的手上灵巧地动作着,一股热流通过罗石的手,流进了他的心。伤口包扎好了,姑娘说道:"我们父女俩打听了很长时间,没想到你却自己找来了,也许是老天给我们的撮合吧。"罗石惊异地看着她问道:"你就是这个寨子里的?"姑娘点点头说:"走吧,去见见我阿爹。"姑娘领着罗石进了寨子,走进一间草屋子里。只见一位老人摸着脑门坐在炕上在想什么。姑娘一进门就高兴地说:"阿爹,这就是我的救命恩人。"老人猛地抬起头,呆呆地看着眼前的小伙子,感动得不知说什么好。

入夜,三个人围坐在火塘旁边,老人向罗石问长问短,老人听了小伙子的身世,长长地舒了口气,看看小伙子,又看看女儿,他满意地笑了。老人伸出两只手,把两个青年拉到自己的左右坐下,把自己的心思告诉了年轻人。一对青年便同声地叫了声:"阿爹!"第二天,罗石便把自己的小家当搬到了姑娘的家里。从此，他们同甘共苦，相依为命，生活虽不富足，但由于姑娘的贤惠，小伙子的勤劳，他们的生活是那样的美满，那样的幸福。

转眼，小两口已结婚数年，却无儿无女，他们东访西问，也没有个良策，最后只好救助于神了。他们在"三笑姑娘"那里求得一卦，说在离他们二十里远的一座高山上，有一条生意人必经的小路，在这小路周围几里路内，都没有一处水源，不少人渴得昏了过去。要是他们每天挑水上山，为行人解渴，他们就会有后代了。从那以后，他们每天从歪角河挑水上山，一连数月，天天如此。一天，罗石挑着水到了山上，他擦了擦额上的汗，环视着四周，他看到了无数的青石横七竖八地躺满了一地，便有了主意。他想，我是一个石匠，何不在此凿个石缸储水，免得每天挑水上山。第二天，他背着工具到了山上，找了一块合适的石头，开始凿起来。贤惠的妻子每天都把饭送到山上。他看到妻子的身形一天天地变了，从心眼里感到高兴，罗石的劲头也更足了。几天后，石缸终于凿成了。小两口从歪角河挑水上山，倒满了石缸，他俩的身影倒映在水缸里。

在梅花盛开的时节，妻子生下了一个胖乎乎的小娃儿。而他夫妻俩助人为乐的事也传遍了四乡八寨。那石缸之水源源不断，常年不枯。直到今天石缸还完整无缺地摆放在山上，人们就把摆着石缸的这座山叫作"石缸山"。

五台山

讲述：褚应泰 彝族
记录：苏稳家 白族
1987年10月采录于巍山马鞍山

在马鞍山乡青云村有一座山，叫五台山，五台山上建有一座寺，叫青云寺。

在很久以前，蛇街、瓦厂、鸡街一带发生了瘟疫。这里的人生活十分贫苦，人和六畜一得瘟疫就医不好。因此，村子里的人也少了，六畜也死完了。后来从漾濞那边来了一个游方和尚，到了五台山这个地方，看到五座山相连，漾濞江水围着山脚向下流去，早上雾一升起来，站在五台山上好像在天上一样，觉得是建造寺院的好地方。

游方和尚就到各个村里化缘，对人们说只要在五台山中间那座山上建一座寺庙，瘟疫就会消除，以后只要哪家有痛有病，六畜有疾有灾，只要到寺里烧香求一求神就会好了。

人们相信了和尚的话，就各家出钱拿粮，请游方和尚主持盖寺庙。农历二月初八这天寺庙盖好了，接着在寺里塑起了观音、如来、十八罗汉等神像。寺庙的大门盖好以后，还少一对守门的大石狮。那个游方和尚就当着众人的面，用法术把山里的一对大老虎摄来，把大老虎变成了一对看守大门的石虎。和尚看到寺庙盖在青山绿树中，西面漾江水围绕青山流下，早上雾一上升，寺庙就像在仙境里一样，和尚就把寺庙起名叫"青云寺"。

说来也怪，青云寺盖好后，蛇街、鸡街一带的瘟疫也慢慢地消失了，六畜也兴旺起来了，人们生活也好过了。人们为了感谢和尚，就把农历二月初八这天定为青云庙会，每年一到这天各个村的人就会吆着猪羊，背着鸡到青云寺前办庙会，杀猪宰羊敬神仙，求神仙保佑各家五谷丰收，六畜兴旺，人不要有疾有病。然后把肉食分给各家。

平时哪家只要有人或牲畜生病，只要到寺里烧香求神，灾病就会好了。这样到寺里烧香拜佛的人很多，寺里香火长年不断，年年都有一些云游的和尚到寺里安家，那游方和尚就成了青云寺的住持，领着一些小和尚就在五台山上开田种地，过着自耕自食的生活。

过了很多年，有一天，一群去昌宁做生意的马帮路过五台山青云寺，在那里开稍①做饭吃，没有把马放好，马吃了寺里的很多庄稼。寺里的小和尚去跟马锅头②说，马锅头不但不理不睬，还戏弄了小和尚。寺里的住持十分生气，要用法术整治几个马锅头。

几个马锅头煮吃完饭，整好马鞍，端好了驮子就上路了。走了一整天的路，到黑还是在五台山白天开稍那里。第二天、第三天还是在五台山上转来转去，走不出半步，身上所带的粮食也吃完了。

几个马锅头只好到青云寺要，住持给了他们一些粮食，还上楼拿给他们几个鸡蛋，并说给马锅头："鸡蛋只能用水煮吃，不要用油炒吃。"马锅头答应了，就去煮饭吃。等饭煮好后，就架上炒菜锅，锅里放进一些油，炒几个鸡蛋做菜吃，谁料那几个鸡蛋一倒到锅里就变成了一些小石头，紧接着听见两声虎叫，两只大老虎就扑了过来。

---

① 开稍：马帮路上憩息做饭。
② 马锅头：马帮的主事者。

马锅头一看不妙，赶紧解下腰带，嘴中念了些咒语，一下子腰带变成了大蛇，跟老虎搏斗。老虎见状，一下又变成了两只大蜈蚣，叮着蛇的七寸不放。

马锅头赶紧跪下求饶，两只蜈蚣才变回了老虎，被住持收了回去。马锅头们到寺里向住持赔礼认罪，住持才消了气，送了一些粮食给马锅头，把他们送出了五台山。

从这以后，蛇街这个地方的人更加尊敬青云寺的和尚，挖沟把龙王庙的水引到五台山，好让和尚种田种地，还把蛇街的地名改叫作青云。

鸡鸣山

采录：薛琳 白族
1970年采录于巍山鸡鸣

从巍山县城往东南走七公里许，有一座山，叫鸡鸣山。这座山原来不叫鸡鸣山，叫拟莆山。关于拟莆山改鸡鸣山有个故事。

明朝时期，蒙化府有个小官吏，姓雷，人们都叫他雷官员。他家有良田数百亩，山林几千亩，一家人吃不愁，穿不愁，生活十分富足，就是儿女读书很不成器。雷官员有两个儿子，大儿子又憨又笨，学不成材，只好务农；二儿子二十多岁，爬树钻山沟打鸟猎物，玩出玩进，学习很不用功。一日有位算命先生路过家门口，雷官员请他到家里算了个命。算命先生对他说："您家的祖坟没有选好。请个地师重新看个地方，把祖坟迁移出去，您家才会出人才。"按照算命先生的说法，雷官员请了个地师到祖坟上看了风水，地师对他说："您家坟地的地脉被巍宝山压着，风水不通，要想出人才必须重新瞧个地点。"接着地师又说："离这儿不远倒是有块好地，可就是……"地师说到这儿不愿再往下说。

雷官员正听到欢喜处，见地师不再说话，以为地师贪财，想要点银子。于是说："老先生，我不会亏待了你。只要你说出这块宝地，你要多少银子我就给你多少银子。"

雷官员哪里知道地师的苦衷，地师摇了摇头说："我不稀罕你那点银子，只要我一说出这块宝地，我的双眼就要失明，成为瞎子。"雷官员一听这是区区小事，不难解决，忙对地师说："老先生，只要你说出这块宝地，如果眼睛瞎了，我供养你一辈子，生老死葬全由我负责。"

地师看雷官员待他一片诚心，也就放心了。他领着雷官员登上了拟莆山，指着山顶的一块平地说："这地方风水好，东连哀牢山，南接太极顶，金光万道。若用作坟地，高官厚禄，享尽荣华富贵。"地师说完，从地下冒出一道闪闪的金光，直冲向地师。地师躲闪不及，惊叫一声，跌倒在地。顿时地师好端端的一双眼睛眼窝下陷，失去光明，成了瞎子。雷官员履行自己的诺言，把地师背回家中养了起来。一日三餐，烧茶倒水，浆洗缝补，视如亲人。同时择定吉日，把祖坟从巍宝山脚迁到拟莆山新坟地上。

祖坟迁完后，此地连年风调雨顺，粮食大增产。雷官员无病无疾，大儿子变得精明能干，大儿媳在两年之内生了两个儿子。二儿子雷应龙读书非常勤奋，赴京应考，考取了进士。初授福建莆田县令，不久又升迁北京都察院御史，做了大官。

再说地师双眼瞎后，开初，雷家对他不错。无论是穿是吃，照顾得很周到。后来雷家嫌他白吃饭不干活，对他越来越冷淡。吃的是粗粮，穿的是旧衣服。有时还听到雷官员的儿媳妇砸锅摔碗，指桑骂槐唱隔壁戏。地师听了，心中很不是滋味。

一日雷家的一只老母鸡跌进茅屎塘里溺死了。雷家已好长时间没有给地师吃肉，雷官员觉得把死鸡丢掉可惜，就吩咐家人把这只老母鸡的毛拔了，用土锅煮给地师吃。不准让地师知道。地师在吃鸡肉时，雷官员的两个孙子围在旁边，他给每人舀了一碗鸡肉。两个小孩对地师说："鸡掉进茅屎塘里，鸡肉臭，我们不吃。"地师一听是这么回事，气得两手发抖，说不出话来。他偷偷在院心里挖了个洞，把一土锅鸡肉埋了。晚上，他摸着黑给自己的徒弟写了封信，叫他来一转①。几天后，他的徒弟来了，他把雷官员家整治他的事向徒弟说了。徒弟听后，火冒三丈，当即要找雷家算账。地师止住了徒弟，对徒弟说："我们只能用计策整治他。"于是师徒二人商量好了一套破雷家风水的计策，要让雷家永绝后代。

有一天，雷官员在堂屋里喝茶时外出小便，地师的徒弟趁机在他的茶杯里放了点药，雷官员回来喝了后，顷刻上吐下泻，四处求医，几天不好。地师懂医懂药，过去雷官员有病，总喜欢请他号脉开药。后来他们一家嫌弃地

---

① 一转：方言，一趟。

师白吃干饭,和他疏远了。雷官员有病也不再请地师看。现在肚子久泻不止,雷官员摆出一副殷勤的样子,请地师帮他看病。地师为他摸过脉后,一本正经地说:"官人,你这病用药治不好了。你家坟地上的金鸡飞跑了,风水破了。赶快迁坟还来得及。"

雷官员信以为真,赶忙说:"你看我家的新坟地迁往何处为好?"地师说:"你家祖坟的金鸡还没有飞多远,赶快随鸡迁坟。金鸡刚换过地点,每天天明前它都要叫上三次,满十天后它就不叫了,赶快找着它落脚的地方进行迁坟。"雷官员听了后十分感激地师,一反常态,待他如故。

雷官员走了之后,地师叫徒弟抱了只预先就准备好了的大公鸡,在拟莆山的背阴山腰上选了个破风水的地点,挖了个洞把公鸡藏在里边。

当天雷官员就对大儿子说:"我们祖坟上的金鸡飞跑了。今晚你去祖坟地上守夜,后半夜不要睡着,把耳朵竖尖点,金鸡叫后,你把它落脚的地点搞准确。"儿子很听话,吃过晚饭后,卷了套行李到祖坟上去守夜。后半夜他没有睡觉,竖着耳朵听鸡叫。天亮前,他果然听到了一声接一声的大公鸡啼鸣声。尾随着鸡的叫声,找到了地点。他高兴得东西也来不及收拾,就跑回家禀告父亲。雷官员听后,欣喜若狂,和儿子跑到鸡叫的地方看风水。这地方离祖坟一里许,地势平坦,面向西方,背面临箐,山清水秀。雷官员看后非常满意。是否金鸡就在这里落脚,他还有点怀疑。这一夜他亲自和儿子一同歇宿在平地上听鸡叫。后半夜,那金鸡果真一声接一声地叫了三次,雷官员觉得肚子也不疼了。第二天他回到家中,就请地师择时迁坟。地师燃着香,握着手指头算了一阵后,一本正经地对他说:"迁坟宜早不宜迟,明天最好。"雷官员听从了地师的意见。

第二天,雷官员家杀猪宰羊,请了四十个年轻力壮的农民帮助迁坟。只用了一天的时间,就把祖坟全部迁完。为了庆祝迁坟大吉,雷官员家办了三天宴席。在宴席上,他向客人炫耀自己的祖坟风水好,把金鸡的事向客人说了一遍,把拟莆山改成鸡鸣山。说来奇怪,雷家迁坟的宴席办毕,地师的双眼突然不瞎了,眼睛又明又亮,比原先的还好。人也年轻了几岁。他和徒弟挖出那土锅鸡肉还给雷家,从此远远地离开了蒙化府。

地师走后,雷官员突然患病卧床不起,请了很多名医都医治不好。不几天就一命呜呼了。半年后,在京城都察院当御史的二儿子雷应龙到扬州巡查,忽然得病,年纪轻轻的就死了。他的尸体发回蒙化府,安葬在祖坟鸡鸣山上。从此,雷家没落下来,到后来还绝了后代。

笔架山

采录：卜战王 彝族
2003年5月7日采录于巍山牛街

笔架山为巍山境内儒、释、道三教合一的宗教胜地之一，古名五云山，因三峰突起，形如笔架，故又名笔架山。

据说，腊鲁拔第一代王姓蒙，名叫细奴逻，他能文能武，智勇双全，在他手上建立了蒙舍诏，蒙舍诏的子民们都姓蒙。有一次，外姓臣子发动政变，夺去诏权，蒙氏腊鲁拔惨遭屠杀，险些绝族，仅有一支远在牛街沙松驻守的兵马都督家族得以幸免。大家害怕株连被灭，于是隐瞒姓氏，蒙都督改姓为茶，保留蒙氏的头，其余子孙改姓为字，保留蒙氏的身。所以当地有古语说："茶字两姓真腊鲁。"

一年又一年，转眼过了九十九年。茶都督有个后代名叫茶返，意思是叫他不要忘了家的根子在蒙化，要立志返回到腊鲁拔的生祖之地——蒙化。茶返借天下大乱之机，召集八百腊鲁拔子弟，起兵收回蒙化城，想恢复蒙氏政权。这一年，天下换了天子，要一统江山，并派了几员大将攻打蒙化城。茶返带八百子弟兵连日英勇奋战，终于寡不敌众，带着二三十人败走顺宁（今凤庆城），想跟那里的九部火头左家借兵马继续作战。

蒙化城被攻破，腊鲁拔又一次开始逃难。战乱之中，茶返和妻子及两个儿子离散了。茶返的妻子姓毕，是腊鲁拔阿毕（彝人智者的称呼）的小女儿，从小聪明过人，十六岁时长得赛过嫦娥，既贤惠又忠贞，深受腊鲁拔人爱戴。汉家大将一眼看中了她的美丽，逼她成婚。毕氏原本想一死了之，至死不从，但看到两个未成年的儿子，不忍心抛下，就虚情假意地答应了。汉家大将高兴极了，就和毕氏在宫里摆上酒席，庆祝一番。毕氏故意装出欢喜的样子，一碗接一碗地敬酒，欲将汉家大将灌醉。三碗腊鲁拔烈酒下肚，汉家大将就醉得人事不知了。毕氏把他扶入房中，用麻绳绑牢，蒙上被子，趁天黑，带着两个儿子从城里的水洞逃出，偷偷地向顺宁方向一路追丈夫茶返去了。

毕氏拖着儿子摸黑赶呀赶，一直到离蒙化城约一百四十里叫沙松的地方,才敢松一口气,才敢歇一下脚。毕氏观望四周,但见远处顺宁方向的群山中有一大堆野火烧得旺旺的,她猜想一定是丈夫茶返和他的将士们在那里歇息。于是,毕氏来了精神,一边带着儿子向野火跑去,一边大声召唤:"阿劳——返!阿劳——返!"她还隐约听见茶返回应的声音:"阿劳①——姝!阿劳——姝!"

这时,天还没有大亮,汉家大将带着追兵也赶到了。毕氏拼命地跑呀跑,茶返和将士们也向毕氏跑来。眼看一家人要团聚了,腊鲁拔灭族之灾也要降临了。因为,茶返和二三十个将士,虽然个个勇猛,但怎么能敌得过三千多追兵呢?在这十分危急的时刻,老牛街山顶旧寺里的一只金鸡大声啼叫起来。这一叫,惊醒了天上正在打盹的观世音菩萨。观世音菩萨睁眼朝下界一看,大事不好,人间一场灾难要发生了。观音菩萨原想下界劝说劝说,化解这场灾难,但是时间来不及,加上玉皇大帝说过,腊鲁拔蒙氏王朝已到尽数,天下统一是不可违抗的,不能再让茶氏起兵复蒙。观世音菩萨就在天上向下随手一划,一条波涛汹涌的大江顿时出现在茶返和毕氏中间。江水越来越大,夫妻俩根本无法团圆。江水隔断了茶返和毕氏,也隔断了腊鲁拔将士和汉家追兵。

毕氏站在江边,看着江水,激流滔天,汉家大将步步逼近,她进又不能,退又不愿,绝望伤心之至,紧紧偎依两个儿子就地化为一座大山。茶返在江外看到妻儿变成大山,也极为伤心,不管将士们怎样劝他、拉他,就是不肯离开江边,再也不肯去顺宁借兵了。他哭啊,哭啊,不久,也化为一座大山,与妻子隔江相望,永世不变。那条隔离茶返和毕氏的江水,后人叫它濞溪江,也叫黑潓江。茶返化为大山后,思念妻儿,整天以泪洗面,数量多得无法计算,后人称为无量山。

茶返和毕氏化为大山后,日夜相望,呜咽不停,泪水顺山流下,江水越涨越高。观世音菩萨看到这伤心的情景,很不忍心。于是在一天夜里,命令一个大力士神搬一座叫鞑子山的高峰,挡在夫妻之间。大力士神背着大山,连夜赶路,来到黑潓江边,悄悄把大山放下。这时,天将破晓,金鸡大鸣,茶返和毕氏醒来了。大力士神不愿看见茶返夫妻俩无法见面时的悲恸场面,更不愿让他们看见谁在中间摆上大山不给夫妻两人见面,就急忙一步跳过江水,借瓦妈伍村的水赤崖登天逃离。至今瓦妈伍新村背面的水赤崖上还留有

---

① 阿劳:彝语,最亲爱的意思。

一个深深的仙人脚印。

从那时起,腊鲁拔蒙氏再也没有首领称王,茶返的将士们无心复国,就地在江外山林里隐姓埋名,过起打猎为生的山居生活。许多年过去了,日子很平静,腊鲁拔像已经绝灭似的无声无息。一天夜里,一名老将在梦中见到茶返,茶返对他们说:"我和妻子毕氏原是天上下凡的山神,有缘托生于蒙氏王族之中,如今重化山神,你们不必为我过分伤心。我只是觉得很对不起我的妻儿,我妻儿在那边无依无靠,很是寂寞,请你们去那里替我守护,好吗?"

老将梦醒后,召集腊鲁拔后代,偷偷渡过江水,到毕氏母子旁边隐居,世世代代守护山上的一草一木,不准外人砍伐。为了纪念腊鲁拔英雄茶返,他们就在山脚的蚂蟥岩上建造了一座寺庙,叫茶返寺,并在每年的农历正月初九进行祭奠活动。又因为明代户部尚书龚彝曾在寺内饮茶读书,故改称为茶房寺。

腊鲁拔子孙为了纪念茶返的妻儿,就把毕氏和两个儿子化成的山叫作毕家山,又因为母子三人在江边站成一排,望夫望父,形如笔架,又叫笔架山。并在山顶上建了观音殿和太子庙,把毕氏和两个儿子的塑像作为观音和太子供奉在殿中。每年的农历二月十五日,所有逃散埋名的腊鲁拔后代就聚在山顶举行山会,点起松火,踏歌而舞,纪念茶返和毕氏,颂扬他们的勇敢和忠贞的爱情。每年的农历四月初八,举行太子庙会,祭奠蒙氏两个小太子,希望腊鲁拔多生儿子,强大起来,保卫家园。特别是已婚的青年男女,都要到太子庙供像前上香求子,祈求人丁兴旺,这一风俗一直保留下来。如今,附近村民和远方慕名的客人都在山会、庙会,或者选个吉日,登山观景游寺,上香祈祷,与彝家一同寄托对腊鲁拔先祖的远古幽思和对未来的美好祝愿。

乌龟山

采录:左锦梅
1990年采录于巍山小麦庄
流传地区:巍山小麦庄一带

传说在很久以前,有一只乌龟和一条蛇。它们中,蛇是一个恶魔的化身,它无恶不作,而乌龟则是一个正直的神仙。有一天,蛇对乌龟说:"我来追你，如果在鸡叫前我追到你，那么巍山就得成为一片汪洋，所有巍山的人民以及其他生灵就会被埋入水里；如果我在鸡叫时追不上你，那么巍山就依旧是原来的样子。"

蛇开始追乌龟了，乌龟跑呀、跑呀，它已经没力气了，可一想到如果被追上，巍山就要成为汪洋，它就只能没命地跑。它又一心盼呀盼着鸡叫，可鸡就是不叫。最后，它实在筋疲力尽，眼看就要被追上了，而蛇仍在它身后狂笑道："看我就要追到你了，巍山就要成为汪洋了。"可乌龟再也没力气了，它的尾巴最后被蛇咬住了，但就在这时，"喔"的一声，大公鸡叫了，蛇被吓了一下。乌龟便用尽最后的力气挣了一下，把尾巴从蛇嘴里挣脱出来。于是巍山就没被水淹，保持了原来的样子。

可惜，乌龟却被累死了，化成了今天的乌龟山。

观音山

采录：王丽珠 女 彝族
1970年采录于巍山大仓

在今大理苍山南一百余里的地方，有一座山叫观音山，相传这山名是南诏王阁逻凤把一尊金观音藏于此山中而得名的。

这一年，阁逻凤东征凯旋，带着大队人马回归太和城时，有一天路过一座山，看见山势巍峨挺拔，山中林木葱茏，风景秀丽，就令部队在山前休息，自己则带着卫士攀上山峰游玩。来到山半腰，见有一个山洞被绿树掩着，扒开树木进洞去，微风徐徐，清凉异常，四壁光滑，宽阔明亮。只见洞中有一个水池，呈深蓝色，深邃莫测。他随手往水里丢进一枚金币，金币在池中扭转跃动，如跳舞一般，慢慢地才往下落，落下去之后，竟从池底发出"金币""金币"的清脆响声。阁逻凤喜欢极了，兴致越高，征战疲劳一扫而光，竟迷恋起这山光水色来，久久不愿离开。

阁逻凤回宫以后，一直没有忘记这座山。当时，佛教已传入南诏，各处都供观音像。阁逻凤于是叫人用金子铸了一尊观音像，差人放进这山洞中的水池里。从此，这水池里不时发出"观音""观音"的清脆响声。于是当地人们就取山名为"观音山"，并一直使用至今。

范家寺

采录：罗显奇
1988年采录于巍山巍宝山

相传古时候，巍宝山一带土匪作乱，朝廷派了一个姓范的将军带兵来剿。征途中他见一个老鹰叼着一只雪白的小鸟迎面飞来。小鸟在鹰爪下挣扎着，不得脱身。范将军于心不忍，就张弓搭箭，朝老鹰射去，老鹰丢下小白鸟带箭飞走了。小白鸟得救后，在范将军的头上飞了三圈，范将军想着作战的事，哪有闲心往头上看，但小白鸟却是一直跟着范将军，感激范将军的救命之恩。

刚到棺材箐门口，忽然伏兵齐出，把范将军围在中间。范将军左冲右突不得突围，队伍早被敌人杀散，最后，范将军只得杀开一条血路落荒而逃。走不多远，不幸坐骑被敌人射中，把范将军抛倒在地，敌人蜂拥而来，要活捉范将军。

正在这危急的时刻，只见小白鸟飞落到范将军面前变成了一匹小白马。范将军急忙跃上马背，小白马驮着范将军飞奔而去。说也奇怪，当小白马跑过去，两边的山便分开让范将军过去，范将军刚过去后，两边的山又合拢来了，把敌人堵在箐沟里。

敌人见没有追上范将军，就命令手下兵丁放火烧山。可是把山烧光了还是不见范将军出来。敌人说："莫非他会钻地不成？"于是敌人又开始掘地。现在棺材箐边上还有着许多土坑，据说就是那时掘下的。正在他们只顾掘地寻找的时候，范将军召集散落的队伍冲杀过来，敌将措手不及，被范将军斩于马下。敌军大乱，被范将军全部消灭了。范将军大获全胜，朝廷封他为烈武将军，镇守巍州。

一天，范将军见一个姑娘朝军营走来，向范将军说道："将军大难不死，得建奇功，全是神灵保佑，将军何不在此修建一个寺院，来报答仙家大恩呢。"范将军道："我正有此心，只是资财不足，不敢动工。"

这时那个姑娘不见了，只见一个小娃娃在那里"哇哇"哭叫。范将军心想，这里时常交战，说不定这个娃娃的父母已经死了。他看着这个娃娃怪可怜的，就把他抱在怀里，准备带回家去抚养。回到军营，放下娃娃一看，这娃娃变成金子了。

范将军马上召工匠，动工修寺。可是一连修了几次都没有成功，每次都是修好不到三天就倒了。把工匠们急得不知如何是好。

一天晚上，大家正在熟睡，忽然来了一只狐狸绕着工棚叫了几声，把工匠们惊醒了。一个工匠顺手拿起一块砖头朝狐狸打去，正好打在狐狸尾巴上，狐狸拖着流血的尾巴跑走了。

第二天早上，大家起来一看，只见前面的山坡上染满了血迹。再一细看，这些血迹都是一幅精美的寺院构造图。工匠们惊喜不已，他们知道这是仙家意愿，就丝毫不改地按照这个构造图施工。不到三个月就把这个大寺院建造成功了。据说在施工中，还在这里挖到了一个玉观音呢。寺院落成后，这里成了蒙化的名胜之地，香客云集，游人不断。这就是如今的圆珠寺，因为是范将军所建，所以人们习惯上又叫它范家寺。

天摩牙寺

采录：段有镒
1989 年采录于巍山庙街

在蒙化县的西北边，有一个风景秀丽的地方，名叫月牙山。连绵起伏的群山向两边延伸，如一道绿色的屏风。清澈的瓜江水，顺山脚潺潺向南流去。在那瓜江西岸畔坡上的林荫深处，有一座寺庙，叫作西边大寺，又叫天摩牙寺，说起这天摩牙寺来，可还有一段优美的故事呢。

相传在很久很久以前，月牙山一带居住着一家姓宣的母子俩，他们都很勤劳善良，忠厚朴实。因为宣老汉过世得早，所以家境贫寒，生活孤苦，但因宣母为人贤惠，儿子又十分孝顺，所以小日子也还过得顺趟。左邻右舍都很敬佩宣家母子。

一天，宣母叫儿子上山去砍柴。当他走到半路上时，远远望见一头黄牛站在麦地里吃麦子。是哪家的牛在损坏人家的麦子呢？他瞧瞧左右无人，就上去赶它。那牛见人来赶它，转身就跑。他紧跟着，想把它拴起来，不让它再糟蹋庄稼。当他追到路边时，这牛一晃就不见了。咦！到哪儿去了呢？他朝下一看，那牛又在一块山坡上吃草。他想，还是下去把它赶上来，免得主人找不到。但当他下去看时，怪事，牛又不见了。管它呢，别耽误了去砍柴，他心中想到。他攀住树枝，使劲往上爬去，忽然"咔嚓"一声，手里的树枝被拉断了，他便一屁股跌坐下来。还好，那土有点松软，没有跌伤他。这土怎么会有这么软？他随手扒了扒，忽然那土层下面却露出一块光洁平整的石板，石板上还隐隐有一种奇异的花纹。怪稀罕，还从来没有见过这样好看的石板呢！把它扳起来瞧瞧。他两手扣住石板，使劲一扳，石板被扳起来了，顿时一道亮光从石板底下射了出来。他惊奇地向坑里一望，黄灿灿、白花花，净是些金子银子，把他惊得目瞪口呆。心想，莫非在做梦，还是眼花？他忙拿起两个银锭仔细看了看，才确信是真的，慌忙把它盖好，匆匆回家去，把这喜讯告诉了他母亲。当下母子俩高兴得不知怎么才好，决定借牲口，把金银驮回来。第二天，就借了七匹骡子，把坑里的金银都驮回了家，一共有七八千两之多，喜得母子俩几夜都不曾合眼。从此，母子俩生活过得红火了。

从那以后，母子俩便准备起房盖屋，置田买地，平时也用钱财接济穷人。一日，母亲对儿子说道："那金银来得这样容易，就因为你善良，有孝心，所以老天爷才赐给了我们。这些金银我们怎能独自享受，我想拿出一部分来接济贫困的乡亲父老，孤儿寡母，其余的盖座寺庙，祈求上天保佑我们黎民百姓，无灾无难，五谷丰登，人畜兴旺。""母亲说的是，孩子也是这般想。"就这样，母子俩商量定了。

消息一传开后，大家都很赞同，四面八方纷纷踊跃出力，泥工木工来了不少，但是，就是没有人会掌墨，人们只好四处寻访。

一日，忽然来了一位老者，只见他白发银须，丹凤眼，朝阳鼻，气宇轩昂。大家同他相见后，请他上坐献上香茶。他略微谦让，也不多拘，边喝茶边问道："听说你们要建庙宇，不知动工没有？"众答道："只因缺少掌墨师傅，我们正在四处查访。"只见那老者略加思索了一下说道："我自幼就学做木匠，也稍懂一些盖寺庙的方法，众人若不嫌弃，我来掌墨怎么样？""既然老人肯帮，那是再好不过了。"众人不禁大喜。

第二天，就开始破土动工，一切由老者指挥，一部分人平地基，一部分人准备上山砍木料。老者道："木料不必去砍，转眼就在面前。"人们听了都感到莫名其妙。要看看这老者有什么妙法。只见老者领着人们来到一眼枯井眼前。这一眼古老而干枯的井，黑洞洞的看不见底。老者叫人们拿来一根五丈长的粗麻绳,递给三个精壮的小伙子,叫他们把绳子的一端放下井去。说也奇怪,当绳子入井内三丈左右时,就听见井下有人叫道:"木头拴好了,快拉上去吧!"人们拉动绳子,感到十分沉重,拉上来一看,的确是一棵光光滑滑的大横木。就这样一棵接一棵,长长短短,粗粗细细,一连拉了半个月,不知拉上来多少棵:只见天井里堆满了木料。拉木头的人,手上也磨起了许多血泡。这天的中午时分,人们已干得精疲力竭,只听得井下问道:"木料够了吗?"有个拉木料的人看看遍地都是木料,而且一双手像火燎着似的疼痛,便顺口答道:"够了,可能还用不完呢!"经他这么一说,已拉到中途的那大料就卡在井里,再也上不来。人们只好去告诉老者,老者忙过来一看,一拍大腿道:"糟了!"他停了停,手扪银须自言自语道:"事已至此,只好罢了。"老者仔细地查点了所有拉上来的木料,恰好差一根中梁。怎么办?明天就是竖柱上梁的黄道吉日,大家都为这事闷闷不乐。到了晚上,老者独自一人撮来许多锯木屑,用米汤拌,做成了一根中梁,这根中梁同其他的木质一模一样。第二天一早,人们看见有了中梁都又惊又喜,高高兴兴地按择定的时辰把大殿竖了起来。卡在井里的那棵木头至今仍然还在井中。

再说建雷藏殿的时候,为找中间那棵柱子,不知费了多少人力。人们四山去寻找,总还算找到了。抬柱子的那天共去了六十四人,可是无论怎么用力,总是抬不起来。你抬起来我又被压下去,如此反反复复,摆弄了两天,都没有走出去半步,只好下山请师傅想办法。老者心里早已明白,就亲自去到伐木的地方,他只选了三十二人抬这根柱子。有一个多嘴的人说道:"师傅,我们六十四人都抬不起来,你却只叫一半人抬,如何抬得动?""你别管,叫你抬你就抬。"老者边说边用一枝松枝在柱子上拂了三下,一边拂一边说:"起、起、起。"果然三十二人轻轻地就抬了回来。那柱子说来也特别,做了一个塔式建筑的塔心,这一座宝塔就围绕着这根柱子转动,十分迷人。

雄伟壮丽的天摩牙寺就这样矗立在林荫的深处,一层层,一殿殿,红墙碧瓦,雕梁画栋,十分壮观。

寺院造好了,人们又准备铸一口钟。大家仍然请老者主造。钟很快就铸好了。第二天,老者来向宣家告辞。宣家哪里肯放,百般挽留,但他坚决要走,宣家只好捧出若干金银送他,以表谢意,但这老者分毫不要。宣家便做了桌丰盛的酒菜,并叫所有工匠都来为老者饯行,直吃到红日西沉,大醉方休。那老者一一向工匠们告别。临行时他对寺里的人说,等他走了三天再敲那钟,说完便扬长而去。寺里的人哪里等得,心儿痒痒的,都想试这钟到底有多响。第二天的中午,确实等不得了,背着宣家母子,顺手拿起了钟锤使劲敲了一下。这一敲可惜埋没了那钟的音质音量。老者的意思是,三天以后再敲那钟,钟声就能响到离这寺三天路的地方。不想那老者当晚没有走,不知他宿在什么地方,天亮才走。钟响那阵,他刚走到蒙化与弥渡交界的沙塘哨,距这天摩牙寺三十里的地方,所以那钟就只能响出三十里地,再远就听不到了。

伏虎寺(一)

采录:宗师纪
1986年采录于巍山城北

在巍山城北五里外的东边山上,有一座寺院。远远看去,这寺院的左边有一支宛如长龙的山脉,自东向西,如离水蛟龙被困在那里。寺院的右边高高地矗立着一座山峰,好像猛虎落于平阳,在那里沮丧地闭目养神。寺背后横卧着一堵小山,不高不矮,恰如椅子的背板直插下来,插入一块方圆二百余丈的平地之中。这寺院正好端端正正落在这块平地之上,正所谓左青龙右白虎,将这寺院围在当中,这座寺便叫作伏虎寺。

相传在很久很久以前,这伏虎寺所在的地方有一颗宝珠,这宝珠一到夜深人静的时候就跃出地面,放射出五色斑斓的异彩,耀眼夺目。而这宝珠转眼间又掩光熄彩钻入地下。久而久之,这宝珠就被一条恶龙发现了,这恶龙认为这是一件奇珍异宝,巴不得早日将它弄到手。与此同时,在这山中的一只猛虎也发现了这颗宝珠,它想把这宝珠取来当作玩物。一天夜晚,这恶龙潜在宝珠出现的地方,等待着宝珠的出现。待到夜深人静时,宝珠真的跃出了地面,这恶龙便猛冲过去,想一口把宝珠吞下。就在这一刹那间,只听一声狂吼,一只猛虎也向宝珠扑来。于是龙和虎便争斗起来,谁也不肯让谁。只见这恶龙摇头摆尾,吞云吐雾,不让猛虎上前半步;这老虎更是龇牙咧嘴,甩尾扬爪向恶龙冲来。这恶龙便大显神威,抓山滚石左右翻腾,一时间雷鸣电闪,风雨交加,天昏地暗。这猛虎更是左冲右突声如霹雳。这场恶战,一直打到天明,龙和虎只落得两败俱伤,各自偃旗息鼓,藏入深山老潭去了。就这样,龙和虎为了夺得这颗宝珠,不知争斗了多少年月,却谁也没有达到自己的目的。但它们每斗一次,这山涧里就大雨滂沱,山洪暴发,洪水推着滚石泥沙,冲将下来,害得山脚下的黎民百姓墙倒壁塌,田地被冲毁,再也无法生活了。

却说这天晚上,这龙和虎仍然各自找到有利的地势,伺机争夺宝珠。可是正当这颗宝珠跃出地面的一刹那,龙和虎还来不及扑上去,就听得一声巨响,从空中落下一座寺院来,把这宝珠罩住,也把龙和虎吓得想各自逃命。但是已来不及了,它们像吃了定根水,再也不能动弹了,慢慢地失去了知觉,变了两座大山。

第二天,当人们来山上砍柴时,发现山形变了,在他们面前矗立着从未见过的两座大山。而且在这两座大山脚下的平地上,端端正正盖着一座寺院。人们感到非常奇怪,就三三两两地走进寺中。但见寺中有一个老和尚正在扫着地。人们试探着问他寺院的来历时,他只是摇摇头说声"阿弥陀佛"便不再答话了。这件事很快就传遍了山脚下的大小村庄。四方八面的男女老少出于好奇,都要去看看这座奇怪的寺院,就这样,寺院里每天都人来人往,络绎不绝。

有一伙强盗听得这件奇怪的事后,也混在人群中来到寺院里。他们东瞅西看,把整座寺院的大小房屋都看得仔仔细细。忽然有一个强盗发现大殿南边还用大锁锁着一间小小的房屋,心想可能这房屋里装着值钱的东西,所以锁起来不让人看。于是他就绕着这房屋转了一圈,发现这房子的背后有一个用白纸裱着的窗子,他便用舌头舔破窗纸往里一看:啊呀!果然这房里堆满了许多金光闪闪的金砖银锭。这一下可把他高兴够了。就去找到他们的头目,把看到的情况告诉了他。这强盗头子就把同伙叫到一起,如此这般地吩咐了一番,就各自回家去了。

就在这天晚上,这伙强盗拿着几个斗箩,几条麻袋,在夜深人静时摸到了这座寺院中。他们一进门,看见那和尚正在佛台前念着经。这强盗头子一歪嘴,五个强盗各自拿着一把雪亮的刀子一拥而上,把这和尚团团围住,其余的五六个强盗便砸开装着金银的房门,各自只顾把金银往麻袋、斗箩里装。这老和尚却连看都不看他们一眼,若无其事地照样念他的经。等装金银的强盗已经拿得差不多了,老和尚才漫不经心地说道:"喜欢要就多拿些,不必客气。"说完又闭起双目念起经来。围着老和尚的五个强盗看见这种情形,料定这老和尚没有什么本事,就留下两人看住老和尚,其余的三人也去房里拿金银。可惜没有装金银的东西,就把穿在身上的长裤脱下来,将两裤管扎起,便成了自然的一条双叉口袋。三个人各自装了两裤管金银,架在脖子上。这强盗头子看看各人都拿够了,就一声口哨,带着众强盗奔出了寺门。可是当他们来到寺门外时,却怎么也找不到回去的路径。只见遍地都长满了一人多高的荨麻。他们只好钻进荨麻里对着来时的方向摸去。说也奇怪,他们走呀钻呀,不知走了多少时候,但总是走不出这荨麻地。只觉得肩上沉甸甸的金银越来越重,压得他们汗滴如雨,一个个直喘粗气。尤其是脱掉长裤的那三个强盗,一双光脚板被荨麻辣得红一块、紫一片,疼痛难忍。这伙强盗一直走到天蒙蒙亮时,还未走出荨麻地。这时有的强盗已被金银压得坐了下去,有的强盗只感到双腿好像不是长在自己身上,一点也不听使唤。这时天已亮明,这强盗头子急起来了。他想,要是被人看见,岂不自投罗网?这些金银可能不该我们享受,还是背回寺中去吧。就叫众强盗赶快把金银背回寺中。说也奇怪,本来背着很重的金银,一听强盗头子说背回寺中,就感到轻了许多。这伙强盗只好把金银又背回了寺中原来的房间里,没命地逃走了。

后来伏虎寺修理得一年比一年雄伟,传说就是用这些金银修的。这老和尚活到九十多岁,不知到什么地方去了。

伏虎寺(二)

采录:张文献
1970年采录
流传地区:巍山、弥渡

相传在很早以前,在巍山县城出西门去西河桥的路旁,有一个村庄名西纸房,全村四十多户人家,均以务农为主。村中有一户姓席的,不知在哪一朝代,做过大官,曾在村口建造过一座雕梁画栋的五凤楼,并购置了不少田土,富极一时。然而好景不长,正所谓一代兴来一代穷,为富不仁,后辈倒霉。该户传到第六代上,衰败得仅剩下眼睛瞎了一只的刘氏孀妇和她的一个独生子席光修。杨柳每年放绿的清明时节,这老刘婆总要将儿子领到他们的祖坟上去哭一场。其实是一面哭一面咒骂席门祖先:"不忠不孝,不仁不义,欺压良民,报在子孙……"这样做,是指望她唯一的独根苗能从小懂得其祖辈的罪行,要他立志做人,将来成器,重整门庭,光宗耀祖。然而世事岂能尽如人愿，就当席光修长大到了二十岁的时候，老刘婆已经六十到头了，而光修不务正业，从不听他妈的话，整天到处浪荡，伙同一些不三不四的坏人，竟然去龙箐关站口行抢劫勾当。席光修做强盗的事，开始他母亲是不知道的，直到后来县里派人到席家缉拿席光修时，他母亲才知道。她望子成龙的幻想破灭了！急得昏倒在地。

衙役们会同地保在席家搜查了一遍，找不到席光修，也不管老刘婆是死是活，回县城交差去了。过了一个时辰左右，老刘婆慢慢苏醒过来，睁眼一看，人都走光了，只见邻居罗老四家经常来送给她点食物的阿稳，独个儿在门口伸过小脸来看望。这时，老刘婆用手支撑着她身边的一把破椅子，站了起来。浑身颤抖，摇摇晃晃，慢慢移动脚步，走至院心当中，抬起头来，用她那只独眼，仰望天空，伸出双手，发出像老绵羊的叫声："上天啊！还我的儿子呀！还我吧！……"

席光修哪里去了呢？原来当他去做了贼人之后，由于做贼心虚，加上也听到官府要剿办他们的风声，他就脱离同伙，悄悄地往夷方地区暂时躲避去了。过了六年后，他化装成道家样子，悄悄回到家中。开始，他妈还认不出他，以为是来化缘的。当席光修把大门关上，向老刘婆跪下，口称亲娘时，他妈仔细看了看，才认出他来。老刘婆自从县里捉拿她儿子那天起，又恨又急，怨天怨地，到处打听，听到她儿子的同伙，均被官府缉捕归案，有的已经正法，就是没有她儿子在场，心里觉得还有一线希望。现在，席光修突然归来，自然喜出望外，抱起儿子不放，但又不敢声张，把儿子拉到房里，悄悄对儿子说：

"砍头的死丫子！你真把老娘急坏了，你这几年跑到哪里去了？"

"娘啊！我错了。我对不起你老人家。"

"短命鬼！我是问你跑到什么地方去了？"

"娘！去夷方了。"

"还是去抢人吗？"

"没有。"

母子俩说了好半天，老刘婆才知道他儿子是去求仙学道。学到什么呢？真气人，学得会变老虎。别的啥也没有学到。席光修会变老虎，老刘婆是不相信的，她要儿子给她变一次看看。可是，席光修说变不得，他怕会吓着自己年迈的老母。不论他如何解释，他母亲就是不依。最后，他只得答应第二天变给她看，并告诉她在他变虎时，只能到楼上厦门口看，且一再要求说当他变成虎后，他开口要食物时，务请他妈将事先准备好的一只雄鸡，从楼上抛给他，这样做他才会恢复人形，如果错过时机，就再也不能变回人形了。这些要求他妈都满口答应了，母子二人才各自安息。

次早，老刘婆到邻居罗老四家，要借他家的公鸡用一用，用后下午送还。罗老四向来是个老实人，平时很同情老刘婆的不幸遭遇，常常在生活上给予一些力所能及的关照。这次见她上门借鸡，以为她要借去配母鸡传种，自然满口答应，把公鸡捉了递给老刘婆，还告诉她明后天送还也不迟。这样，刘婆抱回公鸡，把大门紧紧顶好，同时找了条碎布条将鸡脚绑好，用个斗箩罩在楼上。这时席光修已煮好了早饭，在厨房里等候妈妈。当母子二人吃饭时，席光修一再对母亲说："娘啊，儿变成老虎时，你千万不要害怕，别忘了丢给我公鸡吃。"老刘婆边吃饭，边点头，似乎蛮有把握地小声对儿子道："我熬到六十多岁了，还怕什么，我会照你说的去做的。"

到了巳时左右，老刘婆上了楼，打开正面厦，然后把公鸡抱于怀中，专等儿子变虎。此时席光修也做了准备，走在院子正中，向母亲挥手示意，然后口中念念有词，伏下地去，滚了三滚，马上变成了一只大黑虎，摇头摆尾，在院心里跳跃起来。最后他张开大口，对着厦门示意讨食物吃。老刘婆一见，竟吓得魂不附体，倒在楼上，一命呜呼！这时黑虎讨不到鸡吃，时辰一过，再也变不成人了，急得暴跳如雷，但他心里明白，母亲肯定吓死了，后悔已来不及，只得对着楼上，叩了三个头，一转身跃到门里，用爪扒开门，一溜烟跑到莲花山里去了。

隔壁的罗老四，先前听到席家似有野兽咆哮之声，心里有些狐疑，他拿着锄把，到其他邻居家里，约了几个年轻的小伙子，一齐来席家探望。一进门就发现地上留有几个大梅花脚印，再进家呼唤刘婆，竟无人声答应，到屋里后听到楼上有响声，大家打开楼门上去一看，见老刘婆倒在楼上一动不动；绑着脚的公鸡，扑打着翅膀，在楼板上乱蹦乱挣。原来楼上的响声就是鸡挣发出的。罗老四细看，这鸡就是早上老刘婆向他借用的，再过去看倒在楼板上的刘婆时，发觉她已死了。大家面面相觑，弄得莫名其妙。

正议论间，村里的村民们也闻风陆续来到席家，罗老四的小女阿稳也来了。这时有的人说他们在田里看见一只黑虎，从村里跑出，跑到莲花山去了；有的说他亲眼看见黑老虎是从席家跑出来的，断定是来吃老刘婆的，也有人说这老虎一定是天上的神虎下凡，来报应席家的……这时，阿稳突然开口说："老虎不是神，是老刘奶奶的儿子变的。"大家一听，均感离奇，就问阿稳为什么这样说，罗老四望了女儿一眼，对她说："不要乱扯，你懂得什么？"阿稳不服气，索性一五一十地道出了她看见席光修回家后的一些情况。原来在席光修化装成道人进家时，阿稳在自己门口看见，但见进去，不见出来，她本想去席家再看看，可是席家大门抵着进不去，所以她回家去从墙缝里去偷看，因为她家和席家仅一墙之隔，而墙上有个裂缝正对着老刘婆的堂屋。所以，当老刘婆母子的讲话，她都听到了。席光修变老虎时她也去墙缝偷看了，但看到变出老虎时，她急得把双手蒙起眼睛，再也不敢看了。

　　阿稳这一讲，大家恍然大悟，断定老刘婆是席光修变虎吓死的。可人命关天，也得向上禀报，最后罗老四引着大家，去找里正报告，转请府官派人验明裁处。

　　当天下午，县里派来了验尸官员，观察了现场，检验了老刘婆尸体，既没有外伤，且无其他不正常的迹象，根据村民们反映以及席家门里留下的老虎足印，认定刘婆是被老虎吓死无疑，至于老虎是否席光修所变，还不能置信。在验尸官看来，由于席光修几年前曾抢劫后在外逃避，旧案未了，只好盼咐里正，先将老刘婆埋葬，他回县衙据实报案，并发话说如果今后发现席光修踪迹时，仍应及时禀报县衙云云。

　　再说，那席光修变成老虎跑到莲花山里后，又渴又饿，只好到箐沟里饮水，并想猎几只野兔充饥，不意又碰上一只黄斑母虎，也是从森林里追逐一只麂子飞奔下来，席光修就猛扑过去，咬住麂子不放，黄斑母虎也蹿了过来，要争夺麂子，二虎相争，打起架来，你追我赶，一溜烟追到沙塘哨的山林中，才停留下来。由于厮斗，两条虎都已精疲力竭了，各蹲在一边，喘气憩息。说也奇怪，这黑虎见到黄虎是只母虎，竟然摇头摆尾，走近黄虎，亲密起来，配成一对，一直盘踞在这座山林之中。从此，黑、黄二虎，白昼隐藏山中，夜晚出来到石佛哨、大禾里村、小庄、段家庄一带，专门抢吃这些村庄农民的猪、羊、牛、马，后来竟然在白天隐伏在龙庆关垭口附近，袭食过往的行人，弄得附近村庄及过往行人，谈虎色变。

　　不久，这些事传到了蒙化和弥渡官府，两县的府官，均下令组织猎户，到龙庆关一带联防捕杀二虎，凡猎获者一经送到官府验明，给予重赏，并限期十天将二虎除掉，过期未予猎杀者，均应治罪。在官府的逼迫下，被找去的猎人只得带上猎犬猎具，到指定地带，搜山查岭，寻找虎踪。一连过了五天，猎人们始终没有找到这两只老虎的踪迹，大家都非常着急。有一天，当猎人们穿过沙塘哨北面的松林时，突然见到有一白髯僧人，手持禅杖，赶着一只黑虎、一只黄虎，虎颈部缚着绳子，绳子上各系着一棵松木，乖乖地往一块平坦空地上拉去，大家都呆住了，看得出神。这时，有几个年轻的猎人提议说："那老和尚只一个人，仅持一根禅杖，就驯伏得两只老虎拉木头，我们这么多的人，还怕什么？"有的还说："何不如我们一拥而上，夺走老虎报官领赏。"说也说，大家真的就向平地奔去。这时老虎一见有很多人向它奔袭而来，顿时发作，挣断了颈上的绳子，张牙舞爪，咆哮着向猎人扑来。猎人们被这二虎突如其来的攻击怔住了，正在往后退缩时，只听得那白髯僧人，口念"阿弥陀佛"，用禅杖对着老虎一指，这两条作恶多端，危害良民的黑、黄二虎，仿佛漏气皮球，伏地而卧，一动不动。当猎人们到二虎旁边察看时，这两头虎竟变成了两个形似卧虎的大石头，其中一个为黑灰色，一个为黄沙石色。猎人们知道这是神仙点化，就不约而同地跪了下去，向僧人叩谢为民除害的救命之恩。但见那僧人合掌站立，口中念道："宝头卢，性刚强，打抱不平自不凡，袒衣赤足枣梨香，驯虎凌空更异常；普陀岩下演法宝，八德池边显佛光，寿同天地言非谬，福比洪波岂逞狂，修成舍利名胎息，清闲极乐是西方。"接着，这和尚对猎人们道："尔等众生，都是贫苦之人，可立即回去报官，就说老僧已降伏了恶虎，如果他们照样酷虐黎民，老衲会像伏虎一样，制服他们的。"言罢就不见了。众猎户一再对天叩谢后，回县将实情禀告官府。

次日，蒙化和弥渡的知府，听了猎户禀报，大发雷霆，认定说猎人刁狡，造谣搪塞，玩忽公令，下令要各打四十大板，然后丢监治罪。众猎户一再苦苦哀求，请派员前往实地查看，如有虚假欺骗，甘受严厉治罪。正当猎人们捣蒜般地叩头哀求时，不知怎样，这两县的府官，突然脖子上被一条绳子勒住，几乎气都透不过来。恍惚中，他们眼前站着一个老和尚，手中扶着禅杖，怒目盯着他们，一会儿又不见了，脖子上的绳子，也松了一些。这两个狗官害怕了，同意猎人们的请求，免打大板，并派文武官员兵勇数人，叫猎户领着到挂锡山沙塘哨上现场察看。说也奇怪，这话才出口，那狗官脖子上的绳索也就放开了，而且无影无踪了。

下午未时左右，两县的官员在猎人们带领下，不约而同地汇合到一块，发现那块平坦的空地上，矗立着一座巍峨壮丽的寺庙，寺门外靠左的地上，卧着两个石虎，而原来老虎拖得的一堆松木已不见了。

众人走进寺里一看，这是一座工艺十分精湛的三进院落，大门为品字形，中殿穿厅式，大殿为大雄宝殿。飞檐出阁、左右各有抱耳，其中大门、中殿、后殿均有不同的斗阁，各门窗上镌有明八仙、暗八仙、龙、凤、花卉、琴、棋、书、画、松鹤同春等，栩栩如生，真是鬼斧神工，令人嗟赞不已！然而，各佛堂内，只有佛座，没有塑像。

当官员们察看明白后，即告诉所去猎人，可各自回家，免予追究。然后，他们便回各县禀报官府。蒙化的官府知悉后，感到这是仙家指点，从此不敢为非作歹，欺压良民，还派人前往四川，聘请了高明塑匠，在那座寺中，塑造了十八罗汉朝观音以及三世佛等金身，并亲自题写大门匾额，命名为"伏虎寺"。

据说，那显圣的白髯僧人，就是十八罗汉中的"伏虎罗汉——宝头卢尊者"的化身，故巍山东山一带及弥渡地区的许多猎户，最肯去这伏虎寺内的伏虎罗汉塑像前烧香祈求清吉。

降龙寺

讲述：南山乡老人
记录：赵海全
1987年12月采录于巍山贝忙
流传地区：巍山巍宝

贝忙降龙寺建在降龙山下，与伏虎寺遥遥相对，系蒙舍诏主所建，已历时一千三百多年，至明朝嘉靖壬午年（1522年）间搬迁到贝忙村西南角，今已重新修复，巍然矗立在青龙山上。

相传，蒙舍诏初期，诏主细奴逻想建国于此称王，雄霸边隅。其妻蒙妲甚贤，有处理国内事务之能，细奴逻甚爱之，凡一切国务重任总与她商量妥实，然后执行。有一年，时值夏秋之交，终日淫雨不息，突有青、黄二龙自东向西作乱相争，意欲撼山成海，各霸一方，誓以胜者为王，因而互不相让。一个喷云吐雾，摇头摆尾，上下飞腾；一个龇牙咧嘴，昂首扬爪，左冲右突，直打得天昏地暗，电闪雷鸣，好不热闹。它们每斗一次，总要乌云满空，大雨滂沱，山洪暴发，不少泥沙滚石冲下来，害得民舍墙壁倒塌，冲毁田地，颗粒无收，弄得百姓怨声载道。二龙相持日久，怨声震动天庭，玉帝下旨降龙尊者化作道长下凡整治。一日，青黄二龙正在斗得难分难解之际，天空忽然飘来一朵红云，有一道长站立云头，但见他，身着道袍，足蹬云展,手执拂尘,白发苍髯,喝道:"孽畜还不住手!"二龙闻声仰视,见是降龙道长,只好俯伏,但心中各有不服,俟机再斗。道长将拂尘一扫说:"你这两个孽畜,且赦尔等不死,今后再不可生事寻斗,伤害黎民。"二龙亦俯首点头称是。道长又说:"前已毁坏庄田,罪孽不小,今后只宜各安本分,不可残害生民。今命你二龙四时吐水,泽润万物,以赎前非。"言罢,拂尘而去。只听云中轰隆一声响,青、黄二龙就变作两座大山,一名黄龙山,一名青龙山,合称"降龙山"。

霎时,天开云散,彩云南现,祥光四起,瑞气顿生,细奴逻视之,甚奇,便认为乃天助蒙氏成其霸业之兆,遂带各官员亲临其境探视。但见那降龙山上,古木参天,青翠欲滴,流泉飞瀑,汩汩有声,松风拂耳,鸟叫凤鸣。左有黄龙山俯首而下,只见:藤萝绕树,猿猴攀枝,潺潺流水,如珠如练;右有青龙山缓缓而来,只见鹤飞顶上,松笔描天,淙淙泉水,沁人心脾;北有形若受惊的蛇山徐徐围护;南有横卧玩球的狮子山,虎视眈眈;西有金龟山把住门户;东有形若玉带的瓜江碧波荡漾。各村黎民,躬耕田亩,民风淳厚,真是一派太平景象。于是,细奴逻便决定在此建蒙舍城,以作永固之基。便同各官商量,订于甲寅月甲辰日动土兴工。各地民工云集,正当举斧凿石、挥锄挖土之际,有一对金鸡从河岸飞起,引颈长鸣,向北飞去,所到处祥瑞氤氲,起飞处寒气逼人,弄得官民十分丧气,只好禀报停工。细奴逻亦心灰意冷,下令停建。

蒙氏为了纪念道长降龙点化,就在黄龙坡首建一道院,即日开工,不久建成,命其名曰:"降龙寺",是蒙化最早的四寺之一。清泉内时有黄龙现身。一日清晨,有火工道人去挑水,忽见黄龙现身于井内,身如巨蟒,眼似铜铃,口喷薄雾,张牙舞爪,昂首四顾,把个小道吓死在井边。黄龙一再地出现,触怒了老道,一怒之下,就去打死一只狗,以狗血淋于石上,狗尸丢在井边。三五日后,骨腐肉烂,蛆虫四蠕,臭气熏天。殿宇菩萨亦受厌气熏染,行人无不掩鼻紧走三步。此后,黄龙避走他乡,流泉无声,井水干涸,碓磨停转,禾苗枯焦,黎民又遭干旱之苦。若此,民不聊生,神有怒容,道士各散。不到三年,寺内空寂,香火断熄,满院荒野蔓草,遍地瓦砾成堆,满目凄凉,真是面目全非。

话说,青龙山下,龟山背后有一贝忙村(又名陈家厂)人口稠密,民多而慧,但屡受村中戚国公之欺压,戚家势大权重,声威如沸,民皆遭苦。因此压而不服,众心欲抗。忽一日,来一位风水先生指点曰:"戚家势大者,即此茔地之大发也；只须南首有印镇之，贝忙皆祥也。"众闻，便觉有理，愤然曰："与其子孙成奴，不如现在造福。"便推举老族长带着厚礼去与戚家守陵墓的女婢商量，需在坟南首建盖寺院，并陈其利害关系。初时女婢态度固执，不肯答应。后又再求之，并许以死后塑其身、表其志。方得女婢点头应允。才要动工盖庙，谁知出了一件奇事。

时值八月中旬，有一夜晚，突然阴云密布，狂风怒号，吹得树倒瓦翻，夹杂着几点细雨。约在二更时分，降龙寺正殿中梁借着风势，只听"咔嚓"一声，飞起空中，打了几个跟斗，便飘飘悠悠地落在青龙山下。这里依山枕石，清泉汩汩，古柏苍松，真是适合佛家久居谈禅的好地方。刹那间，云散风清，天已拂晓，有早行者经过，发现不知何物横卧路边，走近细看，乃降龙寺中梁也，心甚奇之，便回转身奔走相告，立刻全村皆知，有好奇者争先来看，都道此梁"飞来"是天从人愿，妙极，妙极！我们何不就此良机把寺院一起搬来，这不是更妙么。族长便鼓励大家说："众位说得有理，这是天降吉祥，不可错过。"号召大家就在明晚一齐动手，各献赤心。

至次日晚，月上初更之时，合村男女老幼都不约而同地云集工地。起建时，大家都动起手来，富有经验者砌石挖土，年轻有力者运木挑砖，老年人帮着竖柱加染，少年人抬椽搬瓦。月光下，行人如蚁，起脚如飞。最奇者更有那张、鲁二班亦来助力：张班凿石叮叮，鲁班伐木咚咚。金龟化为骡马，往来运石。小青龙变作年轻人，送茶送水，真是饥有所食，渴有所饮，皆不辞苦，忙得汗流浃背。直至五更时，残星未落，朝霞微露之时，整座寺院已巍然矗立在青龙山林中。看着崭新雄伟的殿阁，天衣无缝，众皆百感交集，心中无限欣慰，道："若无神圣相助，哪得降龙飞迁。"

次日，戚国公到此查茔，见寺已立，便怒问守墓女婢为何知情不报，不等回答，就不分青红皂白地无情抽打，直打得皮开肉绽，女婢痛楚不过，便反目答道："孽主听着，昨晚临睡时都无动静，只觉夜半有风声，不知何故，天明此寺已成，这不是'飞来'寺么。"国公听了，惊疑不已，气愤而归。女婢亦因伤势过重，不一时也就含恨而死。此后，合村人民悯其冤死，故塑其真容，端坐报功祠内，永受四时餐祭。

现在降龙寺已不对伏虎寺，仅降龙遗址尚存。"飞来寺"是因中梁飞来，一夜建成殿宇而得名的，至今仍存。

玄龙寺和圆觉寺

讲述：陈一新
记录：杨光进
1987年10月采录于巍山城东
流传地区：巍山巍宝

很久很久以前，蒙化东边山上有一大瀑布，高十余丈，下有一深潭，潭水清澈见底。但后来不知为什么，这里却年年干旱，原来潭里有条邪龙在作怪。

东山脚有个单身汉，姓茶名山，机智勇敢，乐于助人，凡有困难，衣食无着者，无不受他的救助。一天傍晚，他门前来了一个美貌妇人，请求吃饭住宿。茶山想，我一个单身男子，如何能留妇女住宿，便道："饭请用饱，住宿别处寻。"美貌妇人说："我慕名而来，你只留饭不留宿，是何道理？"茶山道："男女授受不亲。如果你硬要住下，那我另想办法。"于是他搬起一套行李出门上山，就在山坡松树下搭了一地铺而卧，把家让给了美貌妇人。

这天半夜，突然"轰隆"一声巨响，茶山只觉得一道强光闪过，就听见深潭周围好像有千军万马在厮杀奔腾一般。那潭中水势如海啸，岸上石破天惊。他又惊又奇，忙穿衣爬上松树一看，不由得吓出一身冷汗，不知是哪里来的犀牛、狮子、象，和水中的邪龙打得难解难分。茶山一动也不敢动，直到天快亮时，犀牛、狮、大象退出战场下山而去，才急忙下树回家，美貌妇人已在厨下做好饭菜，二人坐下各自吃饭，不言不语。

如此过了三天。这三天里，茶山天天到窝棚住宿，犀牛、狮和大象夜夜同邪龙厮斗，总是难分难解。茶山无奈，只好向美貌妇人讲了这三天的所见所闻。只见美貌妇人越听越高兴，最后说茶山住的这地方是块佛地，茶山又见义勇为，乐善好施，专程前来帮助。美貌妇人说毕，只觉一股清香，已不见了。茶山正在疑惑，偶抬头望天，只见祥云托着观音大士向茶山说道："我借你杨柳、净瓶收服邪龙，以救黎民百姓。犀牛、狮、象收服后供你使用。"说罢拨转祥云而去。

茶山大惊，急忙回家，果见有柳枝、净瓶放在佛案上。细想观音之言，他不敢怠慢，当日入夜，便带上杨柳、净瓶到深潭边躲避等候。午夜，犀牛、狮、象与邪龙正酣斗时,茶山拿起柳枝向邪龙抛去,击中邪龙头部,邪龙缩回深潭。茶山又拿起净瓶打算向犀牛、狮、象击去,只见犀牛、狮、象已跪在他的面前不住点头。茶山收服了犀牛、狮、象,但见深潭中波涛滚滚,白浪翻涌,那邪龙正在痛苦挣扎。茶山忙提起净瓶,把口向下,只见一股青烟向深潭飘去,一会儿深潭见底,邪龙已倒伏潭底不动。那犀牛、狮、象搬动大石,填平了深潭。那埋在潭底的邪龙一动,尾部就到了石龙山,头部仍在深潭边。茶山收服了邪龙,命犀牛、狮、象看住邪龙,便回到家中变卖了家产,又云游四处化缘。过了不久,算算功德已够,请了无数能工巧匠,就在填起的深潭上建起了一座寺院,并起名"玄龙寺",茶山为住持,法号"圆觉"。他把犀牛放入瀑布,那犀牛进去时跳了三跳,于是出现了瀑布三叠。后人称"溪流三叠水"。他命狮、象在玄龙寺前守门,于是出现了狮山、象山。

几十年后,茶山坐化①玄龙寺。自茶山收服邪龙后,蒙化坝子从此年年风调雨顺,五谷丰登。茶山坐化后,人们为了纪念他,便在玄龙寺对面建起了一座规模更大的寺院,寺前又建了两座高塔,与狮山、象山遥遥相对,后人称为大寺。以后有人认为茶山坐化在这块佛地上,他的法号又叫圆觉,于是又把大寺取名为"圆觉寺"。

桃山和桃山寺

采录:王丽珠 女 彝族
1968年采录于巍山庙街

在今巍山彝族回族自治县城北二十余公里的地方,耸立着一座形似桃子的"桃山",山顶上有间庙宇,叫桃山寺。相传这桃山是天仙麻姑献给细奴逻的仙桃变的,那桃山寺是细奴逻为感谢麻姑仙女而建。

细奴逻在成为南诏王之前是蒙舍诏的军将,仙女麻姑钦佩细奴逻的勇猛善战,就下凡来慰问细奴逻。

这一天,仙女麻姑来到人间,扮成一个十四五岁农村小姑娘的模样:赤着脚,系着一块花围腰,头上顶着一块花手帕,手里拿着一个仙桃,站立在

---

① 坐化:佛教称无疾而死的和尚为坐化。

阳瓜江西岸，等候细奴逻过路。

不久，细奴逻一行人过来了，仙女迎上去，对细奴逻说："军将，你辛苦了，小女献上一颗桃子替军将解渴。"细奴逻看这小姑娘穿得干干净净，脸色红润，一副恭恭敬敬的样子，他接过桃子，又谢过姑娘，便继续上路了。路上，一个侍卫对细奴逻说："将军，现在不是桃子成熟的季节，哪里来的桃子？我看这桃子新鲜红艳，恐怕是妖桃啊！"几句话提醒了细奴逻，他就顺手把桃子扔了。

傍晚，细奴逻回到军营，向军营中的阿毕（巫师）说起此事，阿毕很快开堂问卜，念了一段咒语后，王宫上空出现了一小块麻裙似的云彩，只一晃就消失了。阿毕大为惊喜，告诉细奴逻："那颗桃子是天上王母娘娘吃的蟠桃，送桃子的那位小姑娘是天上的麻姑仙女，将军吃了那颗桃子，就能长生不老了。"细奴逻听了后悔莫及，忙召集士兵们一道去找回那颗桃子。他们打着火把，连夜来到阳瓜江西岸麻姑仙女送桃子的地方。他们把路上的草都踏平了，每一条小沟都找遍了，但就是找不到桃子。他们从夜幕降落的时候找起，一直找到第二天太阳冒出山，桃子仍无下落。一伙放牧人吆着羊群来这里放牧，突然间相互在那里指指点点地议论，细奴逻见了，就叫过其中一个年纪较大的老倌问道："你们在议论什么？是不是看见了一颗桃子？"老倌答道："将军，我们没有看见桃子，我们倒是看见了桃山。"说着就朝西边一指。细奴逻顺老倌的手指望过去，顿时睁大了眼睛：昨天还是一马平川的沙滩上，竟然耸立起了一座小山，山形活脱脱地就像昨天扔掉的那颗桃子。细奴逻没有再说什么，带着士兵们返回王宫去了。

军营前，阿毕早在恭候，不待细奴逻开口便说道："将军，桃子已经变成了山，那座活像桃子的小山，就是那颗蟠桃变成的。"

桃子没有了，但情谊还在。细奴逻为了感谢麻姑仙女，就在那座小山顶上修建了一座寺庙，叫桃山寺，寺内供奉着麻姑仙女的塑像。

玉峰寺

采录：郑宏鑫
1989年采录于巍山青华

青华玉峰寺，当地群众又叫尖山寺，犹如一颗绿色的玉印镶嵌在哀牢山麓北部。那玉峰山突兀冲天，游人无不叹为观止。

相传很久以前，这里是一条很深的沟壑。壑中有一个很深的大溶洞，洞中有条巨蟒。只要村里人到这里砍柴、割草、放牧，那巨蟒就出来伤害人畜，周围几个村寨的彝民备受其害，却又奈何不得。

这大溶洞旁边的一个村子里，住着母子俩，母亲已年过花甲，儿子名叫阿玉，长得眉清目秀，已是十七八岁的小伙子。阿玉十分孝敬母亲，每天早上到山上把柴砍回来，给母亲烧火取暖，白天给财主下地干活，换取微薄的工钱来养活老母。母子俩虽度日艰难，却也过得较为顺心。当阿玉十七岁这年，母亲不幸病逝。阿玉在亲友邻居的帮助下，含泪安葬了母亲。从此，他的生活就更孤苦了。但由于他心地善良，肯帮助乡亲们做事，乡亲们都很喜欢他。日久天长，阿玉的舅舅觉得他为人忠诚正直，就决定把自己的三女儿玉花许配给他，从此阿玉对生活更充满了信心。

然而，他每每目睹乡邻百姓在忍受地方财主压迫的同时，还要忍受着大蟒的残害，心中就十分难过。要怎样消除巨蟒之害，为百姓解忧呢？他经常为此而发愁。如果能把沟壑填平，斩去大蟒，那该有多好啊！他好多天吃不好饭，睡不好觉，身体一天天消瘦，邻居多次相劝也无济于事，玉花姑娘也为他难过得暗中流泪。

有一天晚上，阿玉仍然一夜没睡着，突然，蒙眬之中见母亲手扶拄棍，慢步走到自己身旁，伤心地说："玉儿啊！看你难过成这个样子，人也瘦了，母亲好伤心啊。"阿玉说："请母亲不要为儿如此难过，我要为百姓除害的决心是下定了。"母亲说："你要为百姓除害，我告诉你。后天一早，你带上盘缠，一直向东方走去，自会得到除害的办法。"说毕，一阵清风过去，母亲就离去了。阿玉醒来，方知是一场梦。

第二天一早，阿玉起来，把梦中之事告诉了亲友，也告诉了玉花姑娘。乡亲都忙着给阿玉准备盘缠，玉花也忙着给阿玉洗衣服，缝鞋子。晚上，玉花来到阿玉跟前，一边做着手中的针线活，一边告诉阿玉："出门要多加小心，我等着你快回来。把大蟒斩除，沟壑填平，我俩就结婚。"阿玉一一答应着，并要玉花在家中保重身体，不要太难过。情话无根，越讲越深，一直到明月当空，鸡鸣二遍，一对情人才分手。

早上阿玉起来，吃了点早饭，背上乡亲给他的盘缠，穿上玉花亲手做的鞋，在祖宗桌前拜了三拜，告别亲友，向着东方，向着太阳升起的方向，出发了。他走啊走，累了，到路旁树下歇；渴了，去喝山泉水；饿了，和着清泉吃点炒面。风餐露宿，日夜兼程，翻过了三百三十三座山，跨过了三百三十三条箐，走了三年三个月零三天，来到了一座大山林中，看看夕阳西坠，时近黄昏，无处投身，只好在一棵大青树下的青石板上过夜了。

　　他拾来干树叶，铺在青石板上作床，找来干柴，找来白马牙石相碰取火，在大青石前烧起一堆篝火。月牙当空，夜色朦胧，他睡在火堆旁，远处不时传来野兽的吼叫，夜鸟的啼鸣。这时他不禁想起了乡亲们的嘱托，想起了玉花和自己在分别那夜的亲密叙谈，想起母亲在梦中的忠告，想起了三年多来的艰难行程，啊！何时才能达到目的返回家乡。他想得很多。

　　夜深了，周围的一切也显得寂静了，他终于因一天的劳累，慢慢睡着了。迷糊中只见大青树上降下一位百岁老人，鹤发银须，右手持弯把拐杖，左手捋着胡须，向阿玉说道："小伙子，据说你要为家乡百姓做件好事——斩除大蟒，填平沟壑。我是太白星君，今晚特意来帮助你。可是，此事非同小可，你要舍得献出生命才行啊！"阿玉果断地答道："若能为百姓除灾难，我愿献出自己的生命。"太白星君听了很感动，说："看你如此诚心，我实在钦佩呀！"接着教给阿玉一段咒语，在阿玉耳边如此这般地说了一阵，从腰间抽出一把锋利的宝剑，递给阿玉。阿玉接过宝剑，拜了三拜。太白星君说："明天你就回去吧！"说罢，就飘然而去。阿玉猛醒过来，睁眼一看，宝剑在手，甚为奇异。天刚亮明，他朝太白星君所去方向拜了三拜，谢其相助之恩。太阳刚出山头，他开始返回家乡了。

　　回到家乡，看到了久别重逢的乡亲，看到了日夜思念的玉花，好不欣喜。乡亲们都为他能安全归来而高兴，有的宰鸡，有的置酒，向他祝贺。由于斩蟒心切，阿玉早已按捺不住，数日以后，他到先生那里择了个斩蟒的吉日良辰，时间定在三月初一。

　　到了三月初一那天，太阳刚跃出东边的山头，阿玉手握宝剑就到沟壑边的一块巨石上站好，叫玉花带上一把大刀，到沟壑的东边站好，堵住大蟒的逃路；乡亲们敲锣打鼓，呐喊助威，一袋烟工夫，突然，大蟒张着血口，从大溶洞中飞出，向阿玉扑来。只见阿玉口中念念有词，不慌不忙，轻身一闪躲开大蟒，说时迟，那时快，一跃跨在大蟒背上，与大蟒搏斗起来。霎时，天昏地暗，尘土飞扬，上下翻飞，好不激烈。斗了两个时辰，阿玉渐渐有点支持不住。在这紧要关头，天空突然飘来一朵紫云，护住阿玉，阿玉竭尽全力，一剑朝大蟒的头上砍去，只听一声爆响，金光四射，大蟒被斩了。乌云散处，阿玉变成了一座巍峨挺拔的山峰，沟壑也填平了，大蟒被压在山峰底下,头向西,张着大口,尾朝东,还蜿蜒而动。玉花站在东边的高处,见此情景,怒从胸中来,奋力一刀砍下去,把大蟒砍成两截,抛向南边。至今还可见蛇状的山梁。玉花见自己的丈夫为百姓解忧除害,变成了一座山峰,痛不欲生,把大刀向自己的脖颈一挥,自尽了,瞬间也变成了一座山峰,与阿玉遥遥相对。

从此,巨大的沟壑填平了,蟒害消除了。人们为了永远纪念阿玉和玉花,把阿玉变的山峰叫作玉峰,把玉花变的山峰叫作脖刀山。人们还在玉峰顶上建起了寺庙,叫作玉峰寺。把阿玉和玉花的像塑在里边:阿玉手持宝剑,身跨大蟒,威武英俊;玉花手握大刀,站在一旁,飒爽英姿。至今,每年三月初一这一天,远近乡亲一大早就扶老携幼,带上香火,络绎不绝地到玉峰寺去朝拜为百姓立了功的阿玉和玉花。

茶山寺(彝族)

讲述:褚应太 彝族
记录:苏稳家 白族
1986年8月采录于巍山马鞍山

茶山寺,在马鞍山乡青云村和三胜村的交界地,是彝家人十分崇拜的寺庙,香火长年不断。

在很久很久以前,马鞍山这一带风调雨顺,百业兴旺,人们过着安居乐业的生活。不料有一年,天忽然大旱,几年不下雨,树木枯死了,庄稼无收成。

有一天,阿毕说:"紫金山上盖的那座寺庙里供的山神中有一位山神没有供着,所以这位神仙发怒,天才不下雨。大家要在石岩村的山上再盖一座寺庙,供上紫金山没有供的山神的塑像,这样天就会下雨了。紫金山寺庙是正月初八竖柱的,这座寺庙要正月初九竖柱才好。"

听了阿毕的话,人们就去砍木头、打石头、烧瓦,请了最好的木匠、泥水匠来盖寺庙。正月初八这天,木活泥活都做好了,只等初九这天竖柱了。但到后半夜,人们发觉做好的木头和下好的石脚不见了。

等天亮后,才看见做好的木头、石脚全部在对面的茶山上。阿毕说:"这是神仙菩萨不愿在这里,要把寺庙建在茶山上,就顺从山神吧。"听了阿毕这样说，人们就牵起牛羊鸡猪，拿起工具，搬到对面的茶山上。这时天上飞来一大群喜鹊，把瓦一块一块地叼起，送到对面山上。不几天茶山寺庙就盖起来了，再塑起了山神。人们叫它茶山寺。从这一年开始又风调雨顺了，人们又过上了安居乐业的生活。

从这以后，每年农历正月初九这天，人们都从四面八方赶到茶山寺串会打歌，杀猪宰羊敬神灵，感谢神仙、菩萨保佑人们安居乐业。

北山寺（彝族）

讲述：张绍良
记录：张雄
1989 年采录
流传地区：巍山县永建区、大仓

在巍山坝北边有一座小山包。在山包里有座雄伟的寺庙，这就是巍山有名的北山寺。

六诏初期，川北属蒙巂诏管。因为当时蒙舍诏地盘大，势力雄厚，土地肥沃，蒙崇诏主为了扩张自己的势力，巩固政权，对付唐王朝和蒙舍诏，在坝子北边山上，选中了北山坡这块宝地，在半山坡上筑造了军事据点。这座山被称为"旗锣鼓号山"。

每年蒙崇诏主和他的妻子——娘娘[①]都要来北山住上几天，习兵演马。有一年，大批男人都被派去修城池去了，村里只剩下些妇女娃娃，在家耕种田地。农历六月二十四这天晚上，整个坝子突然下起了大雨，只见天上雷声阵阵，闪电似斧，大雨倾盆而下，整个坝子汪洋一片。三更时分，阳瓜江水突然上涨，汹涌澎湃的江水向附近的村寨逼来。不知多少房子被冲走，也不知多少人葬身在洪水中。在离北山寺不远的一个村寨里，有一个彝家妇女在床上"坐月子"[②]。村寨里的人看见洪水来了，都纷纷各自逃命去了。为了救孩子的命，她把还不满月的孩子用布捆扎好，放在一张猪食槽里，依依不舍地说道："儿啊！不是娘心狠，把你丢弃，是因为洪水灾害给我们母子俩造

---

① 娘娘：大理一带习惯称王妃为娘娘。
② 坐月子：生小孩。

成了分离,快快逃命去吧。"她使劲一推,装着小孩的那张猪食槽顺水漂流而去。说时迟,那时快,只听"哗啦"一声巨响,孩子的母亲就被埋在了土墙里。

天刚亮,只见蒙㝹诏主和娘娘正带领众兵将和百姓们奋战在江畔。百姓们有的抬石头,有的打河桩,忙个不停。诏主头戴金冠,脚穿长靴,身背长箭,腰挎宝刀,骑在枣红马上来回飞跑,指挥着兵将百姓堵缺口。娘娘更是忙个不停,她身披风雪衣,头戴棕帽,手拄拐杖,走村串寨地慰问黎民百姓。人们看见诏主和娘娘这样关心黎民,都感动得泪流满面。当娘娘来到有一村名叫"古渡庄"的河边时,远远看见一张猪食槽顺着洪水一起一伏地漂流而来,槽里还传出小孩的哭声。当人们把猪食槽捞上来一看时,一个不满月的小孩睡在里面,正在啼哭挣扎。这时娘娘想,小孩的母亲可能遇难了,我是一诏之主的妻子,我有责任把他哺养大。她忙命人把小孩速送回北山军事据点,她骑马随后就到。一回到山上,她首先给孩子换了衣服,洗了澡,又把他抱在身上喂奶。白天娘娘用自己的乳汁喂养小孩,晚上娘娘哄着孩子同床进入梦乡。冬去春来,转眼这小孩长成十七岁了,娘娘请人教他武艺,请来老师教他读书识字。后来把他改名为凤南强。并把他封为阳瓜州刺史都知兵马大将军。把一个不满月的小孩哺养到成人,娘娘不知道费了多少心血,所以人们把她尊为广大臣民的母亲。

后来,人们为了怀念蒙㝹诏主和娘娘,在北山坡上建了土主庙,塑了蒙㝹诏主和娘娘的金身。每年农历正月初三和三月二十四这两天,数千人都要到北山寺土主庙和娘娘殿里贡献果品、斋饭,祭祀他们。

附记

《蒙化志稿》载:"北山寺,六诏时建,兵燹焚毁,仅存其址,武生李承桂重建,附贡杨伟续修。"北山寺又称北山土主庙,内祀土主,一说为蒙㝹诏主,一说为南诏第五代王阁罗凤之子凤伽异。寺于"文革"中被毁,1980年后由群众集资修复,为本县境内南诏古寺观之一。

魏钟桥

采录：杨凤洲
1988 年采录
流传地区：巍山、弥渡

  从前，蒙化有一个富翁，有事到弥渡去。他走了半天，将到两县分界的地方，只见一群白鸽子从背后飞来，越过自己的头顶向弥渡方向飞去。他虽然感到奇怪，但也不去理会，继续赶自己的路。

  傍晚，这富翁来到弥渡的一个小村子里。在一家姓钟的客店里歇宿。吃过晚饭后，大家在院子里闲谈，只见店主人家的孩子惊喜地从楼上跑下来，手里拿着一锭白花花的银子，对父亲说道："阿爹！我们楼上忽然有了许多银子，差不多把楼板都铺满了。你看，这一锭是我捡来给你看的。"在座的人听了这孩子的话都感到十分惊奇，便都跑到楼上去观看。果然满楼都铺满了白花花的银子。

  富翁捡起一锭银子来看，只见上面刻着"魏"字，就大叫起来："这银子是我家的，上面还刻着我家的姓——'魏'字！"大家听了更是丈二和尚摸不着头脑。这店家便问道："你家的银子怎么会来到我家呢？难道是它自己飞来的吗？""上面明明刻着魏字，难道还不是我的吗？"富翁一边解释，一边翻看了银子，锭锭上面都刻有魏字。急得他不知该喊冤枉，还是喊救命，一时喊不出应喊的话来，只气得软了两腿，躺在银锭上叹气。

  那孩子的父亲看到富翁气得像稀泥一样，便转个念头，和蔼地说道："客人，你不必着急，说真话，我家历来未曾有过这么多的银子，但我家人穷志不穷，不义之财我是不要的，假若这些银子真是你的，那你就拿回去好了，不必担忧！"富翁听了这店主人的话，心里稍微平静了些，就答道："这些银子从字号上看，肯定是我家的。但我又没有亲眼看到它是怎样来到你家。好吧！我先回家去看看，假若我家的银子真的不见了，那我就来认取。若我家的银子还在，我也就不能冒认。"

  于是富翁便连夜赶回蒙化家中，速到银库里查看，只见库里的银子真的一锭也不见了。

第二天富翁又打早返回弥渡的这个小客店，见了店主人，气喘吁吁地说："我家的银子真的不见了。"而且还把究竟不见了多少银子的数字都说出来。店主人便约富翁一同上楼上去查看银子的数目，楼上银子的数目恰恰和富翁说的吻合，没有丝毫出入。这时，店主人也感到更奇怪了，便道："既然如此，那么你就把你的银子带回去吧！"富翁若有所思地说道："前日我来到两县分界处，看到从我背后飞往你们这个方向的那群白鸽子，可能就是我家的银子飞到你家的迹象了。这说明我不应该有这部分钱财。既然它愿意到你家，那你就把它全部收下好了，不必推辞！"店主人听了，连连摇着手道："我不要，我不要！我万万不要！我再说一遍，我家虽穷，但是不经过我亲手劳动而来的钱财，我是坚决不要的！请别顾虑，你只管拿回去就是了。""啊呀！说句良心话，这种从古未闻的奇事，使我无法解释了。我认为我不要这些银子，心里还更痛快些！我请求你发点好心，把我的银子收下吧，使我的心里落个轻松吧！"就这样两人推来让去，让去推来，推让了好大一会，总是决定不下来。

后来，他两人终于找到了一个令他们都乐意的处理办法：把这些银子拿来做一件对大家都有益的事，在蒙化的东河上造一座大石桥。

这座大石桥竣工后，银子只用了一半。他二人又想了个办法，将剩余的银子悄悄埋在桥东头的附近。埋好后，在上面立了一块石碑，并在碑上刻了"桥倒碑来修"五个大字。

这座大石桥给远远近近的人不知带来了多少方便。渐渐地人们对这座大石桥的来由流传开了。因为蒙化的那个富翁姓魏，弥渡的那个店主人姓钟，因此大家便把这座大石桥叫作"魏钟桥"。

但是，大家却对桥东头石碑上的五个字——"桥倒碑来修"的意思无法解释，总认为只要一旦桥倒了，这块碑便自然会有修桥的本领，然而这么牢固的一座大石桥，怎么会倒呢？人们也不把它当作一回事。

后来，这"魏钟桥"不知经历了多少年代，也不知受过多少人的赞赏。可惜在清朝光绪十二年中秋时节的一天早上，被暴涨的河水冲倒了。

当时，桥附近的人们大为伤感，纷纷议论要想什么办法才能把桥重新修起来。突然有人提醒道："桥东头那块碑上不是明明刻着'桥倒碑来修'吗？"大家不禁笑道："那碑又不是金碑、玉碑，怎么来修？"结果，人们议论来议论去，都没有得出修桥的方案。

正在这时，一个下江人从这里经过，人们的议论都被他听得一清二楚。

他推测了"桥倒碑来修"意思后,便趁着月黑之夜,跑到魏钟桥头,撬倒了石碑,把碑下埋着的银子全部盗走了。

后来,人们看到桥头的石碑被撬倒了,碑下出现了个大土坑,有人还从土坑里拣到些碎银子,大家才弄清了"桥倒碑来修"的含义。可惜银子已被盗走了。

桥倒"碑"不来修了。两岸只剩下各一堵残缺的桥墩,直至如今。

永济桥

讲述:回族老农
记录:王镶
1982年10月采录
流传地区:巍山永建、大仓

巍山坝子的北端,有一条从东流向西的小河——巡检河,河面上有座横跨南北的石墩木面桥,人们管它叫永济桥。

古时的巡检河,是南来北往的必经路径,但却没有桥。于是人们决定造一座桥。

一听说要造桥,周围的百姓,过往的行人,个个赞助。有捐钱的、捐粮的,愿意出力者更多。大家推举了一个领头人,筹划了一下,就择地选点动起工来。由于大家齐心,没有多长时间,桥就造好了。人们奔走相告,高兴万分。但是,大家的欢欣却被当年的一场大水冲走了。桥墩、桥身早被大水冲得无影无踪,不知去向。洪水不但冲毁了桥,而且撕开了河堤,泥沙掩埋了无数庄稼。人们见了,唯有叹息而已。

有人不服,倡议再造。大家又鼓起劲来。等把桥造好,无情的洪水又再次把桥冲坏了。如是反复几次,都没有成功。大家累得精疲力竭,垂头丧气,一提起架桥,人人摇头,个个叹气,都认为巡检河上架不起桥来了。

一天,来了一个中年男人,他找到几次造桥的领头人,说明自己学过造桥的技术,而且有一个匠艺班子,愿意来这里尽点力,并保证造好的桥不会被洪水冲走,工钱不计较。看着这男人穿的普通,表情庄重,目光善良,不像吹牛的人。但这人的"保证"二字,很使领头人怀疑,他皱了皱眉头答道:"待我找大伙商量一下。"

经过一番激烈的争论后,"试试看"的想法使大家统一了意见。领头人把大家的意见告诉给那个师傅,那师傅笑了笑,认真地点点头,事情就这样决定了。

选择造桥地点时,那个师傅只是问路从哪里过最直,河的宽窄一概不提。当他把造桥点决定后,人们不禁好笑起来:在这宽宽的河床上架桥,孤零零的,大水一来,不冲个干干净净才怪。那师傅好像看出了大家的心事,笑着说:"大家别担心,这里很合适嘛,行人可以少走弯路,省时间,至于桥身,也不需要太长,桥两头的路,可以用砂石泥土垫起来,水就自然归到桥下去。"

动工了,因为师傅选的地点特别,又有"保证"二字,大家失落了的信心又被好奇心激发起来。所以出力的,看热闹的,来了不少,工地上十分热闹。那师傅指挥自如,一点不乱。他带来的那些人更使大家看得发呆,个个生龙活虎,手勤脚快,力气特别大。几个人抬的石头,他们一个人就轻轻拿走;十多人抬的大梁木,他们两个人就扛着跑。那些石料,不管大小,放下就稳;不管长短,装上就成。真是随取随用,得心应手!人们看了,既称赞,又惊奇。

未满一月,一座美观、牢实的大桥落成了。桥身的东西两边,有扶手栏杆和供人休息的坐板,桥的南北两端有门楼。人人都感到高兴,满意,就问那位师傅:"几时踩桥呀?"那师傅和气地答道:"明天午时三刻。""请谁来踩呢?"有人问。"到时候,哪个来到桥头,就是哪个踩。"听师傅那肯定的语气,使大家半信半疑,不禁问道:"如果到时候没有人来呢?""绝对不会。"那师傅回答了人们的疑问后,去找了领头人,告诉他:"明天午时三刻踩桥,匾上和对联上的字,那个踩桥人自己会动笔。如果你们要庆贺一下,可以准备准备。"领头人一听师傅的话,很快去安排了。但心里却结了个瘩疙,心想:"真令人费解。要是那个踩桥人是个大老粗呢,那么匾和对联不就吹了?但师傅的口气却那么肯定,真是个猜不透的人。"

为了向帮助架桥的师傅致谢,大家用彩布封了银钱和礼品,准备第二天踩桥后赠给他们,然而奇怪的事情发生了:

第二天一早,大家抬着礼品来到工地上,工棚里静悄悄的,一个人也没有。人们你问我,我问你,谁也不知道一夜之间这些师傅哪里去了。因为午时三刻要踩桥，许多事情要准备一下，大家带着疑团，各自忙去了。

午时三刻眼看就到，桥两头路上却不见一个行人。大家伸长脖子，专心地望着。忽然有人说："那不是来了？"大家顺着他指的方向看去：果然，桥面上的拐弯处有个人影急步赶来。

那是个中等个子的老年男人，一身农家打扮，一只脚有鞋无袜，另一只脚有袜无鞋，不但背有点驼，而且走路一颠一簸的。他那样子逗得不少人大笑起来。"嗯！这就是踩桥人，看他怎么写字吧！"有人说了一句。一时间，你一言我一语，交头接耳，挤眉弄眼。

那人来到桥头，漫不经心地向人群扫了一眼，顺手接过剪子破了彩。接着，在鞭炮声中提起笔，随手向横匾上一挥："永济桥"三个行书体的字，活生生地闪耀在人们面前，议论声戛然而止，崇敬的眼光一齐盯在老人身上。老人若无其事地顺手蘸了蘸墨，又"刷刷刷"地在直碑上一笔到底草书了两行，书写了一副几百年来无人破解的对联。

老人放下笔，走过桥后，飘然而去。当大家从惊异中清醒过来，那老人已不知去向，人们慌忙去看对联的落款时，只见一行小小的正楷字："二王夹十父下斤"，落在右联下端。"咦！这是什么意思呀？"经过众人反复推敲后，才被一个老者悟出"二王夹十"是个"班"字，"父下斤"是个"斧"字，联起来即是"班斧"二字，这就不难理解，肯定是鲁班师傅了。大家都说："既是仙人帮助造的桥，那一定不会被水冲了。"

真的，此桥自那日造好后，在漫长的岁月里，几经大水的冲击，都完整无损。桥上桥下的河堤也不止一次地被洪水冲塌，但桥体始终巍然屹立。更神奇的是，桥上的几棵大梁木火烧不燃，历经沧桑，完好如初。"永济桥"真算得名副其实，沿用至今。

附记

永济桥建于明万历年间，为当时通判薛希周所建。桥为木梁平桥，桥上盖有覆廊，两侧均有木栏，造型美观，别具一格。当时大理李元阳曾撰碑"永济桥记"立于桥头，至今尚存，列为县级文物。

石佛哨

讲述：罗怀奇
记录：段有鉴
1982年3月采录于巍山马鞍山

在巍山坝子的西北端，有一座奇特的小山。小山顶部有丈余高的石佛，石佛不经雕琢，是自然生成的，很像一个哨兵，所以人们叫它石佛哨。石佛的右眼下有个窟窿，就像被梭镖刺过后留下的痕迹。

相传在很久很久以前，在附近的村子里有一个贪心的财主，他阴险毒辣，专会欺骗敲诈穷苦百姓。他当初也不怎么富有，凭着他恶毒的手段，在青黄不接的时候，借给乡亲们粮食，每借出一斗，到收割时，要债户赔两斗。用这种借一还二的方法牟利，年复一年，年年如是地盘剥穷人。过了七八年后，他的粮食堆积如山，金银积攒无数，成了这一带的财主。但近年来，有件事使他烦恼。他装粮食的楼上常常听见"嚓嚓"的响声，就像老鼠在上面扒拉。第二天一看，粮食竟少了一截。有这么厉害的老鼠吗？他不相信。他想了很多办法，曾经派专人守过，仍无济于事，粮食仍然见少。因此，他很苦恼，却又无可奈何，这成了他的一大心病。

奇怪的是附近的乡亲要是谁家困苦不堪，穷得无米下锅了，到了第二天，装粮食的地方又会出现一小堆，使穷人家不至于断炊挨饿。

却说本村住着一家母子俩，儿子勤劳善良孝心好，母子俩靠耕种村头那一亩好田度日。家境虽说清贫，但由于母亲的勤俭安排，生活还过得去。不幸的是这一年体弱年迈的母亲忽然得了一场病，卧床不起。急得儿子四处奔走，请医拿药，日夜守护在母亲床前，熬汤煎药服侍。然而，一月有余，母亲病情仍不见好转。仅有的钱请医拿药用光了，为了把母亲的病治好，他瞒着母亲把家里能卖能换的东西几乎都卖光换光了。两个月后，母亲却去世了。儿子悲痛欲绝，泣不成声，乡邻闻声纷纷前来劝说，人死不能复生，叫他料理后事要紧。可是，他手边没有分文，粮也没有了。尤其像他这样孤儿寡母的人家，平时就受富人歧视，有钱人谁肯借钱粮给他呢？

当财主听到村里孝子的母亲死了，他暗自高兴。他早就想霸占这家人的田产，只是苦于没有机会。这下他高兴极了。他想：穷小子一定会来跟我借钱借粮，嘿嘿，那亩田不愁不到我的手里。于是，他派一个家人前去问丧，以便探听动静。那人一来到就对孝子好言好语说了一大堆，并说财主愿意借给他钱粮。孝子明知道这是财主在打他那亩田的主意，可是，事到如今他实在没有别的办法了。一咬牙答应愿意向财主借钱粮，先把母亲抬上祖坟。

财主料定他准来借钱粮，当天就把粮食撮好，钱数出来放在楼上搁好，等他来拿。第二天，财主上楼，不觉大吃一惊，见撮好的谷子和钱都不见了。到哪里去了呢？他马上把家人叫来一一问过，都说不知道。他心想：会不会是那穷小子来偷？妈的！叫人去察看察看。

却说，那孝子一早上楼去取东西，上到楼口就给愣住了：怎么！我凭空会有这几袋粮食和白花花的银子？他不相信自己的眼睛，揉了揉眼再定睛细看：不错，是真的！他又惊又喜，喜的是办事有了钱粮，不用去跟财主家借了；惊的是这钱粮从何而来，是谁恩赐？他正在疑惑不解的时候，财主的家人急急忙忙地闯上楼来，见此状大叫起来："你，你这小子怎么当起贼来了，敢把我家老爷的钱粮偷来！""谁偷你家了？我一夜门边都没出过。"孝子分辩道。"赃物俱在，你还敢抵赖。"财主的家人吼着，并且不容分说，立刻禀报财主，财主派人飞报县府。不过几时，衙门派了人来，看了现场，叫把案犯捆绑起来，孝子大叫"冤枉！"乡亲们也竭力为他辩解说：他是一个正直善良的人，从来不会干出这等没脸的事。差役不信，要叫他招认。孝子再次把事情经过讲了一遍，讲得头头是道，无刺可挑。最后，他表示既然钱粮是财主家的，他一颗都不要，马上送还。差役看他憨厚老实，也不像做贼的人，况且他母亲刚死，重孝在身，不能太为难他，叫人松绑。这时，财主见定罪不成，也忙打圆场，顺水推舟地说："我原来撮好粮、数好钱是要借给他的，既然钱粮已在这里，就借他办丧事用去，事后再还吧！"孝子说："这来路不明的钱粮我不要，现在就送还给你。我要借，当面借，当面拿。"财主见他固执，怕事情闹僵，只好随他。接着，财主假惺惺地说："你孤单一人，丧事我来给你主持。"孝子不好推辞，因为本村接嫁抬埋的事情都得去请他，由他开口，成了不是族长的族长。财主派了一个亲信留下，实则是为钱粮的事对孝子放心不下。

第二天准备出棺，当晚几个亲友和孝子一起守灵。财主的家人也在一旁假意相陪。孝子一夜忙到天亮，没有离开灵堂半步。早上孝子上楼去，光光的楼板上又摆着昨天送走的钱粮。他疑虑重重，心里很不安。乡友见状，说是因他平日孝顺母亲，是上天所赐，劝他放心使用。财主闻讯，知是天意，而且自己的家人一夜守着，孝子没有离开，也无话可说。孝子因等钱粮葬母，只好动用了。有了钱粮，在亲友们的帮助下把母亲送上了祖坟。事后，他仍旧记着那钱粮的账。

但财主口上虽没说什么，心里却恨得咬牙切齿，总要想法发泄。他想：此事其中定有奥妙，这小子未必通仙不成。他叫了个亲信暗中跟踪孝子，看他平时同谁来往。

事过不久，一天孝子干活回来，路上看见一位老者，这老者穿着破烂，脸色苍白，跟跟跄跄地走着，眼看就要跌倒。孝子忙上前扶住，把他一直搀扶进家，做了一碗热汤，一勺一勺地喂给老者。老者慢慢地缓过气来，说："唉！人们说你是个心地善良的孝子，今见之，果然如此。要不是遇上你这好人，我老汉恐怕不在人世了。"孝子听了，忙说："老爷爷过奖了！前不久我娘去世时还出了一件令人费解的事，为此，差役、财主来家里吵吵嚷嚷，使母亲在九泉之下都不得安宁。"老者问道："以你这等孝心，怎会出事？"孝子说："说起来也是一桩奇事。"于是，孝子便把母亲死时发生的事一一讲给老者听。老者听了默默微笑，看看左右无人后小声说道："此事我可以告诉你，但你切不可泄露出去，关乎你大恩人的安危。帮助你的是一个穿着白袍的青年，他专劫富济贫。他来无影去无踪，飞到富户人家，脱去白袍，撮粮拿钱。然后穿上白袍，飞到穷人家放下钱粮，就悄悄走了。但是，那青年一旦脱去白袍，就只会走，不会飞了。"孝子又问如何得遇这白袍青年，好报答他。老者道："这不可能，他不管你是谁，只要你心地善良，孝敬老人，当你有困难时，他就会出来帮助你。"说毕，老者告辞要走，孝子再三挽留不住，只好送行。

不料，就在孝子搀扶老者进家时，财主的家人远远看见，便跟踪而来，心想：他怎么会认识这个老头？后来，孝子扶老者进屋，就悄悄摸到后窗壁下偷听，因此，老者告诉孝子的事，他全偷听到。老者刚走，他慌忙溜回去把偷听到的全部告诉了主子。财主暗暗点头，他恶狠狠地说："原来如此，这几年不知被这妖人盗去多少钱粮。等我捉住你，叫你碎尸万段，方解我心中之恨。"说罢，他叮嘱家人不能向任何人提起此事，要是泄露出去，就要家人的命。

当天下午，财主把所有的狗腿子叫来，如此如此安排一番。到晚上，众家丁各拿兵器躲藏起来。半夜里，果然一个穿白袍者来了。他从厦门飞进来，脱去白袍，装在旁边，就去撮谷子。躲在附近的人看得真切，一个饿狼扑羊，抓住白袍。那人见白袍已被人抢去，大吃一惊，急忙拔腿就跑。躲在四边的家丁急忙追赶。追出村子，追过田野，最后追到一座小山上，那人终于无路可走。霎时，人们把小山团团围住。内中一个胆大的家丁，手擎梭镖冲上去，猛力朝那人刺去，只听"咔嚓"一声，梭镖犹如刺在一种坚硬的物质上，火星四溅，耀人眼目。后面的人忙举火把来照：哪里见人，是个大石头。细细一看，是个石像。这石像右眼下留下一个刚刚被梭镖刺过的窟窿。财主赶到见此情状，不觉惊怕起来，忙叫众家丁回去。众家丁一个个惊恐万状，一窝蜂似的拼命往回逃奔。

后来，这里的人们为了纪念白袍青年劫富济贫，年年给石佛上香敬火。如今，石佛还在，它仍像一个哨兵，不分日夜地巍然屹立着。

新桥

采录：段有鉴
1990年采录于巍山庙街

在巍山坝子中部的庙街地区，有一座横跨在西河之上的石拱桥，名叫新桥。

相传在民国年间，这座桥还没有建造之前，一条西河把营盘、古城两地隔开了。两边的人民来往很困难，尤其是雨天发洪水时，更是无法往来。人们日夜盼望着哪一天能在西河上造上一座桥啊！

据说在新桥附近的一个村子里，居住着一家母子俩。母亲温和善良，儿子勤劳孝顺。母子俩的生活虽不富裕，但小日子却也过得去。母子俩还常接济比自己更困难的乡亲。来他家讨饭的，宁可省吃俭用，多少总要施舍一点。

一天，母子俩刚吃午饭的时候，来了一个约莫六十岁的瘦弱老头，这老头穿着破烂，佝偻着身躯，满脸污垢。他裤脚卷得高一只低一只的，左腿的小腿上生了个大疮，用烂棕皮包着。紫黑色的脓血从烂棕皮里流出来，直淌在脚面上。老头一进门便祈求道："大嫂，给点吃的。唉！我一天都没有吃到东西了。"老妈妈看到老头那可怜相，便很温和地说："你等等，我就给你拿来。"不一会便端出满满一碗白米饭和一碗热乎乎的白菜汤。老头吃完饭，刚要走出门，突然下起了倾盆大雨。老妈妈想：这样大的雨，这老人家怎么经受得了。于是就把他留在家里住下。当天母子俩烧了一盆热水，帮老人家轻轻洗去小腿上的脓血，又找来草药敷上，将他安置在堂屋里。谁知这雨一下就是三天三夜。在这三天里，这母子两人总是细心地照料着老人家的一切，一点都不嫌弃他。老头心里非常感激。天放晴了，老人对老妈妈说："几天来你们对我这样好，让我用什么来报答你们呢？"说着他从破衣袋里拿出一把錾子和一个铁锤，接着说道："我过去曾经学过石匠，为了报答你们的恩情，就随便打个石头留下给你们做个纪念，说不定以后会用得着它。"说完，就从天井中抱来一个石头打了起来。片刻，老人家就把石头打好了，依然放在天井里，便来向娘儿俩道谢辞行。老人家走后，老妈妈也不把石头当作一回事，久而久之，这件事也就不放在心里。

一年后，这个地方要造桥了。开始建造时，地址选在离现在新桥北一里路的地方，但连建两次都没有成功。据说是因为地点选得不适宜，惹恼了小黑龙。小黑龙一怒之下便发起了洪水，连桥墩都被卷走了。后来才移到现在新桥的所在地建造。一天，一个身穿羊皮褂，面色黝黑的山里人背着半升麻豌豆来到了造桥处，他走到记功德的先生面前要求收下他这半升麻豌豆。先生说道："算了算了，谁稀罕你这半升麻豌豆，这里有的是上好的豌豆，看你这样穷就别记了。"来人便说："礼轻仁义重，这半升麻豌豆虽少，但可磨成面随便搅点油粉汤吃吃，也算是我为造桥尽的一点心意。"先生只好指给他倒豌豆的地方，他倒豌豆就走了。第二天麻豌豆却不见了，而且倒的是一粒粒金豌豆，人们立刻醒悟过来，猜测着来人可能就是小黑龙。人们把金豌豆拣出来，装入了金库。

一年又过去了，由于四面八方乡民的大力支持，工匠们的齐心努力，造桥工程眼看快要完工了。绅士们说："以前造了几次桥都被洪水冲垮，一定是妖邪在作祟。这次桥造起后，势必举行踩桥典礼，以镇邪气。"

竣工时，造桥主事选了个黄道吉日，午时三刻举行踩桥庆功典礼。四村五邻的父老乡亲早早地就来到桥头，观看踩桥。当地习俗踩桥一般都是推举一些有名望有权势的人，这些人自然就是地方上的绅士和乡长了。要他们踩过桥后，其他人方能通行。这天天刚亮，桥的两岸就分别由十几个乡丁严格地把守着，不准任何人上桥。此时，只见桥东头来了一位七十多岁的老人。他穿着破旧，腰弓背驼，但两眼却炯炯有神，手里牵着一匹毛驴，直朝桥上走来。守桥的乡丁上前挡住，高声责问："你要干什么？"老人不慌不忙用手捋了一下胡须,说:"我要过桥去。"守桥的头领恶狠狠地骂道:"不行!绅士乡长还没有来踩桥,你就想过桥。你眼睛生在屁股上去了,也不看看这是什么地方?什么时刻?"老人说道:"什么绅士乡长的,桥就是供人过往的,他算什么,乌龟王八,难道他过得我就过不得?"说完老人一翻身倒骑在驴背上,扬了扬鞭,那驴子就从乡丁们的身边一闪而过。说也奇怪,乡丁们刚眨了一下眼睛,那驴子就去到桥的中间了。乡丁们吃了一惊,随即一拥而上挡住了驴头。老头翘翘山羊胡,反诘道:"哦!你们还说不准上桥,可你们都上桥了。"这话惹得乡丁们嗷嗷直叫,话都说不出来。内中有一个满脸横肉的家伙龇牙咧嘴地抡棒就朝老人打来。老人哈哈一笑,扬鞭催驴,毛驴一跃,"咚"的一声,石桥被踩通了一个洞,老头却若无其事地"蹄嗒、蹄嗒"地下了桥。顿时乡丁们吓得魂不附体,半晌说不出话来。守桥的头领跌跌撞撞地跑进了绅士们的帐篷,上气不接下气地说:"大——大事不好了,桥被——老头强行通过,还踩了一个洞。"众绅士正在穿衣系带,一听禀告,一时间慌了手脚,你撞我,我挤你,忘了帽,丢了鞋,乱成一团。只见桥头的众乡丁都面无人色,呆立在那里。还是乡长镇定,把造桥主事大骂了一顿,令他马上赶打一个石头把驴踩通的洞补起来。说完强打起笑容,安慰众绅士不必惊慌,还是回帐篷吃茶休息去。那主事却愁着脸,赶紧召集所有石匠,照着这个桥洞的大小,每一个人都要打一个石头来,打好一个就来试一个。转眼石匠们都拿着打好的石头来补这个洞。结果,这些石头中,不是小了掉下去,就是大了放不下,急得人们抓耳挠腮想不出主意。眼看就要午时三刻了,可被踩通的桥洞还没有补起来,把个主事急得像热锅上的蚂蚁,直咒骂石匠们只会吃干饭。说来也凑巧,正在这时,桥头边村子里的一个小伙子来到河边挑水。他看桥上的人乱嚷嚷的,不知是啥事。当他来到桥头听了事情经过后,又看了看桥面上的洞,皱着眉头一想,便道:"嗯!这洞跟前年讨饭老头给我家打下的那个石头好相似啊!"便对主事说道:"我家院心里有个石头,大小跟这个洞差不多,我看拿来试一试吧,也许能用得上。"有个石匠不耐烦地说:"嗨!这里打了多少石头都不适合,随便拿个来岂能用得上?"又有一个石匠也附和着说:"如果你拿来的石头能用得上,那么狗也不吃屎了。"接着几个爱凑热闹的人七嘴八舌地拿这小伙子开起玩笑来。主事早在一旁听得清楚,他看这小伙子生得憨厚老实,说话一本正经,一点不像开玩笑的样子,就对小伙子道:"好吧,你就把石头拿来试试,假如合适,我们就送你半升金豌豆。"小伙子一听高兴极了,他想这石头要真的用得上，我家往后的日子就不必焦心了。不过他还怕被人戏弄，又认真地问主事："你说的是真话吗？"主事早急得不耐烦了，不高兴地说："快去搬来，有这些人作证，还能骗你。"等主事说完，小伙子就一溜小跑回到家中，不一会他就把那石头搬来了。大家簇拥着他来到桥中间，只见他把手中的石头往洞里一放，不松不紧，将将合适。真可说是天衣无缝了！在场的人们都惊得目瞪口呆，一时说不出话来。主事的看看没有耽误踩桥的时辰，也就说话算话，把小黑龙捐的那半升金豌豆给了他。小伙子拎着半升金豌豆，高高兴兴地回家去了。

事后人们讲起踩桥那天的趣事时，也就讲起那倒骑驴子过桥的老人。老妈妈听了人们讲述的那老头的相貌后，觉得跟两年前来自家讨饭的那老人一模一样。她便把那年老人来他家讨饭留宿和打石留念的经过给人们讲了一遍。大家听了无不夸赞母子俩贤惠善良。并且断定那讨饭的和倒骑驴子过桥的老人就是一个人——是八仙之一的张果老。

再说那母子俩得了金豌豆后，仍然省吃俭用，扶贫济穷。有一天，母亲说："儿啊！这么多的钱财，我们不能独自享受，应该拿出为人们做点好事。"儿子一听也满心欢喜。于是就拿出一半钱财给乡亲父老，一半盖了一座寺庙，就是新桥旁边的这座清平寺。

长寿桥

讲述：罗正周
记录：罗杨奇
1983年4月采录

在麻扎郎通往西河桥的路上，有一座石拱桥，叫长寿桥。

相传麻扎郎有一个叫作罗运通的人，他家里虽然贫寒，却喜欢读书。父亲虽然做过几任小官，但由于十分清正，到头来，只落得两袖清风。

罗运通从小在父亲的严教下苦读诗书，因此长大后才智过人，心地善良。

这一年，罗运通和他的朋友陈玉良上京赶考，路过一条河时，只见有个妇人领着两个孩子在那里哭泣。罗运通对她说道："大嫂，你为什么哭泣？"

妇人看见是两个书生，也就没有什么顾虑，就对他俩说道："我只因命苦死了前夫，今另嫁了一个横蛮之人。这两个孩子都是前夫生下的，现在这男人对我们母子三人十分刻薄，稍有差错，就被打得皮开肉裂。今天他叫我把首饰拿到镇上卖了，买回盐来度日。不料在街上碰到一个骗子，用假银子将我的首饰骗去了，我今天回去必遭他毒打，故不敢回家。"说毕，越发哭得伤心。

罗运通对这妇人的遭遇十分同情，心生一计，便叫那妇人将假银子拿给他看看。那妇人把假银子递给了罗运通，罗运通便暗暗地将自己的真银子换给了那妇人，说道："你的银子原来就不假，不信你看。"那妇人擦干眼泪一看，的确是白花花的真银锭，虽然感到奇怪，但也顾不得追究缘由，就领着两个孩子回家去了。

陈玉良在旁看得真切。待那妇人走后，便埋怨罗运通道："我知道你带的银子本来就少，再给了别人，你的路费就更不够了。"罗运通却不以为然。二人边议论边走，不觉已是黄昏时分，恰巧来到一个小村旁边，忽然罗运通看见路旁的草丛中发出闪闪的亮光，他叫住陈玉良，二人走近草丛看时，只见这亮光是从一个罐子里发出来的。陈玉良端起罐子一看，里面却装着二十锭大银。陈玉良惊喜万分说道："我们把它藏起来，等回来时再取。"于是两人就把银子藏了起来。

两人到京城考过试后双双都落榜。陈玉良自思："如今应试不仅不中还费了许多银钱，罗运通的银子又给了那妇人，如果我的银子拿出来两人共用，岂不是失了大母鸡还要再贴油盐吗？再说路上藏的那罐子如果两人共分，我只有一半，十人偷牛，不如我一人叉鸡。"想到这里，陈玉良找个借口便把罗运通丢在后面，独自一人先走。他急急忙忙来到藏银处抱起罐子一看，银子不见了，他感到十分奇怪，便住下来等着罗运通弄个明白。

这一天，罗运通赶到陈玉良所住的小村子里，陈玉良殷勤地将他领到自己的住处，说明自己就是等着他共同去取藏着的那罐银子。夜晚二人来到藏银处，罗运通端起罐子一看，二十锭大银却一个未少。于是两人各分了一半，各自带着。第二天又登上了回家的路程。

这天，他们正在赶路，天上忽然下起了鹅毛大雪。他俩便来到了路旁的一个亭子里避风雪。看着这漫天飞舞的雪花，两人诗兴大发便吟开了。

陈玉良指着漫天飞舞的白雪吟道："大雪纷纷落地。"

罗运通接着吟道："必是回家瑞气。"

陈玉良又吟道："再下三尺何妨。"

没等罗运通开口，亭外却传来一个粗鲁的声音，道："放你妈的狗屁。"

他们不知是谁在亭外骂人，往外一看，原来是一群叫花子，这群叫花子在风雪中冻得发抖。见到他们在里面吟诗，便咒骂起来。

陈玉良感到扫兴，指着这群叫花子骂道："二世二代你们都还做叫花子。"

罗运通连忙阻住他道："这也难怪他们，穿的这样破烂，如何受得了呢？"说着又把分得的银子取了出来，分给了这群叫花子，叫他们去买衣服御寒。

陈玉良对罗运通这种乱给别人银钱的行动早就不满意，便一甩手走了。

罗运通由于把路费钱给了那妇人，又把拾到的银子给了那些叫花子，来到半路时，钱就用完了，只得"叫花"着回到家里。

罗运通虽然没有考中，但他没有灰心，更加发奋读书，并在家里办了个私塾，一心要用自己学到的知识，为家乡做些好事。

这天，陈玉良正在家里看书，忽然刮起了一阵大风，只见一群雪白的鸽子飞出了他的窗口。陈玉良感到稀奇，便出门来看，见那些白鸽子朝着罗运通家的方向去了。

后来陈玉良发现他的银子不在了，就来到罗运通家，把白鸽子飞走的事告诉了罗运通。

罗运通道："我也曾看见楼里飞进去一群白色的鸽子，待我去看看，是不是你的银子。"

罗运通来到楼上一看，见供桌上整整齐齐放着十锭大银，他就把银锭拿了下来，交给陈玉良。

陈玉良生怕银子再飞来，就用箱子把它锁了起来，并在上面又压了几块铅锭。心想这回你可再也飞不出去了。

可是第二天早上，罗运通又拿着银子来到陈玉良家。陈玉良打开箱子一看，箱子里的银子又不见了。

这回陈玉良感到害怕了，说什么也不敢再收下这银子。他对罗运通说道："财帛有分定，这银子不该是我的，如果硬把它留下，恐怕会招来祸事，你就把它拿回去吧！"罗运通哪里肯听，把银子放在陈玉良的箱子里就走了。

说也奇怪，这十锭大银，今天送回陈玉良，明天又到了罗运通家，这样反反复复，送来飞去，都无法使银子留在陈玉良家。罗运通无奈，心想：我干脆用这些银子来为大家做点好事。

这天，罗运通有事要到城里，他来到村头，只见小河涨水，村民受阻无法进城，有几个因急事冒险过河的，几乎送了老命。

罗运通看此情景，回家后就把银子拿了出来，和村民们一道在村头的小河上造起了一座石拱桥。石拱桥落成后，他亲笔在桥头碑上写了"长寿桥"三个大字，叫石匠把它凿了出来，意思是：但愿人长寿，桥长存。

滴泪桥（彝族）

讲述：忽阿云
记录：杨国琼
1984年7月采录于巍山五印

蒙化城向西通往五印区的途中，有一座天生小石桥，它横跨于滴水箐上面，人们叫它"滴泪桥"。

相传很久以前，有个名叫春花的彝家姑娘，她生得脸似牡丹含露，体如白玉雕成，一双水灵灵的大眼睛犹如十五明月，加上她那乌发上银光闪闪的头饰，更是艳丽迷人。时光匆匆，春花姑娘长到十八岁了，常言道"女大十八变，越变越好看"。多少小伙子登门求亲，但都失望了。她两年前已与苗家山寨青年猎手阿贵相好，但是双方寨主严守族规，不许异族通婚，若要通婚，须在滴水箐上面架起桥，然后才准从桥上领走姑娘。

冬月初六，阿贵与春花订下终身大事，双方父母都万分高兴。天真无邪的阿贵和春花，带着丰盛的彩礼来向彝家寨主求亲。拜毕寨主，阿贵开口道："寨主，我与春花姑娘相好多年，今与她订下终身，我们愿相依为命！按彝家寨规特来求见主人，请你成全我们。"睡在虎皮炕上吸大烟的寨主，用醉眼干睖了一下阿贵，当他转个头来发现如花似玉、妩媚动人的春花时，顿时如痴如醉，垂涎三尺，他欣喜地跳下炕来，向春花步步逼来。春花看着荒淫无耻的寨主，像受惊的小鸟，忙躲在阿贵身后。蓦地，寨主号叫起来："呸！异族人竟敢私下与我寨女子定亲，触犯族规。你要领走姑娘，三天之内在滴水箐上面架起桥，否则领不走姑娘，还要判你破坏族规之罪，砍头示众。"说毕，把阿贵赶出寨门。

滴水箐万丈深渊，水急波涌，在它上面架座桥，谈何容易，不要说三天，就是三十天、三百天也难以如愿。但忠厚、勇敢的阿贵为了娶到心爱的春花，为了让更多的异族青年从桥上领走心爱的伴侣，就是牺牲自己也要造桥。乡亲们被感动了，都和他抬石头，砍木头，帮他架桥。可是，那一望无底的滴水箐，就是神工鬼斧也无法在三天内架起一座桥来。

转眼便是第三天晚上，阿贵被吊在树上，口里无力地喊着："春妹啊……春妹！"阿贵多么想在死前看一眼自己的心上人！可是，连这可怜的希望都破灭了……远方被囚的春花，只有贴着窗户翘首寻望。她仿佛觉得阿贵那雄壮、魁梧的身影时时在眼前晃动，好像对她说："春妹，永别了，我多想你啊！"她颤抖的双手抓住窗棂，向滴水箐的方向大叫："贵哥，你在哪里？"这时箐边的阿贵也在狂呼："春妹，你在哪里？"他们的声音在夜空回荡……这时，阿贵的头被寨主砍了挂在箐边示众。

冬去春来，大自然又复苏了，到处是一片花红柳绿的景色。春花茶饭不进，面色憔悴，一个秀丽多姿的姑娘被折磨得如暴风雨中的牡丹，快凋谢了。

三月初十，寨主上门逼春花为妾。不畏强暴的春花姑娘据理抗争。寨主怒吼道："小女若不从命，全家斩绝。"操守贞节的春花姑娘听到此言，犹如晴天霹雳，在她心中炸开了。她望着呆若木鸡的父母，心都碎了。为了保全全家，春花姑娘开口道："成亲那天，我要全身披白，花轿经过箐边时，我要为阿贵哥化纸钱，告慰亡魂。"寨主怒道："小贱人，我俩成亲是大喜，怎能披麻戴孝？"春花姑娘拿过剪子就要自杀，寨主吓了一跳，一边抢剪子，一边哀求道："慢，慢！我答应，我答应！但你要里面穿红，箐边化完纸钱，脱去孝服，跟我享福去就是了。"

一晃三天过去了，寨主家中，人欢马叫。一大早，迎亲人马吹吹打打来到春花家。春花姑娘全身孝服，脸色发青，目光呆滞，手提纸钱篮，从绣房里走出。乡亲们看她这个样子，个个心如刀绞，纷纷簇拥着她出了家门。春花睨了睨那得意忘形的寨主，冷笑三声，坐进花轿。

刚要起程，蔚蓝色的天空，突然乌云滚滚，大雪纷纷。迎亲人马来到箐边，新娘忙命停轿。春花姑娘走下轿子，向阿贵死的地方拜了下去，大叫道："阿哥，艾路达……阿哥，艾路达！阿啦萨，阿啦萨！"①一纵身随着雪花落入深渊。迎亲人马大惊失色，还来不及细看，突见箐两畔斜峭的山岩猛烈跌塌，天空中电闪雷鸣，一阵山崩地裂，迎亲人马纷纷落入深渊。山岩突然火光四起，照红了半边天空，持续很久，才慢慢烟消云散，一座玲珑的石桥架在滴水箐上。这时，掠过一道闪电，只见一对情侣乘着彩霞双双从桥上升起，向远方飘去。乡亲们高声叫道："阿贵……春花……"只

---

① 艾路达：彝语"等等我"；阿啦萨：彝语"我来了"。

见他们回过头来,微笑着挥手向乡亲们告别。转眼只见又出现两条小溪,刚隔一步路,像人眼一样平列着,水从小洞里一点一点地流出。人们望着小溪,亲切地叫它"一步路两条箐"。人们为了纪念春花和阿贵,把桥取名为"滴泪桥"。

日复一日,年复一年。不管风吹日晒,这石桥总是纹丝不动。人们耳边还仿佛不时听到"阿哥呢泥妈吃泥妈①"的喃喃自语声!

双龙洞(彝族)

讲述:只尾重 彝族
记录:赵树卫 白族
2001年采录于巍山紫金

在紫金乡中上村的西北隅,有两棵高大的树,大树下有一块大石头。石头的左右两边有两眼清泉,喷涌而出,然后合二为一。泉水清凉可口,世代哺孕着中上村村民,人们把它称作"双龙洞。"

那是在很久很久以前,双龙洞不叫"双龙洞",而叫"许愿泉"。此泉最大的好处是能满足人们美好的愿望。只要人们有美好的愿望就去那里许愿,有年轻人求婚的,有老年人求寿的,有妇女求子的……但凡是许愿的都能得以实现。由此,中上村人就把它称作"许愿泉"。中上村人在双龙的保佑下,过着安居乐业的生活,来许愿的人熙熙攘攘,热闹非凡。

大石下住着龙王和龙子。龙王有颗龙珠,在空暇的夜晚,常和小龙戏珠,此时,村民们会看到万道霞光从许愿泉升起,把中上村照得如同白昼。传说龙珠被凡人吃了以后,可以养身护体、除祛百病甚至长生不老。但人们谁也不愿去取那颗龙珠,他们希望双龙长生不老,永葆中上村人幸福安康。这种平静幸福的生活过了很久,突然有一天中上村来了一个和尚,自称能妙手回春。事情这么凑巧,第二天,村南张大牛的儿子清早起床就哑了,张大牛一时慌得没办法,只好来请和尚治病,和尚看了病情,把了脉之后摇摇头说:"你的公子被病魔缠身,不及时医治将有生命之忧,贫僧法力虽厉害,但这病魔并非一般妖魔鬼怪,贫僧也无能为力了。"张大牛一听急坏了,急

---

① 阿哥呢泥妈吃泥妈:彝语"阿哥阿妹心连心"。

忙邀请和尚和他一起去许愿泉许愿，祈求龙王保佑儿子除去病魔。和尚说："许愿倒也是好事，但张公子的病不是许愿就能好的。此病须用龙王的龙珠来治，就怕龙王不给，不过为救张公子的命，你也只得如此……"接着在张大牛的耳边说了一番悄悄话。

第二天夜晚，和尚和张大牛来到许愿泉，和尚躲藏在大石后面，张大牛在洞前装着许愿的样子，一会儿，一道霞光升起，龙王抛出龙珠，正当小龙张开嘴巴去接时，张大牛一跃而起，双手捧住龙珠，顷刻间，一声巨响，龙珠化为一段清水，龙王的洞穴也崩塌下来，许愿泉变得一片黑暗。

第三天清晨，有人去许愿时，意外地发现大石后面多了一棵没有枝条的大树。据说这是神为了惩罚和尚作恶，让他变成秃树守护小龙，大石前面也多了一棵，它的树枝全伸展在大石头上，那是正用手接龙珠的张大牛变成的。由于失去了龙珠，龙王再也不能保佑人们，人们许的愿也就不灵了。但是到这里祭拜的人还是很多。为了纪念龙王对村民的帮助，人们把"许愿泉"改为"双龙洞"，并把这个故事一代一代讲下去。

藏金洞和垅圩山（彝族）

讲述：字希 彝族 60岁
记录：李建周
1999年采录于巍山前新村

相传细奴逻刚任蒙舍诏主不久，边境时常发生战争。有一天细奴逻带领兵将，打了胜仗回宫，路过歪角河，忽然从密林中跑出来一头三条腿的白牛。兵勇忙张弓搭箭，可那白牛虽然只有三条腿，却奔跑如飞，一溜烟跑进了"三鹤洞"。猎犬在后边尾随着紧追不放，也追进洞去了。细奴逻和随从跟着来到"三鹤洞"，下了马，往洞里查看，可里边黑洞洞的，除了泉水"叮咚，叮咚"声音外，别的一点动静也没听到。细奴逻还想往里看个究竟，谋士忙上来奏道："诏主止步，我看这洞寒气逼人，阴森可怕，想必会有妖魔。再说这白牛是个罕见之物，它早不现，晚不现，偏在此时此地出现，又跑入洞中，骗我猎犬，引我主进洞，我主身为一诏之主，这事须得提防。"细奴逻听了，犹豫片刻，觉得谋士言之有理，便出洞上马起程。

一路上，苍松翠柏，溪水潺潺，百花争艳，百鸟赛啼。细奴逻无心观赏这山中景色，顺着主公山挥鞭催马赶路。他心中觉得今天的事确实有些蹊跷，加之近月来，边境不断发生战争，为了抗击外侵，细奴逻几次想大量招兵买马，修建城池、营房，但因连年大旱，收成不好，粮草不足，因此，细奴逻虽多次同谋士商议计策，但都无济于事。为这事细奴逻整日吃不香，睡不好。走着，走着，时近午后，细奴逻和众兵将来到大平地。赶路一天，人困马乏，细奴逻传令在大平地下马休息。

随从侍候诏主进帐歇息，兵勇提桶到山下的"滴水洞"去提水饮马。

"滴水洞"在大平地西首的苦竹地下边。洞的上头有一堵似刀劈斧砍过的岩石，岩石缝里浸出无数晶莹的小水珠，从早到晚"叮咚，叮咚"往下滴。滴水汇积成流，流到一个五尺见方的泉坑里，人们就把这泉坑叫"滴水井"。井水终年清凉，暴雨不涨，久旱不枯。人们只觉这井水清凉可口。附近村民和过路游客总是免不了要到"滴水井"喝个够，可谁也不知道"滴水洞"有多深，里边有何奥秘。这时兵勇们来到"滴水井"，刚打起一桶水来，忽见"滴水洞"中跑出一条狗来，细看竟是上午追白牛跑进"三鹤洞"未出来的猎犬。大伙好生奇怪，忙呈报诏主。细奴逻带领随从进洞查看。可这"滴水洞"和"三鹤洞"一样没有任何疑点和动静。正准备出洞上马，忽从洞的深处走出一个身穿白袍的老人，只见他手拄拐杖，竟向细奴逻走来。细奴逻想到，兵马所在之地，一般人不敢接近，这人不凡，竟如此大胆。但又一想，他是从洞中出来，想必是什么仙道，或是妖魔。忙吩咐左右提防。那白衣老人走到细奴逻跟前，捋了捋白胡须，微笑着用手中那根龙头拐杖，敲了敲脚旁的一堆乱石，一言不发，带着慈祥的微笑走出了"滴水洞"，朝大平地走去。等大伙回过头来看时，只见洞中金光闪闪，到处是金砖银块，奇花异草。谋士在一旁见此情景，惊喜地向细奴逻奏道："我主洪福也！上午在三鹤洞见到的那条白牛，是玉皇大帝之妻来蒙舍诏开金矿，住在'三鹤洞'，临走送给洞主——本境龙王的一条金牛。眼下我主招兵买马，缺少银钱，就把它赐福于蒙舍诏。我看那老人，想必就是本境龙王。"

细奴逻听了，忙拱起双手，追出洞外，要向老人道谢。只见那老人在大平地上迂回走动，少顷，上空移来一朵祥云，老人按下云头，腾空而起，云雾中一条白龙时隐时现，霎时在大平地上空降下雪花。细奴逻感激不尽，下令在大平地打歌唱调，杀猪宰羊，祈祷白龙现身，并赐金银给蒙舍诏臣民。

再说细奴逻把"滴水洞"里的金银驮运回宫，四处招兵买马，操练兵士,修建营房,加之连年风调雨顺,蒙舍诏逐渐强大起来,成为六诏中最强盛的一诏。为了纪念白龙现身赐福给蒙舍诏,细奴逻吩咐把"滴水洞"改叫"藏金洞",大平地改叫"垅圩山"①。据称,到皮逻阁执政时,皮逻阁在垅圩山上盖了松明楼,请五个诏主前来祭祖,用计烧死了五个诏主。附近村民又习惯把垅圩山叫作火把山。

龙眼田

讲述:西窑乡老农
记录:张家全
1986年7月采录于巍山青华

在青华西窑村下约两公里的地方,有一丘环形田,和几丘被它围在中间的弧形田连起来像一只龙眼睛,人们便把它叫作"龙眼田"。

相传很古的时候,距西窑几十里以外的一座大山里,住着两位年近花甲的彝家老人。他们无儿无女,生活极为困苦,家中除养有一匹很瘦的瞎眼马外,几乎没有一件像样的家具,吃的是山茅野菜,住的是茅草窝棚。尽管如此,他们每天还得走几十里山路,把瞎马牵到西窑下面的一块草地上放牧。这草地常年草青芽绿,地中央还有一潭清幽幽的水呢!

说来也怪,那马除了这块地里的草和水外,其他什么也不吃。更稀奇的是,通往这块草地的路,它绝不会走错。而老两口总是每天都按时把它牵到这里来,不管多辛苦,他们也从来没有怨言,反而把马当作心肝宝贝。仿佛没有这马,他们就不能生活一样。就这样,彼此相依为命,度过了无数个春秋。

却说一年春天,老两口相继生了重病,生活几乎不能自理。为了马,他们便带了干粮,离家住进了草地。有一天,老头子忍不住对白马说道:"白马呀,白马!我和老伴活不了几天了,我们死后谁来养活你呀?"说来也巧,就在这天,一个衣着破烂的老头路过这里。当他看到那匹马时,竟然如获至宝,一开口就给了高价要买马。老两口虽病得爬不起,怎么也舍不得把马卖掉。

---

① 垅圩山:又名垅圩图山。距巍山县城北三十五里。昔南诏(蒙舍诏)主细奴逻初建城于山上。后为蒙化土知府祖宅祖坟所在地。今有垅圩城遗址、松明楼遗址等名胜古迹。

然而,老天往往与人作对。原来,这人是皇帝派来的钦差,此行就是专为皇上到全国挑选龙马的。千里迢迢,跋山涉水,不知走了多少路程,今日才找到一匹像样的马,怎能不使他高兴呢?他亮明身份,说买马是皇帝的旨意,谁也不得违抗。既然他选中了这马,就得让他牵走。"龙马只配皇帝骑。"钦差说,"只要同意卖,要什么给什么。"老两口有何办法呢?他们虽像卖自己的亲骨肉般难受,但不卖也得卖呀!为此,他们的病情也随之加重了。

　　人们常说:"车到山前必有路。"可老两口遇到这种事,他们还抱有什么指望呀!当钦差问他们有何要求时,他们只想到,死后能有一张羊皮裹尸就算了。便随意答道:"我们只要一张羊皮。"说者无心,听者有意,钦差以为他们要的是羊皮圣旨,便根据自己的想法回报了皇帝。皇帝急于得到龙马,当即就发了一张羊皮一样大的圣旨,并给了他们一些银子。

　　那"羊皮圣旨"到了老人之手,钦差正要去拉那匹正在草地中央喝水的白马时,突见一团不知从何处飘来的白云把那马罩住了。朦胧中只见那匹瞎马"刷"地变成一条蛟龙,在云雾中飞腾上了天,当钦差从惊恐中清醒过来时,看到那马起飞的地方变成了像千百个蜗牛一样的"龙眼田"。那龙眼珠里还冒着一股股清泉呢?

　　钦差就这样眼巴巴看着那马变成蛟龙飞上了天,而老两口因得到"羊皮圣旨"和银子,生活一天天好了起来。奇怪的是,从那以后,他们的病也就自然而然好了。人们说,这是那马对他们的报答。老两口后来的生活无比安乐,如果缺什么东西,只要到龙眼田烧一炷香,就会从田心里冒出来。他们的寿命也很长……

　　从那以后,每当人们看到那丘形状奇特的龙眼田,就会讲起这古老的故事,看着那从"龙眼珠"里倒映出来的星星,便说道:"小白马出来了!"

发油箐

讲述:张国英 73岁
记录:张雄
1981年1月采录于巍山永建

　　在蒙化县瓜江之畔,后庄村旁有一座草豹山。顺山而下有一条小箐,远远望去真像一把油壶倒在地上。

传说很久以前,这像壶口的箐门口能流出手拇指粗的一股油来。它终日流淌,源源不断,能供够附近村寨的人食用,所以人们就把这条箐取名为发油箐。每天早上大家都来这发油箐里取油,但有一条规矩,这里的油只能自己食用,不准到街上出售,谁要违背了这条规矩,就会得到应有的惩罚。

离发油箐不远的一个村寨里,有一家叫作王贡爷的财主,他家里有良田百亩,牛羊千只,过着花天酒地的生活。这王贡爷是一个人面兽心、狡猾毒辣的家伙,人们送他个外号叫"王狐狸"。有一天,他知道发油箐里流出来一股香油的消息后,那贪婪的口水早垂得足有三尺长。他朝思暮想,要把这条发油箐霸为己有。这一天他带领着众家丁,坐着八人抬的大轿来到发油箐,只见一股清汪汪、亮晶晶的香油正源源不断地流出来,人们正依次轮着接油。王贡爷马上令家丁赶快回家去抬些大油瓮来取油,又叫管家急速写出告示,派人四处张贴。告示里写道:"此箐乃是我王氏宗族祖茔之脉气所成,箐旁山上有我王家祖先坟墓,理应归属我家所管。即日起,任何人不得再来此箐取油,违者严加惩办……"告示贴出后,人们怨声载道,都恨透了这王贡爷。

再说自从王家霸占了发油箐后,周围村寨的百姓因吃不上油,个个面黄肌瘦,皮包骨头。而王家却开了个大油铺,把发油箐接来的油高价卖给人们,牟取暴利。王贡爷总想让发油箐多流出些油来,以满足他贪得无厌的胃口。他想出一条妙计,指使众家丁用锄头和铁棍挖大那出油处的口子。结果家丁们越挖,流出来的油却越少,到最后连一点油也流不出来了。王贡爷就气急败坏地令家丁们往山肚里挖,突然天空乌云翻滚,雷声大作,转眼间瓢浇桶倒似的大雨倾泻下来,草豹山上的山坡上杂着泥沙树枝向王贡爷和众家丁冲刷下来,王贡爷躲闪不及,被洪水冲到瓜江里一命呜呼了。发油箐至今还在,但自那以后就再也流不出一点油来了。

二月八的来历（彝族）

采录:段有鉴
1988年采录

二月八是巍山彝族人民传统的盛大节日。这一天,彝族老少都穿上他们最喜爱的服装,欢天喜地聚集在一起打歌对唱,十分隆重。

相传从前,在今巍山西边的漾江边上,有一个美丽的彝家村寨,这个村寨里有一个老人名叫咪苦。咪苦生性耿直淳朴,心地善良,一生喜欢帮助人们,在钱粮上他也毫不吝惜,宁可自己不吃不用,也要周济乡亲。他虽没儿没女,孤身一人,可他最喜欢寨里的孩子。咪苦给他们讲故事,教他们找蘑菇,摘野果子给他们吃。他家里只有一头牛、一只羊,生活甚是贫寒,全寨人都很敬重他。

他在离寨头二三里的山坡上开得一块火山地,后来觉得来往费力气,他干脆独自一人牵起牛羊,在地头间搭起了个窝棚,就在这里吃住耕作。

有一年农历二月初八中午,烈日当空,太阳烤得人们直流汗。咪苦正在地里干活,忽一抬头看见几只斑斓猛虎正朝寨里走来。咪苦见了不觉大惊失色,虽说这深山老林豺狼虎豹时常出没,但都不敢进寨。今天斑斓老虎却下山来了。这时节活计正忙,耕地又离寨较远,大人们都忙着种苞谷去了,家里只剩一些不懂事的小孩,如果老虎一进寨,孩子们定会遭殃,必须救他们去。但又想:我一个人怎么斗得过这几只饿兽呢?急得他跺脚搓手,一时没了主意。此时他身旁的牛看见老虎后,也吓得乱蹦乱跳。咪苦急中生智,事不宜迟,就这么办。于是,他拿起赶牛棍使劲抽打那牛,一边高声吆喝着,牛挨了打就拼命地逃窜。老虎听到声音,停住脚步。当看见半山坡上跑着一头牛时,就一起向牛冲去。咪苦边跑,心里在喊:快呀!快呀!当他跑到寨口时,早累得气喘吁吁了。他回过头来一看,只见老虎早把那头牛撕吃得一干二净,又向寨里走来。咪苦再看看身后的羊,已被拖死了。他心如刀绞,但救孩子要紧,就急忙把死羊拴在寨口那棵大青树上。心想:这只小羊还填不饱那几只老虎的半个肚,怎么办?看看路两旁都长满了很多树木,他就拿出随身带的砍刀把枝砍下来将大路栅起,争取时间,好让孩子们跑出寨去找到大人们。他一边奋力砍着路两旁的树枝挡路,一边向寨里高声大喊:"孩子们赶快跑啊!老虎来了!"

这时寨里的孩子们正在场上戏耍,有的爬在树上,玩得正起劲呢,忽然听到咪苦老人的喊声,都停住了戏耍、呆头呆脑地站在那里。爬在树上的孩子向远处一望,果真看见几只老虎向寨里走来,忙跳下树来,招呼大伙快跑,口里也喊道:"老虎来了。"于是,这些小伙伴们就一个劲地向寨外跑去。

咪苦边砍树边向后退,不住地高喊:"孩子们快跑!快跑!"这时老虎已把挂在树上的羊吃完了,远远看见一群跑着的小孩,一个个眼放凶光,咆哮着向孩子们扑来,把栅路的树枝撞得"咔嚓咔嚓"直响。此时咪苦已是筋疲力尽了，两背酸疼难忍，双腿像坠着大石头似的艰难地向寨口挪动着。这时老虎离咪苦越来越近了，咪苦没有表现出半点畏惧，心想：只要孩子们得救，我这老骨头就是被老虎啃了也心甘。他振作了一下精神，捏紧砍刀站在寨口的栗树下，眼看着猛虎在一步一步地向他逼近……

在地里干活的人们听到孩子们的喊声，纷纷丢下家什，操起箭弩向寨里跑来，只见老虎正撕吃着咪苦，弓弩手忙张弓搭箭，"嗖嗖嗖！"雨点般的利箭直向老虎射去。老虎受伤号叫着，在地上乱蹬乱滚，不一会儿都直挺挺地躺在地上死了。

人们来到栗树下咪苦老人的身旁，全寨的老幼无不痛哭失声，孩子们得救了，可咪苦为了孩子们，却献出了生命。人们想到咪苦平时对人的好处，更是哭作一团。全寨的人怀着沉痛的心情，用了三张虎皮把咪苦老人的尸体裹起来，在栗树下挖了一个坑，把咪苦老人的尸体葬在栗树下，并把这棵栗树叫作咪苦树。

每年每逢农历二月八这天，人们就把所有通往寨子的大路用树枝栅起来，杀一只羊在寨头的大青树上拴起来，宰一头牛献在咪苦树下，祭奠咪苦老人。

清明节插柳的来历

采录：李永英 女
1988年采录于巍山大仓

杜文秀起义失败后，清军奉命来血洗蒙化。清兵的头子杨大人这时突然想起了他的救命恩人柳青是蒙化人，而且还参加过起义，如果派兵血洗蒙化，柳青肯定性命难保。就暗中使人叫柳青在家门上插上一枝柳枝，在近几天内不要出门。他又命令官兵说："门上插柳的人家不可进。"

柳青接到杨大人的密告后，就去通知大家也在大门上插柳。柳青跑遍蒙化所有的村庄。等官兵来到蒙化时，见家家门上都插着柳树枝条，就不敢杀人。

清明这天，杨大人要把柳青请去当官，柳青不肯，跑进山箐沟里躲起来。杨大人就叫人把山烧着，他认为只要火一着，柳青就要出来的，谁知等到一座山都烧光了，柳青还是没有出来。后来在一棵大柳树下找到了柳青的尸体。

从此，人们为了纪念柳青，就把这种柳树叫作清明柳。每年清明节，蒙化城家家门上都要插上这种柳树枝条，来纪念柳青挽救蒙化的功德。

尝新米饭先喂狗

采录：宗师纪
1984年采录于巍山庙街
流传地区：巍山古城

相传早先有一位神通广大而又心地善良的天神。有一天，天神忽然发现地面上生活着一些奇异的小动物，引起了他的兴趣。他看见这些不平常的小生命，顿起怜悯之心，就把他珍藏了多年的宝贝——稻谷种子赐给了他们，还留下天牛天狗。天牛供给人们犁田，天狗为人们看家。从那时起，人们就开始种植稻谷了。

那时由于人烟稀少，土地肥沃广阔，再加上天神给人们安排了风调雨顺的好年景，人们种的稻谷连年获得了好收成。所以，牛吃谷子狗吃饭，人就更不必说了，连白米饭都吃厌烦了。有部分人就成天想着如何用米做出更好吃的东西来。他们整天想啊，想啊，有一天，有个聪明的人，终于想出了个好办法。把煮熟的白米饭放在碓窝里拼命地舂，舂着舂着，这白米饭就变了模样，变成了细润光滑、浸浸润润的饭团子。后来人们把这种饭团子叫作饵块。这饭团子不仅烧煮简单，携带方便，而且吃起来香甜可口。这个方法很快就被人们掌握了。大家舂了很多这样的饭团，每逢到田里去干活的时候，总要带上几个当午饭吃。天神看到人们在他的恩赐下过上了好生活，特别满意。

不觉又到了栽种稻谷的时节。一天晚上，突然下了一场大雨。第二天，当人们带着饭团到田里去栽秧时，看到田口子全被水冲开了，田里的水正往外流。于是有几个人就毫不吝惜地把饭团塞入田口子里，不让水再往外流。

这时，天神正好路过。他看到人们的这种做法，直气得头发胡子都竖了起来，牙齿咬得"嘎嘣嘎嘣"响。他想一定要狠狠教训教训这些造罪造孽、糟蹋米粮的坏东西。

日子一天天地过去了，田里的稻谷也渐渐成熟了。一天晚上，正当人们睡熟了的时候，忽然一个炸雷把房子都震得摇晃起来。接着橄榄大的冰雹，铺天盖地地打下来。谷粒全部打落在地。天神还没有解胸中之恨，又大显神威，呼风唤雨，转眼间大雨滂沱，瓢浇桶倒似的倾泻下来。这一场大雨直下到天亮方才停止。这时山洪推着滚石泥沙，从山里咆哮着冲下来。房屋被冲倒了，被冰雹打落在田里的谷子全部被冲走了，人们只好逃到了山上。大家看着一片汪洋大海似的坝子，难过极了。人们想道：房屋冲倒了，可以重新盖起来，可是谷种都没有留下一颗，以后将怎样过生活呀？大家越想越急，越想越伤心。这时只见一头老牛和一只小狗正吃力地向他们游来。它们好容易才游到人面前。老牛喘着粗气，小狗抖着身上的水，并摇了摇尾巴。只见从小狗的尾巴里，掉出了几十颗金黄的谷子。人们顿时高兴起来，把谷粒一颗不漏地拾起来认真地保存好。

洪水渐渐地退了下去，人们带着小狗和老牛又回到了原来的地方，重新盖起房屋，并认真地把那几十粒谷种种在最好的地里。不几年后，这几十粒谷种又发展成了大片的稻田。

人们为了感谢小狗保留下了谷种，所以每当尝新米饭时，总是要让狗先尝。让它吃饱后人才能吃。而老牛在这次大灾难中，没有立下什么功劳，所以就没有资格享受和小狗一样的待遇，只让它吃糠和稻草。

直到现在，尝新米饭要先喂狗这习俗还一直保留着。

打秋千的传说（彝族）

采录：李建周
1984年采录于巍山城西

相传很早很早以前，在蒙化西面有条小江，江里有条黄龙。黄龙有个独生女儿，这小姐整天住在金石玉柱的水晶宫里，感到非常寂寞。她常常背着父亲游出水面，享受人间自然风光。每当她出来游玩时，总是看见江边的山坡上有一个小伙子，赶着羊群吹着笛子。那优美动听的笛声，回荡在三山五岭之间。姑娘常常贪婪地看着他放羊，听他吹笛子。

一天，姑娘又游出水面，可怎么也看不到小伙子的羊群，听不到他的笛声。她在江边寻找了一会，忽见那小伙子坐在江边上伤心地哭着。姑娘感到奇怪，她摇身一变，变成个美丽的彝家姑娘。她走到小伙子跟前，问他为何伤心。那小伙子告诉姑娘，他叫阿三，家住江边，离这儿不远。六岁上死了妈，七岁上又亡父。从此家中再无亲人，只好去帮一财主放羊，混口饭吃。光阴如流水，一晃十年过去了，阿三不知为老财主放大了多少只羊，从没出过差错。可狠心的老财主却从来没给过阿三一文钱的工钱。前天忽然少了一只羊，老财主知道后，限他三天找回，不然赔银二十两，今天已是第三天了，阿三只找到一只羊脚，原来羊被狼吃掉了。阿三到哪里去找银两赔老财主，他走投无路，只好坐在江边哭。姑娘留心地看了看阿三的模样，只见阿三上身羊皮褂，下身破裤子，头戴破毡帽。穿得虽不好，但却生得眉清目秀，五官端正。姑娘很同情阿三的不幸，给了他二十两银子，叫他回去赔老财主。阿三感激不尽，发誓终身相报。

从那以后，只要江边一响起笛声，姑娘便出现在阿三面前。她俩一面放羊，一边在欣赏山乡的美景。阿三还经常给姑娘讲一些人间故事。天长日久，他们相爱了。姑娘不但从阿三那里懂得很多做人的道理，还看到了阿三有一颗善良正直的心。就这样，他们每天在小江边上唱呀，吹呀。歌声使江水停止了流动，笛子吹得羊群忘了觅食，连老气横秋的乌龟也赞赏地伸出脖子来偷看这一对恋人。

可是好景不长，这事被黄龙知道了。他把女儿怒骂了一顿后，投入深宫。然后派兵将把阿三打死在照壁山上，以为这下可了事了。但粗暴的黄龙哪里知道，忠实的爱情是任何力量也毁灭不了的。女儿虽被关在深宫，人间水府两相隔，可隔不住姑娘一颗纯洁的心。她日日夜夜想着阿三，整天汤水不进。黄龙以为她病了，请来了四海神医，可女儿吃人参不灵，灵芝无效。黄龙急了，因为他就只有这一个独生女，好比掌上明珠呀！

一天，黄龙无奈，只好对女儿说："只要你的病能好，你要什么我都给你！"说着端来了些金银珠宝，叫女儿随意挑选。可女儿却望也不望，只是苦苦央求父亲，要见见阿三，她的病就会马上好。

黄龙阴险地奸笑了几声，答应女儿的请求。

这天，姑娘收拾了一番，高高兴兴地跃出水府，上了岸。左等右等不见阿三来放羊，左听右听听不到阿三的笛声。她放声大叫："阿——三，阿——三！"可回答她的只是"哗哗"的江浪，怒吼的林涛。姑娘走上山坡，等了三天，不见阿三的影子。又叫了三天，没听到阿三的回答。这时黄龙走上来冷笑了几声，说："你就死了那份心吧，你的阿三早被我打死了，跟我回去吧！"

姑娘一听，好似晴天霹雳，瘫在江岸上，放声大哭。只哭得山摇地动，最后昏了过去。黄龙一向脾气暴躁，稍不如意，便呼风唤雨，打雷闪电。可在他的娇女面前他是百依百顺，和气无比。他好心地劝说女儿，但说破了嘴皮，女儿一句不听。最后他只好使出绝招，对一个部将说："干脆用赶山鞭把照壁山赶走。让小江通到阳瓜江，把阿三的尸体冲到南涧去。从此就能彻底消除小姐的心病。"不料这话却被刚刚苏醒过来的姑娘听到了。她知道父亲这样一做，住在这里的一些人家就全完了，还有阿三的灵魂也得不到安宁。她想了一会儿，想出了一个妙计。她哭闹着央求要看看阿三的尸体，黄龙答应了。只见她走上高坡，擦干泪水，朝照壁山看了看，转身对父亲说："这里地势太低，给我搭个秋千架吧！"黄龙忙吩咐虾兵虾将砍来了四根大松树，稳稳地把它栽在山坡上，又在上面拉上些藤条。姑娘爬了上去。看了一阵，又对父亲说："前面的山太高，挡住了我的眼睛，遮住了阿三的尸体，把赶山鞭拿来我用用吧。"

提到赶山鞭，那是黄龙修造千年才得到的唯一法宝，有它在手，他就是一条真龙，离开他的身，他还不如一条黄鳝。多年来，黄龙拿着那赶山鞭，任意呼风唤雨，赶山走石，不知破坏了多少树林，夺走了多少人的生命。善良的黄龙姑娘，对父亲的那种缺德做法，早有看法，只是不敢说。

黄龙听说女儿要用他的赶山鞭，比挖他的心还疼，迟疑了半天，对女儿说："你在上面指点，我给你赶吧。"

姑娘听了，撒娇地说："我就是要自己动手，你不给我赶山鞭，我就要跳下来摔死了。"说着就要往下跳。黄龙见了，吓得面如土色，连忙把赶山鞭递给女儿。姑娘拿到了赶山鞭，一鞭赶掉了拦在眼前的一堵小山，看见了阿三的尸体，又往后一鞭，黄龙和他的虾兵虾将还没弄清是怎么回事，便和泥土一起埋进了万丈深渊。然后，姑娘从高高的秋千架上纵身一跳，跳到对面的照壁山上摔死了。这天正好是大年初一。

从此，照壁山周围的人们，每逢大年初一，都要用四根笔直的大松树搭成秋千，一些青年男女爬上去，尽情地玩耍。他们是在纪念黄龙小姐忠贞的爱情。中年人和一些老年人则在秋千周围煮酒、煮汤圆，他们是在纪念黄龙姑娘为彝家山寨除害。从此，彝家山寨在大年初一打秋千的习俗，就这样世世代代传下来了。

把斋节的传说（回族）

采录：左和玉 女
1987年采录于巍山大仓

相传很久以前，一队来自阿拉伯国家的伊斯兰教徒，为了同中国进行文化交流，要把《古兰经》传授给中国。他们不辞辛苦，跋山涉水，进入了大沙漠。

这天,他们走着走着,突然狂风四起,风声怒号,霎时间,整个沙漠一片迷茫,他们只好停了下来,蒙住眼睛等待大风停止,过了两三个钟头,风才停了下来。他们抖掉身上一寸多厚的沙灰,定睛一看,啊!沙漠变样了,刚才连成一线的驼驼足迹已无影无踪,稀稀疏疏的沙丘变成茫茫一片。哪方是东方,自己面对着什么方向?也无法辨认了,他们迷路了。

怎么办?看看背在背上的《古兰经》,想想分别时教主的嘱咐,他们仿佛有了力量,心中有了一个共同的念头:把《古兰经》传到中国!于是他们开始寻找走出沙漠的道路。每天天不亮就爬起来吃点干粮喝口水分头去寻找出路;天黑他们才会聚拢来。可一连几天仍然没有一丝走出沙漠的希望,又一次精疲力竭地倒在沙漠上。一天又一天,教徒们已在沙漠里转了二十多天了。这天,他们照例顶着星星吃下了最后的一点干粮,又继续寻觅路径。不到吃早饭的时候,一个火辣辣的太阳在头顶上龇着嘴逼视着沙漠,沙漠成了一个火海,他们连成一线朝着一个方向艰难地行走着。饥饿、干渴、疲劳,无情地袭击着每一个教徒。"扑通",其中一个跌倒了,同伴把他扶了起来。领队的拿出仅有三杯多的水囊,凑近跌倒了的那个同伴的嘴边,他喝了一口水后,慢慢地睁开眼睛,看着经书吃力地说:"真主,原谅我,你的教徒没有实现你的愿望。"然后翕动着干裂的嘴唇倒了下去,再也没有站起来。

他们对着躺在地上的伙伴默默地站了许久,领队的带着大家起誓道:"真主,只要你的孩子在,就一定能把《古兰经》传到中国!"于是,他命令大家丢掉毛毯、背包……每人手捧一本经书,一边念,一边前进。突然一股大风卷来,一个教徒手里的经书被大风卷走了。"保住经书,快!"领队的看到飞起去的经书刚一落下,他就不顾一切地奔跑着扑了上去……

灰沙不再漫天地飞了,教徒们从沙堆底下爬了出来,找到了领队,拍掉他身上的灰沙,慢慢地搂起了他,只见那本经书完整无缺地抱在他的怀中。领队看着伙伴们手里捧着的经书,在微笑中慢慢地闭上了眼睛。

这时,一队外出做生意的牧民回家路过这里,发现了他们,扬鞭催马赶到已奄奄一息的教徒们面前;他们终于得救了,《古兰经》饱经艰险,终于传到了中国。

从那以后,信仰伊斯兰教的人们,为了纪念那些在沙漠里遇难的传经人,就用每年一个月的时间来把斋。每逢把斋月,一天两头见星星吃饭,白天不吃不喝,连唾沫都不咽一口。

这就是把斋节的来历。

祭密枯的来历（彝族）

讲述：左春秀
记录：左育能
1984年采录于巍山牛街

很早以前，有个大村子，一天，全村人举行叙杜闷（祭杜神），村里的头人和富人都去了，他们大吃大喝，非常热闹。村里有一妇人，领着一男一女两个孩子，家庭贫穷，衣不蔽体，那些人就不让母子三人入场。待人家散场后，娘母三人捡了些残羹剩饭充饥。半路就天黑了，回到家连火也未烧就睡下了。忽然，闯进来一位白发老人，说要借宿一夜，妇人说："欢迎老人投宿，可我家穷，没有铺盖，对不住老人。"老人说："没有被盖也行。"边说边躺在草垫上。妇人不敢入睡，过了一会儿，妇人翻过身来一看，那老人却用一只耳朵当垫褥，一只耳朵当被子盖在身上，妇人很害怕，熬了好一夜，不知不觉睡着了。待她醒来时天已大亮了，老人不见了，妇人四处看看，不仅没有找到老人，连村子也没有了，全村只剩她那间破房和娘母三人。原来昨晚上刮大风下大雨，山体滑坡，全村人被淹没了，那位老人便是管山管地管人间的密枯老人。后来人们一到这天就献祭密枯神，全村平安富足了。就这样，祭密枯祈求人间平安成了彝家的密枯节。

天地树

讲述：左春秀
记录：左育能
1989年采录于巍山五印

过去，人间有大鬼，每年过年时，每村都要轮流送童子一人，让大鬼吃，否则新的一年里全村人都不得安宁。村里有一对老夫妇，只有两个小孩，这年轮到他家送童子给大鬼吃，老两口舍不得儿子，全家人不吃不喝，哭喊连天。鬼谷子先生路过这里，听到撕破心肠的哭声，便进门问老人，为啥哭得这么伤心？老两口诉说了送儿子给大鬼吃的事，便求鬼谷子先生搭救。鬼谷子想了一阵，说你们在房后、院内都栽上松树，大鬼见了松树，认为你们不在，你们就可躲过这场灾难。

到年三十早上，老人砍来两棵松树，小的一棵栽在房后，大的那棵栽在院心里。这果然是个好办法。栽好树后，全家人躲了起来，那大鬼来到房后面，见有小松树，自言自语说："房后长了小松树，难道这家人不在了？"大鬼又走进大门，院心里长了棵大松树，树上还挂着松圈。大鬼四处一看，认为没有人了，愤怒地甩手就走了。老两口家终于躲过了这场灾难。邻近村子听到这种办法后，各家也栽起了松树，大鬼再也不来吃童子了。

后来彝家人过年都兴栽松树。院内的一棵还用来献天地，就叫天地树。

耍龙的来由

采录：罗阳奇
1984年采录

相传很早很早以前，有个医术超群的名医在某地行医。有一天，来了个英俊的小伙子，接名医到家治病。

那小伙子把名医领到一口阴森森的塘边，对他说道："先生，实话对你说，你别害怕，我是蒙化龙王，患了眼病，无法医治，变作凡人，特来求医，病愈之后，终身报恩，何时用我，呼之即来。"

名医想：这几年龙王总是不按人们的意志行雨，不是洪水，便是一春无雨。人民过得很苦，我今遇上了龙王，他又对我许愿"终身恩报"，我不妨请他按时行雨，以后风调雨顺，五谷丰登，又有何不好？

龙王为了求医，一一答应了名医的要求。他叫名医闭上眼睛，骑在他的背上，一眨眼就到了龙宫。真是人间水府大不同！里边净是金石玉柱，龙女翩翩起舞，好一座富丽堂皇的水晶宫！不多时名医就把龙王的病治好了。龙王用山珍海味盛情招待名医，然后把他送出水府，感激不尽，发誓绝不恩将仇报。

名医从水府出来，虽才耽搁了一天，但人间已是三年了。三年间，一切照旧，尚未改观，多少人在洪灾中妻离子散，多少人家在大旱之年背井离乡。名医回到家，深知人间疾苦，但因为他与龙王定了条约而万分高兴。因此，他天天烧香焚纸请龙王。可是，他把木鱼敲烂，钱纸的烬灰堆成山，却不见龙王现身显慈悲。

却说龙王自从名医给他医好了眼睛，早把名医的恩情丢在一旁。他还是像往常一样，高兴时电闪雷鸣，下它个洪波滚滚，刮它个天昏地暗；懒怠时，睡在水晶宫里，和龙女喝美酒，听仙乐，数月不出水府行点雨。

一连几年过去了，龙王老是和人们作对，名医和龙王定下的行雨条约成了泡影。

这一年又是一春无雨。名医想出了良策妙计。他不辞辛苦，又一次来到那阴森森的塘边，点香下跪，说道："你如是真龙快显圣！今天我要看看你的真本领。"名医这一祷告，果真激怒了性情粗暴的龙王。他从花天酒地的睡梦中醒来，披上龙袍，含上银珠，收拾了一番后，开始发起威来。

立时，塘里浪花翻滚，天空雷鸣电闪，把塘边一棵老柳树一劈两半。紧接着一个张着血盆大口、满头银珠闪闪的龙头露出水面。名医连忙拿起彩笔，把龙王的身体细细描绘，不料刚画到尾巴，龙王知是中计，眨眼间无踪影。

从此，人间水府就好像筑了一道万里长城，人们再也看不到龙的身影。

名医根据蛇鱼的形状，接上尾巴。照着画面，用纸做成龙头，用布做成龙身，然后把它们固定在木棒上，抬着它起起伏伏地耍起来。

龙王在云端里看见，勃然大怒："我是堂堂皇皇的本境龙王，凡人竟敢把我的化身抬着乱耍，我不妨行场大雨，把它淋烂。"

突然，天空乌云密布，"哗哗"的大雨像从天上倒下来。

从此，一遇到天旱，人们耍龙来逗引龙王下雨。耍龙求雨的习俗就这样一代一代地传了下来。

接三公主的传说

讲述：佚名
记录：左和玉 女
1981 年 11 月采录
流传地区：巍山大仓、庙街

每年农历二月十三，正当天摩牙寺盛会期间，大理、下关等地的白族老人，不怕沿途跋涉艰难，从百里之外到南诏的发祥地——巍山，接他们的三公主来了。他们拿着点燃的香把，边走边祷告着，他们那恭敬的样子真使人感动。

相传六诏时期，皮逻阁有三个女儿，最小的女儿美丽、善良，皮逻阁十分喜爱她，三公主就像他的掌上明珠一样。为了统一六诏，皮逻阁用计谋害了他的五个弟兄，然后移到太和城（今大理太和村），建立了南诏。

皮逻阁不顾亲骨肉的关系烧死了三公主的五个叔叔，这种做法深深刺痛了三公主的心，为此她对父亲非常不满。

三公主跟随父亲来到太和城后，她又看到父王把今昆明一带的白子强迫迁移到现在的大理和保山一带，对白子实行残酷的统治。三公主看到父王这样不公平地对待白子，心里感到深深的不平。她耐心地劝说父王，要父王解除对白子的暴政。父王始终把女儿的话当成耳边风。

三公主决定用离开蒙舍来与父王抗争。当诏王知道三公主要离开蒙舍诏时，急忙跑来劝说三公主："只要你安心居住在我的身边，由我做主在诏内给你挑选一个人才出众、年轻博学的军将，招为驸马，你们与哥哥一起继承我的大业。"三公主回答父王说："要我居住在父王的身边，父王就要解除对白子的虐待和暴政。"诏王回答说："这是我们诏内的事情，你还是孩子，懂什么？这事你莫管！"三公主道："父王既然不解除对白子的虐待，那女儿就要回乡削发为尼了。"于是她抛弃了荣华安乐的宫廷生活，回到家乡天摩牙寺当了尼姑。

三公主回到家乡后，还是经常为父王统治下的白子担忧，她终日忧愁寡乐，不久积忧成疾，离开了人世。人们为了纪念三公主，就在每年阴历二月十三这天来接三公主回大理欢聚。

天长日久，善良、美丽的三公主在白族人心中渐渐被神化为吉祥、幸福的标志。所以，接三公主的习俗就一代一代地在白族人民中流传到了现在。

附记

巍山地区对于"接三公主"另有一种说法：三公主是白王张乐进求的第三个女儿，张乐进求让位给细奴逻时，并把三公主嫁给了他。三公主聪明能干，而且十分关心农村的农业生产，细奴逻因为在巍山长期耕牧，积累了很多农业生产知识，也使三公主进一步提高了对农业生产的认识。每年春耕开始，三公主都要回到大理地区去看看家乡备耕的情况，并和家乡父老乡亲交流一些发展生产的看法，使大理巍山两个地区的生产经验能够互相传播和交流，对两个地区农业生产的发展起到了很好的作用，同时也使白、彝两族人民更加友好团结。她死后，大理地区的白族人民出于对她的崇敬和怀念，每年春耕开始之际，农历二月初，都要到巍山来举行接三公主的活动，一直相沿至今。

龙王和土主传说

水冲庙街

采录：宗师纪
1985年采录
流传地区：巍山庙街

据说小黑龙因多次违犯天条，擅自无令行雨，被玉帝责贬于蒙化地方。他到蒙化地方后，开始时没人惹他，所以他还能按时行雨，使这地方年年风调雨顺，五谷丰登，大家相安无事。

清朝同治年间，庙街开了一家酒馆，主人名叫张万元，这张万元上有做县衙门师爷的哥哥做靠山，下有一些地方上的地痞流氓做打手。所以他在庙街地方说风便是风，说雨便是雨，敲诈勒索，无恶不作，成了庙街地方的一条地头蛇。这地方的黎民百姓都恨透了他，尤其是四周的边民更是对他恨之入骨，因为在他开设的酒馆中，只准汉人喝酒吃饭，不许其他民族进入他的酒馆。更为可恶的是，他还蛮横无理地规定了一条土法令，凡是庙街上的食铺酒馆，都不准接待其他民族，谁违反这条规定，就打烂他的铺子。

有一年，正值冬残春近，临近岁末。一日，恰巧是庙街街天，小黑龙在龙潭里闲得腻烦了，就变作一个彝家小倌上街游玩。他上身穿一件磨掉了很多羊毛的小黑羊皮袄，头上歪戴着一顶瓜皮小帽，脸上东一块、西一块抹上铜烟，肩上背一个羊皮口袋，高一脚、低一步向庙街街场走来。

这时正是晌午时分，街场上已热闹非凡。小黑龙随着拥挤的人流，东瞄瞄，西望望，信步向街口走去。只见街口上有一个酒馆，一面镶着红边的黄布旗子，上书一个"张"字，斜插在酒馆门口的左上角上。小黑龙走到酒馆门前，偏着头向里面窥探，但见里面桌凳齐整，酒肉喷香。酒馆里坐满了人，有的在互相敬酒，有的在猜拳行令，杯盘叮当、热热闹闹。小黑龙心中暗想：我今日何不进去品尝品尝这人间的美味佳肴。于是便颠了颠肩上的羊皮口袋，一步跨进了酒馆，找了个空座位坐了下来。他取下肩上的羊皮口袋放在桌上，正好跑堂的端着一盘香美的凉鸡走了过来。小黑龙叫道："跑堂的大哥，请先打半斤酒来。"这跑堂的转过头来一看，原来是一个又脏又臭的山上人，就白了他一眼骂道："你也不拉泡稀屎照照你那个脸儿，到底值不值半斤酒钱？还不快给我滚了出去！"经跑堂的这么一骂，旁边几桌喝酒吃饭的男女，都一起向这边看来，看见邋邋遢遢的山上人，也七嘴八舌地附和着骂了起来。有的女人还不住地吐唾沫。小黑龙平生第一次受到这样的奇耻大辱，胸中那把怒火早已蹿得老高，怎奈在这众目睽睽之下，哪能泄露仙机，一时不好发作。只把那桌上的羊皮口袋底朝天向桌上一倒，"当啷！"一声，倒出一堆雪花银子来，把众人都惊呆了。这一切早被在账房里的酒店主人张万元看得一清二楚。这地头蛇便对着站在身边的一个大汉耳语了几句，那大汉就拿起一把牛耳尖刀向小黑龙冲了过来，嘴里还骂道："你这豹子咬不死的，眼睛长在后脑壳上去了，也不看看这是你们山上人可以随便出进的地方吗？再不出去我就宰了你！"这时整个酒馆里的人都围上来看热闹。不知是谁在后面喊道："这是个提包子的（扒手小偷之类），快打他呀！"于是四周的人们就动起手来，拳头犹如雨点般地向小黑龙身上打来。小黑龙见势不妙，急忙抓起羊皮口袋，遮住头和脸，来了个缩身法，从人群的空隙中钻了出去，很快地跑出了酒馆。当时，人们的注意力都全部集中在小黑龙身上，等小黑龙跑出酒馆后，大家再看那桌上的银子时，哪里是什么银子，全是些乌黑的石头块子。

　　再说这小黑龙逃出酒馆后，就快步走出街场，来到一个僻静的河湾里。它马上变作一股清风，飞上山顶站定，从怀中掏出一个两寸来高的玉宝瓶来，对空晃了晃，将瓶口对准庙街，口中念念有词，只见庙街上空顿时乌云翻滚，狂风大作。随着一声惊天动地的炸雷，豆粒大的雨点夹杂着冰雹瓢浇桶倒似的倾泻下来。小黑龙现露原形，抓山滚石，呼风唤雨，霎时，山洪载着滚石泥沙像脱缰的野马，对准庙街闯将下来。把个庙街冲得墙倒壁塌、房歪屋扭，尤其是那张家酒馆已被洪水冲为平地。这场大雨足足下了两个时辰，这小黑龙仍没有泄尽心中之恨。但他看看这玉瓶内的保命水已倒去了大半瓶，便收起玉宝瓶，变作一个放羊人，口中念念有词，将山上那牛大马大的石头，点化作一群活生生的牛羊，赶着向庙街走来，它准备把庙街街场变成乱石滩，使人们再也无法在那里赶街。

且说在那庙街北面的河边上有一座娘娘庙，庙里供有王母娘娘的塑像。周围数十村的百姓，每年捐粮捐款，请了个庙主，长年在庙内烧香换水敬奉娘娘。这一场大水把娘娘庙耳房后墙冲通了数个大洞，把装在耳房里的一大箩白米，连箩带米冲到了街上。可奇怪的是，箩中那米却没有半丝儿潮气，也没有泼出去半粒，完完整整地挡在街心。这时小黑龙赶着牛羊，来到娘娘庙前，只见娘娘庙正殿上坐着一个老妇人。小黑龙就问那妇人，可曾看见一个赶着牛羊的人。只听到老妇人答道："赶牛、赶羊的人我不曾见过，我只看见一个赶石头的孽畜！"说罢用手一指。小黑龙马上省悟过来，这明明是娘娘显化，吓得他魂飞魄散，急变作一条小黑蛇逃走了。他赶着的那群牛羊也现露了原形，停在原地，变成了牛大马大的大石头。

小黑龙逃回龙潭后，一夜之中翻来覆去总是睡不着，他想：事已不妙，如果娘娘在玉帝面前奏上一本，大不了蹲他个百十年的水牢，这也没什么了不起；可怕的是，因自己一怒之下，使庙街地区的百姓无辜遭此大难，今后黎民百姓对自己的恨那将是可想而知的了。他思前想后，只好下决心以走为妙。这时天已亮明，小黑龙无心早餐，收拾了一下，就化为一股清风出蒙化坝子，向南飞去。

蒙化有一马帮驮运一批盐巴到云州（今云县）去。这天中午，马帮在一条河边休息做午饭吃。大家正要吃饭，只见一个身穿小黑羊皮的彝家小老头背着一个羊皮口袋，来向他们要饭吃。赶马的人们看他这个模样，谁也不理睬他，只有马锅头（马帮的主事者）王和忠，和颜悦色地递给他一个碗，叫他和大家一起吃饭。这彝家小老倌也不客气，端起碗狼吞虎咽地吃了个饱。连自己的碗都不洗，更不向王锅头道谢一声，背起羊皮口袋独自一人向前走了。这样一连五天，天天如是，赶马人一个个都怒在心里，怎奈王锅头每天都和和气气地招呼他，所以众人只得恨在心里，不敢发什么牢骚。

这一天，天气十分炎热。马帮爬过一段陡峭的山坡路后，已是人困马乏，又饥渴，再也没法向前走了，只好在一块稍平整一点的山坡上休息做中午饭吃。大家端下驮子就去四处找水饮马煮饭，只有王锅头留下来找柴烧火。这时只见那个彝家小老倌又从树丛里钻了出来，手里还抱着一把干柴，来和王锅头一起搭灶烧火。不一会儿找水的人们都陆陆续续地回来了，他们走遍了团转大大小小的山岭、箐沟，但连鸡吃的水都没有找到一点，人们都垂头丧气地坐在火堆旁边的树下发愁。这彝家小老倌看到这般情景，就提起煮饭锅钻进旁边的一片树林子里去了。过了一会儿工夫，人们忽然听到哗哗的流水声从那片林子里传了出来。起初还以为是因为又饥又渴耳朵发叉儿，慢慢地这声音越来越清晰了。王锅头便快步走进小树林子，他才进去五六丈长的一段路，眼前出现了一条小箐沟沟，一股煮饭锅大的清泉从上面流了下来。再往上一看，箐头上有一块四四方方的大石头，这清汪汪凉丝丝的泉水就是从那块石头底下喷出来的。大石头上放着那只煮饭锅和一件小山羊皮，一眼就看出这是那个彝家老倌的。王锅头忙叫众人去看，人人都感到非常惊异。因为这地方他们不知走了多少遍，根本没有这股泉水。这彝家老倌到底哪儿去了呢？大家四处寻找不见踪影。王锅头走到火堆旁，只见羊皮口袋还放在柴堆旁边，他顺手提起来一倒，里面却滚出两锭雪白的大银和一张纸条，纸条上写道："多谢王锅头，略表黑龙心。"大家才知道，这是小黑龙跟着他们到这里来了，并且已变作一股清泉。后人将这泉水取名"蒙化水"。

其实小黑龙哪里知道，水冲庙街那天，虽然庙街地方的老百姓遭了点小难，但大家都说这难遭得值得，因为那无恶不作的地头蛇张万元已被洪水卷走，连尸首都没有找到。其余百姓连一根毫毛都未曾损伤。再则王母娘娘也没有奏他的黑本。倒是自小黑龙走后，蒙化地方就连年遭了干旱，人们又想念起小黑龙来，真是龙在嫌龙，龙不在又想龙。据说过了几年，蒙化父老又到云州地方用大瓮把小黑龙抬了回来。

左土司斗黑龙（彝族）

采录：左桂云 彝族
1988年采录于巍山庙街

在蒙化西边十五公里南山脚下的祖房箐，有一口干水塘。塘子里的东部俯卧着一块大石头，塘埂上有几株绿茵茵的垂柳。人们常到这里放牧，都喜欢谈起"左土司斗黑龙"这个众人皆知的故事。

明朝年间，当左土司的长子左士光接替父亲的职务后，像父亲一样，每到谷子扬花以后，就要回到裔胞之地——今云碧大队祖房箐一带进行视察。当初，南山脚这柳树塘里住着一条黑龙，它原来和善良的老土司结拜亲家，保当地百姓风调雨顺，年年丰收。当他得知亲家的大儿子接替时，它恶性大发，放出脏水，使大片良田变成了锈水滥田，青绿色的青苔护在谷根上，把田底泡得发冷，使谷子到期不能成熟，三青两黄田烂谷掉，难以收种。

新土司第一次乘轿回乡时，刚来到月牙山，突然天气大变，黑压压一块乌云往下降，接着电闪雷鸣，一阵倾盆大雨往下泼。轿顶上，水珠一滴一滴往下掉，把土司的衣服淋湿了。轿夫们忍着饥饿和寒冷，一步步艰难地向祖房箐走去。到家后，人们换好衣服，土司用过午点后，就挨家访问秋收情况。人们像见到救星一样向他诉说一年来的苦楚。他亲自到田间观察，只见遍田坝流着黄黄的锈水，有的谷子像含青谷一样站着不低头。眼看已经到八月底了，丘丘田埂拆得七缺八歪，但水还是放不出去，小春豆子不能点上，百姓们的生活越来越苦。土司看着白汪汪一片水田，一言未发回家了。

回到府里，他把所看到的向年迈的父亲说了一遍。老土司听了儿子的话，他想了很久，说："这里原来是千里良田，为什么一下子会变成这样，会不会是那条孽龙搞的鬼。"听了父亲的话，土司猛地站起来说："我倒要看看这个老贼玩什么鬼花招。"父亲急忙拉住儿子，说："莫急、莫急！我们一块想办法。"

老土司选了一个好日子，领着儿子和差役，带着财宝又回到祖房箐，派人把黑龙请来，用过茶点，老土司对他说："亲家，我好长时间没回来了，你好吧？""我很好哩！"黑龙口里这么说，眼睛却盯着堂屋里的财宝。老土司知道他一向贪财，就叫差役把财宝抬到桌上，对黑龙说："亲家，请收下这点薄礼，这是我的一点小意思。"黑龙嘿嘿笑着，收下了礼物。

过了一会儿，酒席摆好以后，两亲家边饮酒边闲谈。老土司说："亲家，我有一难处，想请亲家帮忙。"黑龙说："请说吧！"老土司说："近来我家乡良田遭一股锈水泡，谷不增产，麦不长高，百姓过着艰苦的生活，您是否帮我一帮？"不等土司说完，黑龙就满口答应下来。两亲家定好条约后，土司派人抬着礼物送喝醉了的黑龙回家。老土司也高兴地领着儿子回府了。

自老龙接礼后，他不但不按定好的条约办，还传话说："要穷老百姓千猪万羊酬献，才收回脏水。"它大春滴雨都不漏，田晒得开大裂子，无法栽插；小春往田里放锈水，使豆麦泡得斑斑点点，慢慢死去。

土司看到这情景，非常生气，又派人去把黑龙叫来评理。黑龙说："如果不用千猪万羊，我滴雨都不漏，还要使水草干枯。"说完飘然而去。土司气说："好啊！我就跟你算算这盘账。"

第二天，正是六月十三，早上土司派人回府，到铁匠铺定做一只大三角，自己又到百姓家，通知人们做好两项准备：一、把石头堆放在柳树塘的四周；二、把从府里拿来的白面蒸好包子，堆放在塘埂。吩咐到六月十八这天，等塘里洪水翻起，就扔石头，若清水翻起，就丢包子。

六月十八日这天，左土司手提三角来到柳树塘，他见塘子四周堆放着包子、石头，对百姓们说："不要忘记我的话。"然后叫身强力壮的小伙子拿好石子。左土司念完父亲教给的咒语，头上顶起了铁三角。

这时，只见塘水慢慢往两边分开，一条石路出现在眼前。左土司急步走进塘里后，水又恢复了原样。人们在上面焦急地等待着。不一会儿，只见塘里水变颜色，一个个大水泡往上冒，人们急忙把石头扔下去；一会儿又见清水翻起，妇人们又丢包子。经过几个回合，只见一团黑乎乎的东西钻出水面，向西飞去，左土司头顶着铁三角追了出来，看着黑龙逃走了，才停止了追击。

斗跑了黑龙，雨就"哗哗"下了起来，一连下了好几天，使快干枯的秧苗又返了青，千亩良田又恢复了生机。从此以后年年风调雨顺，五谷丰收。

传说，现在塘子里伏卧着的那块大石头，是左土司斗黑龙那天，百姓们扔下去的千百个石头变成的。

龙王庙和蛇头穴

采录：赵堪同
1984年采录

巍山县城东面皇落村和石龙山一带村子里的老一辈人当中，流传着四句顺口溜：

石龙对石狗，两边狮子吼。
有人用此地，芝麻官一斗。

这四句顺口溜说起来大有来历，要说清楚它的来历，还得从开天辟地谈起。

据说自从盘古开天地以后，普天之下，陆续有了生物，有了人民，同时也就有了黄帝。最初的黄帝是为人民做好事的，他带领着人民，与天争，与兽争，使人民能够过上好日子。但后来有的首领有权有势了，就把人民当作他的奴仆使用，当了首领，便可以大肆享受，这就难免有人看着不服气，和他争夺起来。当时这个首领名叫颛顼，和另一个想当黄帝的名叫共工的人，为了争夺帝位打了起来，共工是九头蛇身的一个怪物，被颛顼打败后恼羞成怒，用头触倒了西北方永远也走不完的一座大山，名叫不周山，摧毁了顶着天的柱子，折断了维系着大地的带子，一时天崩地裂，到处烈火熊熊，恶浪滔滔，人民陷入水深火热之中。这时降临了一位名叫女娲的女神，她施展法力，扑灭了大火，并用炉灰止住了洪水。斩下了大鳌鱼的脚作为支柱，撑起了天，然后炼就五色石，把天补了起来。看看大功告成，人民已经脱离了苦海，女娲高兴之余，就顺手抓起了一些补天剩下的五色石，撒向了人间，变成无数大大小小的山峦，把大地点缀得十分壮丽。其中有一块五色石，被风吹落到了鬼井之间，变成了三座山峦，一座像蜈蚣，一座像蛤蟆，一座像蛇，从东向西，蜿蜒而下，后来就成了现在巍山县城东面的蜈蚣山、蛤蟆山、翠虮山。翠虮山的山嘴，恰好位于东河交汇之处，后河的河边，有一个兀立着的大石头，好像一个站着的老人，人们通称为石老人，另外还有一块竖立着的石岩，上面凸凹不平，人们称为瘌龙。不知从什么年代起，附近生疮生瘌的人家，都要到后河里拜瘌龙，以求消灾免难。一直到解放前夕，香火都很旺盛。

翠虮山的嘴，是一个小山包，很久很久以前，就传说着山包上夜间会发光，大家都认为那是瘌龙在眨眼睛，所以也就没有人敢去撞动了。

到了明朝初年，蒙化县出了一位颇有名气的人，姓汪名赞海，据说此人上通天文，下知地理，尤精堪舆之学，明洪武年间建盖蒙化城时，对于地址方位的选择，他曾起了决定作用，因为他从民间的传说里听到了一个广为流传着的故事：古时候蒙化曾飞来了一只金鸡，首先是落在晏旗厂后面山上，后来又飞到了古城村，细奴逻因此在那里建了蒙舍城，作为南诏第一个都城。后来这只金鸡又飞到了菜秧河外面的一座石桥上，站了不久，就变成一只白鹤，飞落在县城所在的地方，头伸向东方，慢慢地才消失了。后来菜秧河外面的石桥上还留下了一只鸡脚印，因此大家都叫这座桥为金鸡桥。

汪赞海根据这个传说，站在白鹤飞落的地方再观察，此地东枕文华，南倚巍宝，前有瓜江如带，旁有锦溪蜿蜒，虽然文华山顶凹下去了一些，难以藏龙卧虎，但也颇擅山川形势之胜，所以竭力主张把城建在这里。后来他的意见得到了当局的采纳，就在瓜江东岸、文华山麓建筑了蒙化城。城建好后又根据汪赞海的建议，把东门外一带地区命名为鹤顶邑，以昭祥瑞，并由此派生出了"栖鹤楼"（李家寺）、"望鹤轩"（在一碗水村）、"陪鹤楼"（在巍宝山）等一系列地名，汪赞海从此名声大噪。

不久，蒙化府来了一位姓黄的武官，因为是属于世籍军户，按照明代的法令，所有从征到蒙化的军户都要在蒙化安家落户，当一世祖。这位黄武官也懂一点堪舆之学，对阴阳风水等很感兴趣，到蒙化不久便和汪赞海深相结交，成了很好的朋友。每当茶余酒后，免不了要谈到自己的后事，并请汪赞海替他找下一穴吉地，作为死后的佳城。汪赞海为了不负好友之托，所以经常到东山一带察看，当他发现了蜈蚣山、蛤蟆山、翠虬山三山相接，势如游龙，脉气很旺，就跟着脉气，一直来到了东河边上，摆开罗盘，仔细观察研究。三山气脉，正好落在翠虬山嘴的小山包上，他再找附近村里的人攀谈，知道了这里夜间会发光，更认定了这里必然有着一穴吉地。根据他自己的判断，这小山包上面是石头，是蛇头的外壳，如果下面有疏松的红土，那就是蛇脑，这一穴地，一定是"蛇头穴"。按照堪舆学所说，"蛇头穴"是大吉大利的墓穴，只有福气很大的人才会碰得上的。汪赞海当时也打了个主意，想把这一穴地留下来自己身后使用，但转念一想，自己福薄命蹇，当个地师先生，在社会上是一个"下九流"的小人物，"小佛受不住大香烟"，哪里能去瘌龙爷爷头上动土？同时如果这样做了，也未免对不住朋友。所以还是受人之托、忠人之事，把这个发现如实地告诉了黄武官。黄武官非常高兴，便带上些人到小山包上按照汪赞海的指点，进行挖掘。挖下去将近五尺，听得"轰隆"一声，发现了一块石板，把石板掀开一看，下面果然都是疏松的红土，红土当中埋着一块石碑，石碑上的碑文便是开头所说的那四句顺口溜。黄武官看了以后，哈哈大笑起来，他笑着和汪赞海说："好地！好地！我虽是姓黄，但绝不敢奢望我的子孙后代会去当个皇帝，只要真的能够出上几个芝麻官，我也就可以含笑于九泉了！"后来他就在那里起房盖屋，并把汪赞海请到家里，待为上宾，一直到他死后，汪赞海照应着把他的坟墓修好后才离开了黄家。这一家"黄家坟"，在民国年间，还留有断碣残碑，依稀可辨。

到了清朝康熙年间，蒙化府来了一位同知，也很迷信风水之说，当他知道了翠虬山嘴的蛇头穴以及有关黄家坟的传说后，就和左右的人说："蛇头穴脉气太旺了！他家又姓黄，说不定将来会出一个'黄巢'一样的王，对朝廷不利。即使不出王，如果这个地方真的出了很多七品官，我这个七品官也就当不下去了。"左右的人也就议论纷纷，大有非把黄家坟挖了不可之势。这时有一位老师爷提出了一个主意，他说："坟是挖不得的，因为按照大清的律法，挖人家的祖坟是有罪的，最好请老爷和地方上的绅士商量一下，就说是因为地方常遭干旱，须要在翠虬山嘴盖一间龙神庙，便于祭奠龙神，解除旱灾，然后就在山嘴上盖上庙子，塑上一位龙神，这样就可以截断了地脉，解除了后患。这个办法行不行，还请老爷斟酌。"后来同知大人就根据这位老师爷的意见，发动地方绅士，在翠虹山嘴黄家坟的后面盖起了龙神庙。乾隆年间，又进行了扩修，并改庙名为龙王庙，即现在自由小学所在地。

至于黄家的后代，因为经过这一折腾，恐怕引起麻烦，招来横祸，所以有的改了姓，有的搬离了县城，就是三月清明也不敢来扫墓了。因此黄家后代是否出了几个芝麻官，就没有人说得清楚了。

金甲神（彝族）

采录：李金华　范建伟
1984年采录

从前，蒙化府城内，下水坝有座小庙，叫"金甲神"庙。名曰"神"庙，可蒙化城人不论老小，路过神庙前，总要向庙中的神像吐唾沫，表现出极其蔑视、厌恶的神情。并且，此庙从不见有人上香敬供，神像全身被人们贴满了白纸、黄钱。庙前有一条臭水沟，一年四季流淌着臭水。

蒙化人为何对此神像如此大不恭呢？说来话长。清朝末年，蒙化城连续三年大旱，只见赤日炎炎，天干地裂，禾苗枯焦，满目凄凉景象。农民家中所有能吃的东西都吃光了，饥饿难耐，人们只好挖野菜、剥树皮度日。可野菜少，饥饿的人多，每天都要从城内抬出几个饿死之人。人都饿死了，可城内几家豪绅大户还整日派出打手四处催租逼粮。他们凶神恶煞地闯进农家，抬锅封门，无恶不作。百姓痛苦不堪，怨声载道。

此情此景，使得在城南住的一个名叫石头的彝家汉子心急如焚。石头今年三十出头，父母双亡，只是靠给大户人家做工度日。日子虽过得孤苦、贫寒，但他却生性好强，专爱打抱不平，乐于解人之危难，左邻右舍一有大小难事，全都尽力相帮。眼看连年大旱，豪门横行，百姓性命不保。街坊长老互相商议，想请石头出面前往府衙，要求知府大人下令减免租税，开仓放粮，以救民苦。石头一口答应了。

知府大人听衙役禀报蒙化父老求见，即刻升堂理事。听石头将来意一说，知府心里暗暗叫苦。知府大人本是两榜进士出身，原想借当官之机大捞一把。谁知命运不济，到任第一年就逢大旱，发财的梦白做了。此时，知府大人恨不能令衙役将石头大卸八块，方才解恨。又一思量：如若硬来，惹恼了群众，官逼民反，丢了自己的前程不算，搞不好，还得将身家性命赔上，能忍则忍，还是保住乌纱要紧。于是，他故作庄重地对父老们表示："本官身为父母官，理应体察民情，一定速速禀报朝廷，减免租税，开仓放粮。你们就安心等候圣旨吧。"

信差马不停蹄，直奔京城。皇上看了奏文，心乱如麻，他想：寡人自登基之后，全国灾荒连年，饥民闹事频繁，从未过过一天舒心的日子，今天，连蒙化的乡巴佬也来凑热闹了，可恶！他即刻提笔下旨曰："着吏部派员往蒙化伺机行事，该抚则抚，该剿则剿。"

钦差接到圣旨，收拾行装，马不停蹄，火速奔往蒙化。众百姓盼望钦差能给自己带来条生路，扶老携幼出北门外迎接。石头和众父老跪在钦差的大轿前，向钦差大人哭诉灾情。钦差听了哭诉，表示自己此番来，绝不负圣望，当尽力解救蒙化父老于水火之中。众父老乡亲听了喜悦万分，簇拥着钦差的大轿直至府衙门外。知府陪着钦差进了府衙，将自己想减免租税，开仓放粮，安抚灾民的打算一一向钦差禀报。那钦差手捻胡须，眼睛半睁半闭，漫不经心地听完知府的禀报，慢吞吞地发话道："大人能审时度势，真乃不易。但开仓放粮事大，要从长计议。"知府听了，连忙叩拜道："全仗大人指点、栽培。"钦差手捻胡须，"嘿嘿"地干笑了几声。

钦差回到后院，吃过夜宵，刚想安歇，一心腹走上禀报，门外有几个人声称有机密要事求见大人。钦差不耐烦地挥挥手道："去去去，吩咐他们明早大堂上相见。"那心腹四顾无人，便不慌不忙地走近钦差轻声说道："老爷不知……"钦差听着，眼睛眯成了一条缝，脸上也慢慢地浮起了笑容，立刻吩咐手下人更衣，掌灯，前往厅前。

厅堂内，灯火摇曳，几个豪绅看到钦差大人好比看到了救星。叩拜行礼后，围住钦差哭诉了灾民们的所谓抗租抗税的暴行，接着送上了黄金、白银，请钦差大人收下。钦差含笑接受了。

次日，蒙化城遍街贴满了钦差大人出的告示，大意是：交租纳税乃是历朝历代的规矩，任何人不得更改；至于开仓放粮更是荒诞至极。同时告诫人们，大旱之年，更要严防有奸民趁机作乱，若有犯上行为，严惩不贷。告示一出，人们犹如劈头浇了一桶冷水，从头凉到脚后跟。朝廷如此不体察民情，出尔反尔，不是把人往死路上逼吗？于是，人们你传我，我约你，由石头带领往府衙找钦差大人评理去。

知府看众人正在火气头上，搞不好要出事，忙劝钦差暂时躲避，由自己出面缓和一下气氛再说。谁知，钦差吃饱了银钱，财大气粗。况且，世上哪有钦差怕农民的道理？骄横成性的钦差带着一大群操枪持刀的亲兵涌出了大门。

钦差和蒙化父老讲不上三句话就淫威大发，凶狠地命令亲兵将石头等人以"乱民之首"的罪名拿下就地斩首。石头等人倒下了，血遍地流淌。钦差手捻胡须，杀气腾腾地向百姓说道："本官奉旨行事，谁敢不从，这几个刁民就是下场。"

满城百姓闻讯都赶来了。看到钦差如此凶狠横行，唯一的一线生路被堵死了。心想：罢了、罢了，不是鱼死就是网破。一横心，大吼一声："跟他们拼了！"顿时，一呼百应，上千人向府衙冲去。尽管几十个亲兵持刀左抵右挡，怎耐寡不敌众，不到一炷香工夫，钦差和好几个亲兵就被活活打死了。剩下几个亲兵，连滚带爬逃出了蒙化城。知府料不到事情会弄到这地步，想想左右不是路，万般无奈，将印悬挂在大堂之上，趁着混乱，换上民衣，带着家人从后门溜走了。

皇帝看到抚台奏文后，欲立刻下旨派兵前往清剿，又一寻思：今灾荒四起，民心浮动，蒙化又远离京城，鞭长莫及，当以安抚为好，以免又生事变。并且安抚则显出皇恩浩荡。主意打定，即刻下了一道圣旨："吏部派员不当，引出事端，甚负吾望！另着吏部速派干练之才赴蒙化处理善后，安抚民心，免吾悬念。"

事情虽如此了结了，蒙化人都恨透了贪财害民的赃官，为告诫后来的官吏勿再蹈覆辙，齐心合力，在下水坝选择了一席肮脏之地，塑了钦差的"神"像，因其贪财，人们就从头到脚贴给他黄钱、白纸，贬称为"金甲神"。因其害民，所以从不见人祭奠他。"金甲神"庙虽在六十年代被销毁，但"金甲神"的故事却流传了下来。

隐羊庙

采录：罗杨奇
1984 年采录
流传地区：巍山巍宝山

从前蒙化城里有个姓梁的医生，由于他为人正直公道，所以人们管他叫梁公道。梁公道自从行医以来，总是接济穷人，方便病人。穷人病了开不起药费，他就少收或不收他们的药钱。有些实在穷得没办法的人来向他求医，他不仅不收药钱，而且还倒给他们几文钱去买药引子。要是有钱人来请他看病，他就要多收他们的药费来作为药本。

有一天，蒙化城里来了个卖药的道人，这道人一连几天都没有开张。梁公道听说了，就把他叫到家里去吃住。这道人也就不客气地来到他家里住了下来，一日三餐总是和梁公道一起吃喝，白天仍然去摆他的药摊子。一天吃午饭时，梁公道左等右等也不见这道人来吃饭，还以为他不好意思，就亲自把午饭送到了道人的摊子上去。当他来到药摊一看，见这道人原来已经病得人事不知地躺在那里了。梁公道就把他背回家里，精心服侍，并给他治好了病，还把铺子门前的过道让出来给他摆药摊子。

有一次，梁家铺子里有个刚从山里送来的病人，梁公道无法诊断出他的病症，就把城里最有名的几个医生请来会诊，商量如何医治。医生们翻弄了一阵病人，都面面相觑，谁也开不出良方来。

这时正在铺子门前卖药的那道人看着奄奄一息的病人，便漫不经心地说道："药嘛，我倒是有一点，就不知啥用得合。"医生们轻蔑地笑道："这里都是蒙化县的名医，我们都不敢下药，你这个卖药的毛毛医生却在那里多嘴，这是人命关天的事，怎么能开玩笑呢……"而梁公道听了，却说道："你们可不能这样说，俗话说，单方独剂，气死名医。待我问问他有何良方？"于是便上前对道人说道："那就请师傅给他看看吧。"

那道人也不说什么，伸手拿出一小点草药来塞进病人的嘴里，不一会儿，病人就苏醒了过来，一两天，病就痊愈了。

从此梁公道就把道人留在自己的药铺里。

自从道人进了梁家铺子，梁家铺子便日益兴盛起来。只要是道人抓过的药，病人吃了，立刻就好。就是别人抓的药，只要是他摸摸药包，也能把病医好。

转眼三年过去了，这天道人对梁公道说道："我因三年没有回家，心中想念老母，只得回家探望一转，你可去买些纸来，我帮你裁好，只要用我裁好的纸包药，病人吃了一定会好。"梁公道实在不舍道人回去，但因他三年没有回家不好强留，就上街来买纸。可惜这天卖纸的人极少，梁公道走遍大街小巷，把所有的纸都买了，也只买到三驮。第二天道人把三驮纸裁完后，就来向梁公道辞行。梁公道送道人上了路。他送了一程又一程，两个人真是难舍难分。最后梁公道叮嘱道人回家后，一定把老母亲也接来，一同辅助他行医，道人点了点头便扬长而去。

日子长了，道人裁好的包药纸早已用完，盛极一时的梁家铺子又冷落了下来。梁公道望眼欲穿，日夜盼望道人快归来。这天夜里，梁公道做了个梦，他看见道人站在云端里对他说道："明天你来东门外的龙王庙门前会我。"说完便不见了。

第二天梁公道来到龙王庙前，只见一个肮脏的老妇人，肚子朝天地靠在路边上，满肚皮的疮痫正流着脓血，口里不住地叫道："舔我肚，舔我肚……"梁公道拿出药来给他搽上，她却摇头非要梁公道给她舔肚子不可。梁公道看她那肚皮上的疮痫，不觉恶心呕吐，任她怎么说都不理睬她。这时来了一只黄狗，望了望，便伸出舌头在她肚皮上舔了起来，霎时那只狗和老妇人都不见了。梁公道一直等到天黑，连道人的影子都没见着，只得怏怏不乐地回了家。

可是这天晚上道人又托梦给梁公道说："明天你来西河边会我。"第二天一早，梁公道来到了道人指定的地点，只见碧绿的河水倒映着青翠的杨柳。梁公道无心观赏风景，他耐着性子默默地等着。忽然间河里波涛翻滚，洪水奔腾而来。这时一个孤苦伶仃的老头向他走来。这老头下巴底下捧着个土锅，从嘴里流出的口水正一滴滴淌进了土锅内。那老头来到梁公道跟前，便用杨柳棍指了指河那边，非要梁公道拉他过河不可。梁公道看着奔腾咆哮的洪水，吓得倒退了几步，忙对老头说道："我领你绕桥去吧。"话音未落老头不见了，西河水又变清了。

梁公道一连两次没有遇着道人，他并不灰心，他更加急切地盼望着道人回来。只要看见穿道服的人，他都要走过去看个仔细，是不是道人来了。并且暗暗下了决心，无论道人在什么地方，他都要设法把他找到。

一天夜晚，梁公道无心睡觉，就靠在椅子上目视着道人摆过药摊的地方，脑子里回味着那道人的模样。蒙眬中又听得道人对他说："明天你到大小寺的路上会我。"第二天一大早，梁公道迎着朝霞踏上了上大小寺的路。当他来到离土主庙不远的地方时，只见一个放羊的小伙子赶着一大群羊，从山坡上飞一般地朝梁公道冲过来。梁公道急得大叫："你的羊快撞着我了。"小伙子笑道："不要怕，这羊是纯羊。"梁公道急忙躲开，一定神，小伙子和羊群都不见了。梁公道才恍然大悟，这放羊小伙说的"纯羊"不正是吕祖师的名字吕纯阳吗？又联想到西河边那个捧着土锅，口对土锅口的老头是个

"吕"字；龙王庙门前老妇人说"舔我肚"，是"舔我度（你）"的意思。原来吕祖师有心要度我上天成仙，只因我舍不得脱掉凡体，白费了他的苦心。梁公道懊悔不已。

后来梁公道把行医挣来的钱全拿出来，在东门外的山坡上修建了一座庙宇，这就是现在人们经常游览的隐羊庙。

山神庙（彝族）

采录：左桂云 女 彝族
1985年采录于巍山城西

很久以前，在蒙化西部的一个彝家村子里，有个青年猎手叫阿力。他长得眉清目秀，身强力壮。家里还有一位年迈多病的母亲，母子俩靠阿力打猎度日。

阿力是个有名的孝子。他心地善良，对乡亲们极为关心。每次打猎回来，他都要把猎物挨家挨户地送去。每当人们感激地看着他时，他不好意思地说："多少不说，只要大家每天都尝到我打来的鲜肉，我这个猎人也就高兴了。"

有一天，他回来得比往常迟一些，吃了饭，刚把麂子肉分好，隔壁阿全慌慌张张地跑了进来，对阿力说："阿哥，我家放在轿子山的牛打失①了。你经常上山，比我们熟悉。请你和我们一起找一下牛去。"阿力急忙站起，对母亲说："阿妈，去叫阿顺哥来，趁早把肉给人家送去！"他边说边穿好衣服，摘下挂在柱子上的长刀，跟着阿全急急走了。

阿力领着阿全和另外几个小伙子，点着火把，找遍了轿子山、谷堆山、母猪山和狮子山，都没有发现牛的踪影，大家只好往回走。在路上，几个人边走边议论着，只有阿力一言不发，走着、走着，他忽然停下对几个伙伴说："我们四山都找了，只有房后轿子山的梅子箐没有找，牛会不会到那里去呢？"有个伙伴说："不会的，梅子箐坡树多，林密，我天天放牧，没有看见牛群到那些地方去过。"阿力觉得他说的也是个道理，但他执意要去看看。几个人来到梅子箐，分几路寻找。他和阿全到箐边时，发现古松下有一样东西。两人高举火把，手提长刀一看，原来就是阿全家的牛。只见它的喉

---

① 打失：方言，即丢了的意思。

管已经咬断，血还在一滴滴浸出，全身除头和皮子以外，只剩下一排排鲜红的骨骼。阿力把火把移近地面上一看，只见赭红色的土上有很多杂乱的脚印。他一一辨认着：有豹子的、有豺狼的……他直起腰眉头紧锁。自打猎以来，还没有看到过轿子山有豹子，今天突然发现这奇迹。想到这，他把伙伴们叫拢，叫大家通知村里和附近几村人，共同商量了寻找野物的办法。他们在轿子山巡了几夜也没有发现野兽的踪迹。

说了也怪，自阿全家的牛被吃了以后，人们把牛群赶到谷堆山，几天后，牛、羊失踪的次数多起来，而结果找到的只有剩下的残骨。附近几村不敢放牧，只好把牛羊关在厩里割草喂。

吃不到牛羊，野兽更猖狂，夜深人静，在村里巷道乱跑乱号。阿力凭着猎人的眼睛，守在路口僻静的地方，等野兽进村，就用弩弓射击。野兽遭到几次打击后，不敢再进村里。

一天，村里有个十四岁的小姑娘到谷堆山上割草，到天黑也没有回来。当家里人得知消息，都急得像热锅上的蚂蚁一样，约拢村邻好友手提棍棒去找娃娃。人们找遍了谷堆山和附近几座山，到天亮时，在轿子山山尾的箐边上，找到了一些撕碎了的破布。家里人认出是娃娃穿的衣服时，心疼得喘不过气来。

惨事一桩桩发生，阿力无心到远山去打猎，吃人的猛兽找不到，他心事重重，坐立不安。他决定到附近几座山上的路口仔细观察。经过几天的努力，他终于在轿子山和谷堆山的三岔路口找到了豹子刚刚踏下的脚印。他急忙拔出长刀，顺着脚印追了一会儿。突然脚印消失了，阿力抬头看看太阳，见时间还早，他忽然想起引诱豹子上钩的主意，急忙返回家里去拿扣子和食物。

回到家里，阿力背上扣子，顺手拽下一块干肉，拿了一点吃的就上山了。当他来到谷堆山时，太阳已经落下去了，他在岔路口上放好扣子，然后才离去。

两天过去了，阿力一心想着放下的扣子，他在门外来回走动了很久，回家见阿妈已经睡着了，他悄悄挂上长刀，拿上弩，向谷堆山走去。刚走到轿子山山尾，只听"嗖嗖"几声响，几只野兽向他扑来，他来不及拉弩，用弩把打着。借着月光，他看清楚了，四只大豹把他团团围住，它们瞪着眼睛，张着嘴，露出尖尖的牙齿，跳起来用巨爪向他进攻。他轻巧地一一让过，和野兽厮打得难分难解，弩被打断了，阿力只觉得身上像火烙一样疼痛，但他毫不畏惧，用长刀同猛兽搏斗着，他砍倒了两只豹子，另两只向三岔口跑了。

这时，他觉得天昏地暗，一棵棵树木好像向他压来，他忍着钻心的疼痛，拄着长刀走了几步，忽然眼前一黑，栽了下去。

第二天早上，母亲发现阿力头晚上没有回家，她做好饭等着，直到晌午还不见儿子回来。她急得发抖，叫来隔壁的阿全上山去找阿力。阿全约了两个伙伴刚走到谷堆山，发现阿力满身流血，直挺挺地躺着。三个急忙奔过去一看：阿力已经断了气，手里还紧握着那把血淋淋的长刀。在离他几步远的地方，发现了两只被砍死的豹子。阿全抱着阿力大哭着，两个伙伴急忙回村去报告这个不幸的消息。

当村里人听到这个不幸的消息时，老小无不伤心落泪，大家拿用具把阿力抬回家里。母亲本来就年老多病，看着死去的儿子，经受不住这沉重的打击，她颤巍巍地来到儿子的身边，搂着儿子永远躺下了。

善良而勇敢的青年猎手阿力，为了人们不再遭到猛兽的伤害，用自己年轻的生命消灭了猛兽。当人们找到阿力设下的扣子时，只见两只毛皮发黄的豹子勒死在扣子上，嘴里还含着那两块干肉。

为了永远铭记这个勇敢的猎手，附近的人们在谷堆山山尾（阿力战死的地方）盖了一座庙，庙里塑着阿力的像：身穿麂皮领褂，腰系长刀，手提弩弓，身边还塑有两只猎犬，眼望着前方；两边有各式各样石刻的老虎、豹子等野兽，跪在阿力的塑像前。村里的长老阿斯水提老爹，亲自为庙刻了一块石匾挂在门上，上面写着"山神庙"三个大字。

为了使谷堆山上放的牛羊群能够平平安安，人们到草茂羊肥的五月，耕播完毕后，就担起伙食到庙前杀鸡宰鹅，"请阿力看管牛羊群"。从此山神庙人来人往，香火不断。

牧甸罗土主

讲述：万永和 85 岁
记录：王典
1986 年春采录于巍山城东
流传地区：巍山坝区

在巍山城东北八公里的古城乡河上湾村中有一座土主庙，名叫牧甸罗土主庙，供奉的是南诏第二代王逻盛炎。逻盛炎曾去朝拜过武后，回蒙舍诏后就效仿武则天女皇严吏宽民，严惩贪官污吏，结果，蒙舍诏在那些年就风调雨顺，国泰民安，过了几十年官清民安的太平盛世。后人在他死后就于蒙舍城正东建庙塑像，以纪念他的功绩。建庙的地方当时叫牧甸罗，因而就叫牧甸罗土主庙。并于官道通往河上湾村的路口上，竖一高大石碑，碑的上头正中刻有太极图，两边刻有"圣旨"二字，下面直刻"文武百官到此下马下轿"十个大字。

相传每遇新上任蒙化府的流官通判行至河上湾路口，看见石碑，也要下马下轿，步行到河上湾村中牧甸罗土主庙内叩头朝拜，表示自己是个崇拜土主的清官，和土主合得来，有的还捐上上百两银子的功德，有的少不了要丢些散银两在功德箱内，显示自己入乡随俗，以使老百姓信服自己。这个风俗世代传了下来，使得牧甸罗土主庙香火旺盛，久盛不衰。

可就是明朝时候却有个新来蒙化上任的通判就偏不照着去做。结果他重病缠身，死在了蒙化。原来这新通判接到了到蒙化上任的旨令后，就先来到大理观山玩水。蒙化府土知府左土司就派管事前往大理迎接新通判。管事在和通判闲谈中向新通判介绍了蒙化的风土民情，并有意专门介绍牧甸罗土主庙，说牧甸罗土主逻盛炎是一个铁面无私的人，是专杀贪官污吏的一个诏主。要通判在路过河上湾时下轿去朝拜牧甸逻土主。还说蒙化境内有十八大土主庙，别的土主庙不朝拜也得，唯独牧甸罗土主最灵验，老百姓最信奉，做官的人必须去朝拜一番才能官运亨通，万事如意。谁知这个新通判是个不信邪而又十分高傲的人，他嘴上"嗯呀""哈呀"答应着，心里却不以为然，认为所谓土主只不过是一个死了的土司头人，何消去朝拜，到时候推说没看见就过去了，看他奈我何来？

这天，新通判及管事一行人马浩浩荡荡来到河上湾路口，管事在后面轿内打了招呼，可是新通判却没有住轿，轿子照常向前行进，通判虽然不理管事的招呼，却也不由自主地往路上方望望，无意中却看到一高大石碑，上面的字因刻得小看不清楚，而"文武百官到此下马下轿"的字迹却清晰可见。通判看了后，愣住了：咦？什么人敢在此官道上立下这样高大石碑？石碑虽经风雨侵蚀，长满青苔石花，说不定是哪朝哪代的牛皮圣旨，或者有什么重要典故，其来头肯定不小，才敢在官道上立此高大石碑。又想起管事说"要下马下轿朝拜土主。"其中定有奥妙，忽然想起古人说的"强龙难压地头蛇"这句话。土主是土人的祖先，外地人拜不拜土主是与现在的土知府左土司的关系大有讲究。想到这里心里开始感到今天在此不下轿是有点不妙。这时想叫轿夫停轿已经来不及了，已过了好一大截路。正在犹豫不定之时，只听得"咔嚓"一声响，前轿杆双双折断，轿子猛地斜着倒在地上，把个圆滚一身肚、肥头大耳的通判滚了一身灰土，好在是没有伤着哪里，但却吓得通判一脸煞白。原来是路心横着一条小小的过路水沟，前轿夫没有看见，一脚踩空踏在沟里，加上通判体重过人，轿子重重一闪就把那虫蚀狗咬的轿杆闪断了，把个通判跌得晕头转向，六神无主。想到今天初到蒙化上任就跌这一跤，兆头不好，也许是没有下轿朝拜牧甸罗土主的缘故。土知府管事说的"牧甸罗土主是专杀贪官污吏的诏主"的话语在通判脑子里转来转去，联想到由于他以前当官贪赃枉法而导致了多少人倾家荡产，卖儿卖女，投河上吊，添了不少屈死的鬼，冤死的魂。想到他干的这些勾当，心中害怕起来。通判定了定神，想到还是上去朝拜一下土主的好，还可以向土主忏悔一下自己的罪过。于是借口轿夫修理轿杆还要耽搁些时候，叫管事带路去河上湾，却又硬撑着嘴说："随便上去逛逛去。"于是众人前呼后拥随着通判步行上路。通判想："今天我这个强龙真的压不住这个死的地头蛇？"他正想着如何应付死的地头蛇，活的地头蛇，满脑子的蛇、蛇、蛇。不觉就到了土主庙。只到大门前就觉得阴气袭人，进了大门更觉得阴森可怕，原来庙前有两棵高大粗壮、枝叶茂密的大缅树把个前院心遮盖得严严实实，不透阳光。众人过了过厅，后院心虽较明亮，但这时又忽然刮起一阵狂风，内院心卷起一小股旋风，直立在院坝心久久不散。通判不由打了一个冷噤，觉得毛悚骨冷，预感这旋风兆头更不好。

也许是过去当官时亏心事做多了，通判这时真的怕起"专杀贪官的诏主"了。只见新通判不断揩汗，抖脚抖手进了大殿，头也不敢抬，只望着地上正中的大蒲团走去，跪上就叩头，口中还念念有词。头叩毕，他慢慢抬起头，想看一看牧甸罗土主逻盛炎到底是何等模样？他先从脚望了上去，当才看见脸就吓得他"啊"了一声，身子向后一靠，一屁股坐在跪着的小腿上，一手紧捂双眼，一手反撑在地。原来通判看到的逻盛炎却是个铁青面皮，环眼红发，面目狰狞的神像，右手举着尚方剑，左手指着通判跪着的地方，好像历数通判的罪恶，举剑欲斩的样子，因此通判吓得手捂双眼不敢再看。少顷，通判紧捂双眼的手慢慢松开一小缝，又偷眼望了上去，朦胧之中却看见一条大蟒蛇张开了血盆大口，从神像头上向着通判直扑下来，通判大喊"啊呀，蟒蛇！"就瘫软在蒲团上，中风不省人事。同行之人什么都没有看到，见通判突遭变故，赶快把他抬回蒙化城。不几天通判就一命呜呼了。

从此，牧甸罗土主庙的故事越传越广，越传越神了。以后大凡过路的新官上任蒙化，再没有敢不去朝拜牧甸罗土主的了。

史事传说

六诏传说

讲述：饶唯
记录：薛琳
1981年3月采录
流传地区：巍山巍宝山

很久很久以前，在洱海地区有六个诏，传说这六个诏的诏王是六个彝家亲兄弟，他们的发祥地在现今巍山彝族回族自治县城南著名的风景区巍宝山①。巍宝山是个风景绮丽的好地方，六个诏王的家就在巍宝山下的一个彝家人聚居的山寨里，这山寨叫作前新村②。相传六个诏王的父母亲祖师爷和祖师娘生性勤劳朴实，他们每日耕于巍宝山，辛劳度日，一家两口生活过得美满幸福，可是忙到六十岁了，老两口还没有一个小孩，为此，他们非常苦恼，希望能老年得子，使香火不断。

就在老两口满六十岁这一年，一日，祖师爷在巍宝山上耕种山地，中午时分，祖师娘做好了晌午③，给老头子送去。她走到巍宝山的遇仙峰时，看见在路边的一块大石头上盘腿坐着一个身穿白袍、头戴红冠的美髯公。右手握着一把鹅毛扇，左手持着一根白蚊帚，笑呵呵地望着她。当她走近

---

① 巍宝山原名巍山，明蒋彬《南诏源流纪要》和胡蔚《南诏野史》都有"唐贞观初，舍龙细奴逻居蒙舍，耕于巍山之麓"的记载，所以巍山被认定为南诏发祥地。
② 前新村在巍宝山北麓，村内有"蒙氏宅"遗址，是细奴逻移居巍山后的定居地。
③ 晌午：当地称午餐为晌午。

后，那美髯公指着自己的肚子对她说："老大妈，有吃的东西吗？我的肚子饿了。"

"我背篓里带着晌午，"祖师娘看这美髯公肚子饿得路都走不动了，非常同情他，于是边说边从背上放下背篓，从背篓里拿出晌午，递给美髯公，"请吃吧，老师傅。"她很客气地说。

美髯公接过晌午，毫不客气地吃了起来。祖师娘坐在旁边的一块石头上，微笑地看着美髯公津津有味地吃着。不一会儿，一盆饭菜就让美髯公吃光。美髯公把碗筷还给祖师娘，道了声谢，就手掐念珠念起经来。

祖师娘见美髯公闭目念经，不便打搅他，收拾起盆子碗筷后，就转身向山下走去，准备回家给老头子另做晌午。

祖师娘回家后，很快做好了晌午，收拾好后，第二次向巍宝山走去。当她来到遇仙峰时，那美髯公坐在石头上没有离去，在他右边的一块石头上又增加了一个中年道士。美髯公见她来了，又笑着指指旁边的那道士对她说："他是我的徒弟，还没有吃早饭，还有吃的东西吗？"

祖师娘心地善良，一听说那道士还没有吃饭，又赶忙从篓中拿出晌午送给那中年道士，等道士吃完后，她又高高兴兴地收拾起碗筷，背起背篓向山下走去，回家给老头另做。

当她第三次来到遇仙峰时，那美髯公和中年道士还没有走，在美髯公左边的石头上又增加了一个中年道士。美髯公见她来了，又指指左边的那道士对她说："他是我的二徒弟，还没有吃早饭，还带有吃的东西吗？"

祖师娘二话没说，又热情地再次拿出晌午，递给那道士。等那道士吃完后，她又收拾起碗筷，背起背篓向山下走去，回家给老头另做。

在巍宝山上耕种山地的祖师爷，看看太阳都要偏西了，肚子饿得咕咕响，还不见老伴送晌午来，他几次放下手中的犁头，走到路口向山下看，总不见老伴的踪影。最后，他干脆把犁架解了，把两条黄牯子牛吆到地边去吃青草，然后又一次来到山路口望着山下。这时，他看见老伴背着背篓，躬着腰正匆匆忙忙地向山上走来。等老伴走拢后，他生气地对老伴说："太阳都快要落山了，你才送晌午来，今天你做什么事情去了？"

祖师娘没有出声气，她知道老头子是为她送饭晚生气的，于是赶紧把饭菜摆在草地上，并盛了满满的一碗饭端给祖师爷。

祖师爷接过饭碗，发现老伴的脖子上、脸上到处流着汗水，一身衣服汗淋淋地贴在肉上。他想到平日老伴送晌午总是及时的，没有像今天这样耽搁过，看她累成这个样子，准是家中出了事情。于是赶忙问老伴："看你汗淋淋的，莫不是家里或在路上出了什么事情？"

祖师娘掀起围腰揩了揩脸上的汗水，于是就把在遇仙峰三次碰到美髯公和道士的事，一五一十地讲给老头子。

祖师爷听后，忙放下手中的碗筷，惊喜地对老伴说："你遇见仙人，你遇见仙人了！那身穿白袍、头戴红冠子的美髯公就是太上老君，那两个道士是他的徒弟，右边的叫张天师，左边的叫李天师，圆觉寺里塑有他们的像。去年我们还去朝拜过他们，求他们赐给我们一个儿子，你忘掉了吗？还不赶忙收拾东西，下去拜拜他们，求个今年五谷丰登，四季平安。"

经老头子一说，祖师娘如梦初醒，后悔莫及地说："我老糊涂了，遇见仙人也不知道，我刚才过遇仙峰时，他们已不在了。"

"可能不会走远，快，快收拾东西！"祖师爷一边解犁架一边催促老伴。

太阳进了西边山顶，祖师爷扛着犁头吆着牛在前，老伴背着背篓跟在后边，老两口一前一后向遇仙峰走去。来到遇仙峰，他们抬头一看，遇仙峰的顶上飘着三朵五色祥云，美髯公盘腿坐在石头上，容光焕发，头戴冠子，右手握着鹅毛扇，左手持着白蚁寻。在他的左右两边立着两个身穿灰布袍子的中年道士，那就是李天师和张天师。

美髯公两手掐着十二颗金光闪闪的念珠，笑着对老两口说："寿比南山，福如东海，你们是要长寿还是要享福？说吧，我们会满足要求的。"

老两口见上座的太上老君和他们说话，喜得无言以对，口中连连说道："我们不要什么，不要什么，只求五谷丰登，四季平安！"

老君见老两口为人忠厚老实，对他们说："你们无儿无女，我知道你们盼儿心切。"说着从手中掐了六颗念珠送给祖师爷，说："我包你家香火不断，儿孙满堂，世袭为王。"边说边用鹅毛扇在祖师爷的犁把上轻轻地敲了十三下，然后把手向山顶一挥。说也奇怪，那飘在遇仙峰顶上的三朵云彩随即飘将下来，分别落在老君和两个中年道士的脚旁，于是老君和道士踩着祥云向空中飘去。

老两口见此情景，赶忙双膝跪下双手合掌向老君和道士作揖告别，直到完全看不见他们的踪影了，方从地上爬起，收拾东西下山回家。

自从那日老两口在遇仙峰和美髯公道别回家后，祖师娘突然有了身孕，第二年一胎生了两个儿子，第三年又怀了第二胎，也是一胎生了两个儿子，第四年又怀上了第三胎，也还是一胎生了两个儿子。在短短的三年时间里，祖师娘怀了三胎，生了六个儿子，一时间四邻左右前来祖师爷家恭祝新喜的人持续不断，祖师爷老两口整日笑得合不拢嘴。

说是奇事真也是奇事，每当祖师娘生下两个儿子，老君送给祖师爷的六颗念珠也就不见了两颗，到祖师娘三胎生下六个儿子后，祖师爷的六颗念珠也就不翼而飞了。后来，人们才知道原来老君送给祖师爷的六颗念珠是仙珠，它们转世成了祖师爷的六个儿子。

六个儿子长得很快，一天一个样，转眼就长大成人，一个个腰阔体壮，英俊威武，一表人才。六个儿子中又数老大天资过人，超群出众。他生得浓眉大眼，仪表非凡，没做过的事情一看就会，田园农活样样会做，十八般武艺件件精通，四书、五经背得滚瓜烂熟，老两口特别宠爱他，特意给他取了个小名叫细奴逻。

当时，巍山、南涧、弥渡三县是一个大部落，主寨设在弥渡，巍山和南涧分设分寨，部落长是"白蛮"叫张乐进求。那时弥渡有一座铁柱庙，里面有一座金雀寺，每年农历正月初一至十五日，弥渡和巍山、南涧两个分寨的彝白汉人家都要前往铁柱庙朝拜金雀寺。传说朝拜后的农户，一是可以消灾除病，二是可以六畜兴旺，五谷丰登，人丁发达。部落长张乐进求还下了一道诏书，诏书说："凡来朝拜金雀寺的人，谁要是能够把金雀寺铁柱上铸着的金雀朝拜下来，就让位给他，并把独生女儿嫁给他做媳妇。"部落长张乐进求的姑娘长着一双美丽的丹凤眼，生着百灵鸟一样的好歌喉。她唱起山歌来，能使树上的小鸟感动得飞下来和她一起歌唱；她的音容笑貌，就是月亮里的嫦娥见了，也要感到惭愧。这道诏书一下，四面八方的小伙子立刻云集到金雀寺，每年正月初一至十五，朝拜金雀寺的人川流不息，人山人海。可是，年复一年，就是没有一个人能够把铁柱上的金雀朝拜下来。

细奴逻长到十八岁的这一年，恰好是朝拜金雀寺的极盛年，他和五个弟弟也一同去朝拜金雀寺。初一这天，他们兄弟六人来到金雀寺，说也奇怪，细奴逻刚刚向金雀寺朝拜，铁柱上铸着的两只金雀突然扑打了几下翅膀，鸣叫一声，同时从铁柱上飞将起来，在金雀寺上空盘旋一周，然后，一只落在细奴逻的右肩上，一只落在他的左肩上。朝拜的人群个个惊喜若狂，团团把细奴逻围了起来。小伙子吹起了笙箫，姑娘跳起了欢乐的打歌舞，向他庆祝。两只金雀在细奴逻的肩上一直待了十五天，正月十五日下会那天才飞去。部落长张乐进求履行自己的诺言，召见了细奴逻，请他接事，并把独生女儿嫁给他。细奴逻推辞不受，张乐进求一再请他即位。细奴逻无法推辞，只好指着一块大石头发誓说："如果我该当王，剑必入此石。"于是举起宝剑向大石头砍去，只见剑起刀落，火花飞溅，细奴逻的宝剑果然入石三寸。细奴逻不好再推让，于是接事当王，并择日娶过部落长张乐进求的姑娘完婚。后来，人们为了纪念细奴逻盟石当王这件事，就把这个地方的一个村子叫作盟石村，就是现今的巍山彝族回族自治县庙街公社的盟石村。细奴逻接事当王后，建号大蒙国，自称齐嘉王。随后他又带兵吞并了洱海地区的许多分散的小部落，分设五个诏——邓赕诏、施浪诏、浪穹诏、蒙巂诏、越析诏，并按功劳大小，委派了自己的五个弟弟分别去当了这五个诏的诏王，自己为南诏王，这就是大理洱海地区有名的六诏。

细奴逻即位后，为了报答老君降化弟兄六人的恩赐，还在巍宝山遇仙峰老君打坐石下边盖了老君殿，塑了老君和张天师、李天师的像，让他们永世享受后代的香火。

后来齐嘉王细奴逻死后，他的子孙后代继续当南诏王，到他的曾孙皮逻阁统一了其他五诏，建立南诏国。从细奴逻为王到南诏国灭亡，他的子孙后代世袭为王十三代，应验了昔日老君用鹅毛扇在细奴逻的父亲祖师爷的犁把上敲了十三下之事。从此这个神奇的故事就一代一代地传了下来，一直传到如今。

附记

六诏出现于唐初，细奴逻是南诏第一代王，樊绰《蛮书》及新、旧《唐书》对六诏兴亡过程都有较为翔实的记载。

老君点化细奴逻之说，最初见于南诏中兴二年（899年）的《南诏中兴画卷》，其中的第二化及第三化系梵僧点化细奴逻故事。"梵僧"，画卷中释为"观音"，《康熙蒙化府志》中记为"老人"，巍山的民间传说则是"老君"。关于这个神话传说，现巍宝山老君殿内立有清嘉庆十五年（1810年）的碑记一块，对此有所叙述，《康熙蒙化府志·蒙氏始末》中也有些记载，在巍山民间更是广泛流传。

细奴逻下凡

采录：李永美
1985 年采录

传说细奴逻本是天上神仙。早先因百鸟无人管教而为所欲为，王母娘娘就叫凤凰带领金鸟下凡来惩罚它们。凤凰本是天上神鸟，当它飞到地面时，百鸟都闻风来朝，凤凰乐于百鸟的朝奉，不思天庭，做起了鸟王。

王母娘娘不高兴了，就命火神爷的儿子细奴逻来杀死凤凰和金鸟，临走时王母娘娘交给了细奴逻一把刀，说道："如果不把凤凰和金鸟杀死，就别想再回天庭。"

细奴逻来到凤凰山，见百鸟都云集在那里听金鸟歌唱，看凤凰起舞。当细奴逻走近时，它们都停止了歌舞。凤凰告诉百鸟："王母娘娘已命细奴逻来杀害我们了……"百鸟见细奴逻要杀害凤凰和金鸟，一齐伤心地痛哭起来。它们一边哭一边咒骂道："王母娘娘好毒辣，细奴逻好狠心……"它们哭得山摇地动，把细奴逻的心哭软了。他恨王母娘娘残暴，乱杀生灵，便丢下刀说道："大家不必惊慌，我虽天命在身，但于心不忍。"凤凰和金鸟见细奴逻如此义气，十分感激地道："为救生灵，你甘犯天条，如此义举，再生不忘！"

王母娘娘闻报细奴逻不愿意杀害凤凰和金鸟，大怒道："细奴逻不遵天命，理当重惩。"便对火龙道："你快去把细奴逻捉拿回来……"

火龙还在半空就大显威风，又是打雷，又是闪电，口中喷火，鼻里吐烟，张牙舞爪地向细奴逻扑来。吓得百鸟四散乱飞。火龙大声吼叫："细奴逻赶快受缚，免得我动刀枪。"细奴逻道："王母娘娘惨无人道，枉杀生灵。我们又无冤仇，何必这样？"火龙道："住口！我奉天命捉你，你有何话说，再敢多嘴就要把你撕碎在地。"火龙说着就要来抓细奴逻，凤凰上前拦住。火龙只顾跟凤凰厮打，猛不防金鸟冲上前，一爪抓瞎了它的双眼。王母娘娘见捉不住细奴逻，怒上加怒，就把他贬出天庭，降为凡人，在凡间受苦受难。

凤凰和金鸟见自己的救命恩人正在受着苦难，就来请求老君爷爷解救。老君道："你们放心。我早就听说细奴逻正直善良，日后亲自下凡赐他富贵便了。"后来，老君果然下界点化，细奴逻终于做了蒙舍诏王，开创了南诏十三代基业。

细奴逻成家

采录：罗杨奇
1984年采录于巍山前新村

细奴逻来到蒙舍坝，先是帮一家人放牛。说好是放满一年给他一条牛，吃的由这家人供。一年放满了，这家人却舍不得给他牛，就要赖道："哪个说给你一条牛，我是说给你一瓢油。"细奴逻见这家人小气，就说："你家舍不得给我牛就算了，这瓢油我要了做什么用？"随手便把这瓢油泼了出去。

这家人欺细奴逻是外地人，硬要叫细奴逻把地上的油整干净不可。细奴逻就用火来烧，不料却把房子烧着了。细奴逻见惹出了祸事，拔腿就走，这家人紧紧追赶，细奴逻被追得晕头转向，猛不防撞在了一个迎面走来的姑娘怀里。

细奴逻不好意思地把被人追赶的事说了，请求姑娘原谅。姑娘很同情细奴逻的遭遇，就把他留在家里。

这姑娘叫蒙淡，生得十分秀丽，又善良又贤惠。她见细奴逻举止不凡，便产生了爱情。

有一次蒙淡家的羊群不知哪里去了，找了三天三夜也没有找到。蒙淡的阿爹很着急，就说道："只要哪个把羊群找回来，就分一半给他。"

蒙淡听了就领着细奴逻翻山越岭，终于从深山老林里把羊群找了回来。蒙淡的阿爹就把羊分出一半来给细奴逻，细奴逻说什么也不要，老人见细奴逻精明能干，品质又好，就把姑娘许配给了他。

后来细奴逻越弄越穷，认为自己命苦不应该再连累别人，还是让人家趁太阳好走路，反正自己是讨不起媳妇了。她这样想着就到蒙淡家退婚。

蒙淡知道细奴逻要退婚，就对阿爹说："我只给一次绝不许二回，俗话说：人好不如心好，有钱不如有德。嫁给他，就是讨饭我也心甘情愿。"

细奴逻道："承蒙阿妹错看，只是我一贫如洗，不知要等到哪天才讨得起媳妇。"

蒙淡道："一百年我都等着你。"

细奴逻走后，蒙淡就跟阿妈说："他讨不起，就叫他客也不要请了，我的衣服也不要缝了，随便点成了一家人算了。"阿爹也赞同道："连彩礼也不要他的了。"

于是细奴逻请两个人来讨亲,蒙淡家请了两个人送亲。来到半路,只见一块大石头拦住了去路,人们推了几次都没有推动,细奴逻上前只轻轻一推就推动了。大石头推开后,底下却藏着许多银子。人们都说,这是上天赐给细奴逻和蒙淡的福气。从此细奴逻和蒙淡结成了夫妻,蒙淡帮助他建立了事业。

细奴逻与乌龙剑

采录:罗怀奇
1984年采录于巍山坝子

南诏以前,邪龙川(今巍山坝)南部居住着强大的濮蛮人和弱小的俸俸摩人。年轻的细奴逻逃难到邪龙川后,就入了弱小的俸俸摩人族籍。

一天,细奴逻到山中去打猎。一箭射中了一只大马鹿。可惜箭头上的药毒力不够,马鹿带箭逃跑,细奴逻紧紧追赶。追着追着,进了濮蛮人的地界,马鹿倒地死了。细奴逻见马鹿太大,一个人背不动,就打算单把马鹿的肉和皮收拾了,挑回家去。

他刚剥下鹿皮,还没有割鹿肉,就听到身后有脚步声,抬头一看:"啊!"自己被几十个手持钢刀的濮蛮大汉团团围住。这时,细奴逻才明白自己误入濮蛮地域了。他想跑,无法跑了;他要打斗,也斗不过。细奴逻镇定下来,便把刀插回腰间。然后,笑呵呵地朝身着豹皮大褂、头戴雉尾羽毛的大头目说:"我在俸俸摩山里射中马鹿,可它偏偏跑到这里来了。这该是大首领的福分,我就把它送给你了。"说毕,行了告退礼,背起弩箭,准备走了。大头目见细奴逻干脆爽快,便把他放了。细奴逻三步并作两步走,离开了濮蛮人的地方,一闪身钻进了茂密的树林子。

濮蛮人的二头目见大头目放走了强壮的俸俸摩汉子,大声叫起来:"踩破阿濮山界的外人,就该捉回去当娃子,这是阿濮人世代相传的规矩。"所有的人被二头目一句话提醒了,丢下马鹿,一窝蜂似的追赶细奴逻。这时细奴逻躲在路旁的林子里,听着濮蛮人奔跑的脚步声,心里暗暗地庆幸。

一会儿,脚步声远了,他站起来,心想:"不能再回俸俸摩寨子去了。濮蛮人追不到我,一定会去逼俸俸摩人的大首领交出我来的。说不定还要搜寨子呢!"细奴逻朝俸俸摩寨子拜了几拜,决定远走他乡逃难。

细奴逻腰挂短刀，身背弩箭，漫无目的地行走在茂密的大森林中，不觉间迷失了方向，走进了不见天日的深山。这时，他才感到又饥又渴，听到路旁密林深处淙淙的流水声，便走了过去，趴下掬水解渴。当他爬起来时，猛一抬头，离他不远的岩头上蹲着一只黑熊，正睡得香。细奴逻看看四周确实没有老熊，便张弓搭箭，一箭射中熊的咽喉。那小熊没哼一声，摔下岩石死了。他扛起小熊来到一个三面临坡的山谷里，认定前肢稍短的熊下不了陡坡。再说肚子饿得难忍了，便坐下来，取出随身携带的火镰，打火烧熊肉吃，好好地吃了一顿美味野餐。他正吃得津津有味时，一条碗口粗细的大乌蛇，倒挂树上，张着血红大口，来抢熊肉吃。细奴逻起身想跑，大蛇吐出毒舌朝他脸上伸来。他急了，抓起一根树棍随手打去，蛇将头一缩，没有打中，第二次蛇头迅速伸来，像飞镖一样，直刺他的咽喉。说时迟，那时快，细奴逻把身子一闪让过，趁势朝蛇打去，蛇马上避开，未击中。蛇头又十分迅速地返回来了，细奴逻集中精力，非常紧张。几个回合之后，细奴逻冷静下来了，意识到此蛇不同寻常，必须认真对付，方能免遭大难。

　　此时，大蛇如张飞手中的丈八长矛，上下飞舞，左右旋转。细奴逻手中的木棍，无论怎样准确打去，总是打不着它。细奴逻沉着应付，仿佛面临武艺高强的敌手，全力以赴，左突右围，木棍横扫，呼呼作响。虽然多次打不着它，还是越战越勇，毫不气馁。

　　几十个回合，好几个时辰过去了，双方胜负难分。大蛇被激怒了，伸头绕在树干上，放下尾巴来，像钢鞭一样的蛇尾，摆动得风雨不透，一鞭紧似一鞭，向细奴逻扫来。细奴逻紧握手中木柴上挡下掩，左躲右护，忙得大汗淋淋，气喘吁吁。一直斗到天黑的时候，大蛇才无心恋战，一扬头，像飞梭那样，飞到一棵又高又大的树上去。此时，细奴逻觉得浑身无力，软绵绵的，倒下去，睡着了。

　　一阵雀鸟的叫声唤醒了熟睡的细奴逻。他睁开惺忪的睡眼，迷迷糊糊地看见眼前出现了奇怪的景象：一个大青猴子拿着他用过的木棍，正在与大乌蛇厮斗。

　　那大乌蛇一伸一缩，左盘右拐，同昨天与细奴逻相斗的一样，它发怒了，抬头缠绕树干，用像钢鞭一样的尾巴，进行战斗；再看大青猴，好像也在模仿自己架势，对付着大乌蛇。

　　细奴逻坐地旁观，悉心观察，暗暗揣摸。大青猴会意，当细奴逻专心学艺时，它那一招一式，十分认真，仿佛师傅给徒弟做示范一样。于是细奴逻能准确地把大青猴的武术,一招一式悉记心里。

　　大青猴和大乌蛇愈斗愈烈,一个个回合,互不相让;次次接触,胜负难分。在旁的细奴逻从它们打斗中看出:各自都有自己的套路,只是大青猴的招式灵活,专攻大乌蛇的弱点和短处,使大乌蛇处于应付的田地。

　　傍晚,大青猴和大乌蛇休战,各自回洞了。细奴逻看看天色已晚,又记挂它们斗争的胜负,便留下来住宿一夜。这一夜,他没有睡着,大青猴与大乌蛇相斗的情景,时时出现在脑海中。他把大青猴的手段,一招一式地比画着,几遍后,硬被他练熟了。

　　天亮了,细奴逻注意四方,约等了两个时辰。始终不见大青猴和大乌蛇来。他吃了些熊肉,就上路了。

　　一片稀疏的松林里,绿草如茵,透过枝叶间隙的阳光,撒布在绿茵上,斑斑驳驳,煞是好看。细奴逻来到松林,仿佛换了人间,顿觉空气清新,精神爽朗。为了寻找路径,他不时抬头远看,见前面不远处,一株大树的一人高处绕着一条黑色的布带。这条布带十分柔软,迎风飘舞,好不惹眼。细奴逻伸手去取,想作腰带使用;哪知,他才一伸手,布带突然上蹿了五六尺。他爬上树去,一伸手,布带又上蹿了,一直上蹿到了树尖。

　　细奴逻十分纳闷,便下树来,连望都不望一眼,往前走了。不料,那布带,竟然飘舞而来,擦着细奴逻的头顶,飞到前面树枝上缠绕起来,离他不到一人高,细奴逻不再理会了,加快步伐朝前赶路。然而布带不罢休,又起飞追赶,从细奴逻前飞过,又缠绕到低矮的小树上。布带的戏弄,使细奴逻火冒三丈,紧走几步,猛一伸手,抓住布带头子,使力一扯。只听得"铮"的一声响,布带却成了一条硬邦邦的东西,定睛一看,原来是一柄寒光闪闪、锃亮夺目的长剑。细奴逻满心欢喜,从鞘中抽出剑仔细观看,只见光彩熠熠,剑刃锋利,果然一柄好剑。细奴逻如获至宝,情不自禁地挥舞起来。心想,假如大战乌蛇时有了它,能不取胜?想着便挥剑向一株杯口粗的松树劈去,只听得"咣当"一声,溅起无数火星。原来,用力过猛,宝剑砍断树干,劈到树后立着的青钢巨石上,并把巨石砍为两截。细奴逻急忙看剑刃,剑刃锋利如初,不损分毫。他握剑手中,冲口赞美道:"真乃乌龙劈石之剑也!"话刚毕,那剑连闪寒光三次。

　　细奴逻身背弓弩,腰悬乌龙剑,兴高采烈地步出大森林,来到一个不知名的大坝子。坝子四周环山,中央一条河流蜿蜒穿过,整个坝子一望无际,茅草有一人多高。细奴逻不知往哪里走,犹豫间,太阳也快落山了。于是砍了野藤和树枝,搭个窝棚过个夜。

天黑了,细奴逻从草棚里看到不远的地方,亮着一团红红的火光。本想立即动身去看个究竟。可是,这时又传来虎啸狼号的声音。在这片茫茫的草原上,还会出现什么意料不到的麻烦呢!因此他强压性子,盼着天亮。

东方发白,细奴逻背上弓弩,挂上乌龙剑,顺着昨夜火光出现的地方走去,原来昨夜火光出现的地方是个岩洞,他手握乌龙剑柄,小心慢慢地朝洞口走去。走近洞口,一位瘦瘦身子、小眼睛,蛤蟆扁嘴的黑老头出现在眼前。细奴逻吓了一跳,"铮"地抽出乌龙剑,拉开架式……那黑老头却"咯咯"地笑了。笑毕,张开扁嘴说:"不用了。你那点本事还是我在大森林里教会你的,你手里的剑,也是我送你的。"细奴逻迷惑不解地问:"你是什么人?"只见那老头摇身一变,成了一条碗口粗的大乌蛇,一看就是树林中的大乌蛇。随即,大乌蛇掉头回到岩洞去了。细奴逻朝洞口拜了四拜,正想转身出去,忽然从洞里传出怪声古气的咒骂声:"我知道你是个轰轰烈烈的男子汉,才把乌龙宝剑术教给你,又送你乌龙宝剑。谁知道你是个只顾逃命的怕死鬼。"年轻的细奴逻听了咒骂,害羞得无话可说,他默默地下了决心,转身朝邪龙川方向大步走去。

夜深人静,细奴逻回到了僳僳摩寨子。走进寨子一看,他几乎流出了眼泪,寨子空无一人,几百间草房全被烧光了,寨子中央供奉的石老虎已经被打得粉碎,那供石老虎的神台上供着一个濮蛮人敬奉的石公鸡。寨子被濮蛮人占领了,僳僳摩人全被赶走了。

细奴逻没有在被烧光的寨子里多停留。只静静地想了一会儿,就连夜赶到离濮蛮人大寨不远的一片大松林里躲起来。白天他把松明柴削成一支支箭条,再在箭条上涂上松脂,一共做了几十只松明箭。趁着一个漆黑的夜晚,他悄悄地摸到濮蛮人大寨后面,点燃了松明火箭,用力拉开大弩,把一支支松明火箭,射进濮蛮人的草房,霎时,濮蛮人的寨子成了一片火海。

细奴逻看看濮蛮大寨的火光,心里乐滋滋的。可是看到寨子中那棵屹立的石柱,柱顶上的那只石公鸡,在火光照耀下显得更加雄健,心里又不是滋味。他知道濮蛮人的规矩,只要他们的天神"石公鸡"不倒,就是说天神还在保佑他们。就是只剩一个人,也不认输。细奴逻来不及多想,他"哗"地抽出宝剑,向石柱冲去。

这时,大头目、二头目正手持钢叉站在石柱旁,大声吆喝着一群娃子去扑火。忽然看见火光中一条汉子手持宝剑向他们冲来,便知道来者不善,他俩丢下娃子，操着钢叉，朝细奴逻逼来。细奴逻大叫一声："倮倮摩人报仇来了！"举剑朝大伙头劈去。那大伙头本领不俗，身子一闪，让过剑锋，转身把钢叉朝细奴逻刺来；二头目舞动钢叉，前来助战。那些娃子大多数是被抢来的倮倮摩的青壮年男子，他们一听倮倮摩人来报仇了，都抓起石块木棒拼命朝两个头目打去。细奴逻高声招呼："你们快去收拾那几个小头目，这里用不着你们。"娃子们大声吼叫着："倮倮摩人报仇来了！""倮倮摩人打赢了！"像一股凶猛的洪水，向着大火燃烧处杀去。

细奴逻施展剑术，越战越勇。几十个回合，两个头目被他劈成几半。他一转身，跳上神台，挥剑向石柱猛砍，砍得石柱火星直冒。不几剑，石柱"轰"的一声，被它砍倒了。那些濮蛮汉子，眼看自己敬奉的天神——石柱和石公鸡倒了，便纷纷放下钢叉和弩箭，乖乖地被倮倮摩人押走了。

东方发白，濮蛮人大寨已烧为灰烬，倮倮摩人战胜了。

细奴逻打败濮蛮人后，逃到山林里的倮倮摩人都回来了，大头目说细奴逻立了大功，他主动让位。人们就公举年轻的细奴逻担任倮倮摩人的大首领。从此细奴逻神威大振，乌龙剑令敌人闻风丧胆。

细奴逻与蒙氏汤池

采录：王丽珠 女 彝族
1967年采录

在今巍山彝族回族自治县境内的巍宝山北面山脚，有一温泉，称作"蒙氏汤池"，它能治愈各种皮肤病。相传这是南诏第一代王细奴逻发现的。

唐初，细奴逻还在孩童时，父辈为避仇家，与其母从哀牢（今保山）逃至巍山。母子二人落脚在巍宝山，在巍山麓盖了一间简易住房，其母羌壶终日耕牧，勤劳度日，用心血和汗水抚育儿子长大，这样平安地过了十余年后，细奴逻长大了。

长大了的细奴逻不但聪明能干，力大非凡，而且对母亲非常孝顺。这一年，渐渐衰老的羌壶得了一种皮肤病，先是全身皮肤发红，奇痒难忍，继而头发脱落，十指无甲。细奴逻为使母亲减少痛苦，请遍了名医前来给母亲治病，但都不能治好母亲的病。细奴逻很难过，昼夜守着母亲，心想就是葬身九泉，也要治好母亲的病，决心以自己的血肉之躯换来母亲的康复。一天夜里，细奴逻刚进入睡梦，忽见一位白发银须的老人来到他的床边，对他说："你若能找到巍宝山中的汤池，让你母亲在汤池中洗澡，病就会好了。"说完飘然不见。细奴逻一骨碌翻身起来，去追老人，但哪里追得着，只见满天星斗，四周是一片静寂，老人早已无影无踪了。细奴逻返身回家，将刚才遇到的事禀告母亲，安顿好母亲后，立即爬上巍宝山去找汤池。

方圆百余里的巍宝山，哪里有着医治母亲疾病的汤池呢？细奴逻从东找到西，从西找到南，又从南找到北，再从山脚找到山顶，一连找了三天三夜，但都找不到老人所说的汤池，只好返回家来。他母亲劝道："儿啊！娘可能是大限已到，不能救活了，你不要再去奔波了。"但细奴逻仍不甘心，当天晚上安顿好母亲后又上山了。夜半时分，细奴逻来到巍宝山的北面山腰，忽见山脚下有一处地方，白气腾空，云烟密布。心中一喜，忙奔下山去看，果然是一潭冒着热气的汤池，水不热不冷，散发出一股香气。细奴逻欣喜若狂，急忙在汤池边打上记号，回家搀扶母亲来汤池洗澡。以后，每天他都搀扶着母亲来汤池洗一次澡，三十天过去，母亲的病奇迹般地好了。此事传扬开来，巍宝山周围村寨凡患有皮肤病的人也都纷纷赶来这里洗澡，也都得到康复。人们为了纪念细奴逻发现这汤池的功劳，从此便称这汤池为"蒙氏汤池"。

九牛井

采录：王丽珠
1967年采录于巍山庙街

相传南诏北面的蒙嶲诏有口宝井，名"九牛井"，就在蒙嶲诏王的花园里。蒙嶲诏王每天清晨起床后，到花园中喝上三碗九牛井水，浑身就力大无比，能把巨石敲成碎块，能用手掌把柱子粗的大树劈倒，打起仗来，轻易就可以把对方连人带马举起来砸在地上。

南诏王细奴逻想试试九牛井水的真假，就派人去蒙嶲诏偷九牛井水，但去了几次都是空手而回。一天，他正在为此事一筹莫展的时候，他的卫士自荐，愿意去偷水。他喜出望外，同意了卫士的办法。第二天，是蒙嶲诏的街子天，卫士化装成樵夫，用马驮了驮栗柴到蒙嶲诏街子上去卖，有人来买时，他故意把价钱抬高，不让人买走，到蒙嶲诏王宫里的管家来买柴时，他才压低价钱，做成了生意。卫士送柴到蒙巂诏的王宫里，正好诏王的花园和厨房是两隔壁，他边解柴驮子边观察好通往花园的道路，趁管家去账房取钱的时候，他就悄悄地溜进花园，在一棵梅花树下找着了那眼九牛井，只见泉水汪汪，清澈见底。他就着水井就喝了个够，然后急忙溜出了花园，接过管家付的柴钱，吆着牲口离开蒙巂诏王宫。来到山脚，卫士直感到身体热乎乎的，浑身上下有一股使不完的力气。他顺手往路边一棵松树上拍了一巴掌，那松树"咔嚓"一声就断成了两截。这时慢慢走过来一条老水牛，他又去抱老水牛，只轻轻一下就把老水牛抱了起来。

再说蒙巂诏王在那卫士来卖柴时，正在睡觉。他起床后和往常一样，漫步到花园去赏花，他走到九牛井旁时，忽然发现井水落了一截，忙喊来管家进行询问："有谁来过花园？"

管家回答说："没人来过，刚才来过一个卖柴的樵夫。"

"樵夫哪里去了？"

"下山去了。"

蒙巂诏王立刻带人向山下追去。他追到河边，见有一个樵夫正用一只手毫不费力地举着马过河。他大吼一声："你别想走！"说着几步冲上前去，抓住樵夫手臂："刚才是你到我的花园里偷喝了水吗？"

樵夫毫不抵赖，老老实实地说："是的，老爷，刚才我送柴到你王宫里，口渴极了，厨房里又没有水，见花园的门开着，就进去喝了几口浇花的水。"

"胡说！你知道那是什么水？"

樵夫摇了摇头，假装认不得。

蒙巂诏王气得吹胡子瞪眼睛，一把拉过樵夫，用手在樵夫的脊背上猛拍了三巴掌，水，就从樵夫的嘴里喷了出来。说也奇怪，水刚喷完，樵夫也就失去了力气，举着马的手无力地垂了下来，马把他压在地上，樵夫费了很大的力气才从马背下翻出来，忙跪在地上连连向蒙巂诏王磕头："老爷饶命，小人无知触犯了老爷。"

蒙巂诏王看樵夫乃一山野村民，不像是有意来偷宝水的人，也就饶恕了他，放他过河回家。

卫士回到南诏，把经过一五一十地告诉给细奴逻，证实了九牛井水确是宝水。

过了几日，又逢蒙巂诏的街子天，细奴逻挑选了两名姿色美丽的使女，让她们换上民装，到蒙巂诏去卖兰花，想办法把毒药"小黑牛"投进九牛井中，毒死蒙巂诏王。按照细奴逻的布置，两名使女背着兰花来到蒙巂诏王的王宫门前叫卖。蒙巂诏王很喜欢兰花，午休起床后，听到门外有人叫卖兰花，就让管家把卖花人叫进宫中，当两位卖花姑娘出现在蒙巂诏王面前时，蒙巂诏王简直惊呆了，想不到民间还有这样美丽的女子。他一阵高兴，也不问价钱就把兰花全部买下，还让两位姑娘坐下喝茶。两位姑娘脸露喜色，又故意笑眯眯地说："老爷，我们的兰花已采两天了，如果浇上点水，就更好看了，不信我们一同到花园中试试看。"

"好！好！"蒙巂诏王正在兴头上，就领着两位姑娘走进了花园。

进了花园，两位姑娘把兰花摆在花台上，其中一位姑娘指指点点，陪着诏王赏花，另一位姑娘去水池中提水来浇花，在路过九牛井时，就偷偷地把一包"小黑牛"投进了井中。

兰花淋了水，花香叶绿，青翠欲滴，逗得诏王哈哈大笑。过了一会儿，两位姑娘想了一个脱身之计，笑着对诏王说："如果老爷喜欢，我们明天再给老爷送花来，今天时候不早了，我们要走了。"

诏王不好强留，一边叫过管家付钱，一边再三嘱咐两位姑娘明日一定再来。两位姑娘满口应允，高高兴兴地离开了蒙巂诏王宫。

两位姑娘回到南诏后，第二天就从蒙巂诏传来了他们诏王离世的消息。于是细奴逻起兵去攻打蒙巂诏，收复了被蒙巂诏占去的大片土地。

玄珠观

采录：王丽珠
1967年采录于巍山巍宝山前新村

细奴逻的母亲羌壶治好了皮肤病后，一直活到百年才仙逝。

传说羌壶在临终的头一天夜里，一条金黄色的老龙飞进了她住的屋子，变成一个红光满面的老人对她说："我是九龙的父亲，我们各自生活了八十五年，明天，我和八个儿子来接您回龙宫。"说完就不见了。第二天，羌壶到汤池中去洗了最后一次澡，当她返回到阳瓜江边上时，忽见江里有一颗红珠，闪出八道耀眼的红光。红珠从江的上游漂来，一直漂到她的脚边上。阳瓜江在汤池的东边，羌壶往日到汤池洗澡过阳瓜江时，是从一座小桥上走过的。今天，是红珠托着她漂过了江。过江后，红珠仍然停留在羌壶的脚边不动。羌壶心里明白：这颗红珠就是老龙，红珠身上闪出的八道红光，就是自己在八十五年前生的被老龙领走的八个儿子，现在，是他们来接自己了。就把红珠从江水里捞起，揣进怀里带回家去。

当天夜里，羌壶怀揣红珠安然离世。

羌壶死后，细奴逻在巍宝山的东南面山麓建盖了一座祠堂，内供奉母亲的灵牌，因母亲是怀揣红珠而死，就取祠堂名为"玄珠观"，又在观内掘井一口，取名"玄珠井"，放进母亲怀揣的红珠。传说井里渗出的水，就是红珠渗出的仙水，饮了能使人长寿。

逻凤梅

采录：杨凤洲 白族
1987年2月采录于巍山巍宝山山脚

蒙化有一种奇怪的梅花，叫作"逻凤梅"。因为它是当年南诏国王阁逻凤亲手所栽，因此得名。

据说，南诏国王阁逻凤自幼喜欢梅花。那时，蒙舍川的巍宝山中生长着许多梅树，每到梅花开放季节，阁逻凤除在国都太和城[①]附近赏梅花外，还要带上几个大臣，到蒙舍川的巍宝山中饮酒赏梅，连续几日，要把梅花欣赏个够，议论个够方才罢休。

在这些梅树当中，阁逻凤特别赞赏一棵活了几百年的老梅桩。这棵老梅桩老态龙钟，还尽力开出几朵花来，更显得可敬可佩。

后来，他命人在巍宝山中的梅树上采了许多成熟的梅子，拿到国都的后花园内亲自栽种。

几年后，他亲自栽种的梅树长高了，在一个瑞雪纷纷的冬末含苞开放了。阁逻凤对左右说道："我自幼喜欢梅花，但总嫌花心不够好看，花心比起花瓣来，不相称。但愿我栽种的这几棵梅花，花心再好看一点就好了。"

第二天清早，两个内侍欣喜若狂地跑进来向阁逻凤报喜道："诏主洪福，诏主种的梅树已经开花了。那花心与众不同，好看极了！""真的吗？"阁逻凤听后，跟着内侍来到了后花园内。果然见几棵梅树上稀稀疏疏地开了几

---

① 太和城：大理太和村。

朵梅花。阁逻凤抢先走近梅花，拉着树枝观看梅花时，花心真与一般梅花的花心不同，其花蕊较长，和花瓣搭配起来，不但十分相称，而且使梅花显得更加瑰丽。阁逻凤一边欣赏一边惊叹不已："当时我只但愿能开出来，莫非有神灵暗助着我么？"

几天后，梅花大都开了，阁逻凤高兴地大摆宴席，宴请文武百官和一些有名的文人到后花园一起欣赏梅花。众人看后，无不感到惊奇。席间，大家议论纷纷，赞不绝口，都道这是吉祥的新事，是南诏兴旺的象征！最后便异口同声地把这种梅花叫作"逻凤梅"！

梅花谢后，阁逻凤又对左右道："你们都知道我的脾气，我不但喜欢梅花，我还爱吃青梅呢！可是凡梅子都有苦味，要蘸着盐巴吃才爽口。但愿这逻凤梅结的梅子没有苦味，而带有咸味好了！"

两三个月过去了，梅树上的梅子也长得有橄榄那么大了。阁逻凤亲自摘来吃时，真的那梅子没有苦味，而成了咸味了。他高兴地把梅子分给大臣们吃，大臣们也惊叹不已。

渐渐地，逻凤梅因人人喜爱而遍植全省。

七八百年后，清朝末年的一位翰林，名叫郭燮熙，七十三岁时，给其同年赵聘君老先生（巍山北街人）的一幅大直帖上，特地画了一棵逻凤梅，并题诗曰：

花传南诏状祈胎，
记取古滇逻凤梅。
千载逸风今未逊，
雪香应傍宝山开。

直到现在，逻凤梅还在整个云南省蓬勃生长着呢！

黑牛井　白羊井

采录：王丽珠
1968年采录于巍山大仓

南诏王阁逻凤善抚民众，在东征西讨中，每到一处都抚慰人民，每开辟一个地方都设置郡县，封当地有贡献的人为首领进行管理。

传说这一年，他和清平官杨佑带兵打下镇南州（今南华县）以后，进入人烟稀少的夷区，谁知这夷区没有盐井，士兵们因为吃不到盐巴而有气无力，再无法前进。阁逻凤即下令找盐井，但士兵们人生地不熟，找了好几天也找不到。正在进退两难之时，卫兵突然报告说：有一个夷民前来求见，说是发现了盐井。

进来见阁逻凤的是一个二十来岁的男子，脚穿麻鞋，身披兽皮，头顶绕着黑包头。他进门后也不下拜，开口就对阁逻凤说："大王不是要找盐井吗？我这就领大王前去。"阁逻凤半信半疑，派了三五个人跟随这男子前去，才一顿饭工夫，派去的人就回来了，说是就在很近的地方找到了盐井。

阁逻凤十分高兴，即召回这男子，问他叫什么名字，是怎样发现盐井的。这男子答道："小民叫阿召，家住七里地，家中有条小黑牛，不喝箐中水，每天跑到岩子下喝塘中烂泥水，烂泥水催牛长，黑牛长得肥又壮，我心想那水定是宝水，有一天我也跑去尝了尝，发现原来是卤水，扒开青苔和烂泥，看见下面有白盐，听说大王要找盐，特来报告。"阁逻凤听完，连连夸奖阿召聪明能干，并说开挖盐井后，要封阿召为官。

阁逻凤即带人在阿召指点的岩子下开挖出了一大口盐井，解决了士兵和当地人吃盐的大事。为了嘉奖阿召和他的黑牛，阁逻凤把开挖的盐井命名为"黑牛井"，并在当地设置俗富郡，封阿召为郡长。但阿召不愿为官，要到大理当和尚，阁逻凤满足了他的要求，又改送他一件价值连城的袈裟，派人送他到大理鸡足山当了和尚。

阿召出家后，当地人民为了纪念他，又在黑牛井旁修了一座寺庙，叫阿召寺，内奉阿召塑像。时隔千余年，至今在南华仍遗存"黑牛井"和"俗富"这两个地名。

传说又有一年，阁逻凤率兵去征巂州（今四川凉山），经过大姚时，见有一只白羊横躺在路中间，用舌头不断地舔吃路面的干土，随从下马驱赶，几次都未赶走。阁逻凤很奇怪，朝四周一看，发现放白羊的是一个七八岁的小姑娘，她正拿着牧鞭，笑眯眯地看着自己的白羊。阁逻凤叫过她，弯下腰小声地问道："小姑娘，这里无草无水，荒土一片，为何在此牧羊？"小姑娘见和她说话的这位大人浓眉大眼，和蔼可亲，就高兴地回答说："这土下边有卤泉，我的白羊是在这儿舔盐汁。"阁逻凤一喜，想到南诏盐井甚少，常常供不应求，不料在这里得到盐井，真是幸事。又笑着问小姑娘："家住哪儿？怎么会知道这下面有卤泉？"小姑娘又告诉他："我父亲是洞庭君，充军来云南戍边，我随父亲来牧羊，羊儿天天来此舔土，是我父亲告诉我下面有卤泉。"

阁逻凤深信不疑了，就地组织民众掘土开挖，果然开挖出了一口大盐井，使大姚一带的人民有了充足的盐。随之，阁逻凤在这里建立了姚州都督府。为了嘉奖洞庭君父女，阁逻凤同样为盐井取名"白羊井"。

后来，牧羊女死了，当地人民又在白羊井旁修了一座圣母祠，内奉牧羊女塑像。

回蹬山与观山河

采录：王丽珠
1968年采录

在今昆明附近的禄丰县境内，有一座山名叫回蹬山。在离回蹬山不远的东边有一条河，名叫观山河。传说这两个地名是南诏第五代王阁逻凤在征战途中题写的。

公元七四八年，阁逻凤带兵在滇池一带征服两爨。一天下午，兵行至禄丰境内的一座山前时，阁逻凤的坐骑大白马突然仰山鸣叫，扬蹄不前，阁逻凤几次驱赶，大白马仍在原地打转，嘶鸣不走。阁逻凤很奇怪，就命令部队离山二里休息待命，自己则下马和侍卫走进山里探看情况。时值阳春三月，天气虽然还冷，但这山中已是山花烂漫。太阳透过树林洒下金光，使人感到春光明媚，春意融融。在这风景优美的山中会有什么变故呢？大白马何以不走？阁逻凤正这样思考着其中的原因时，突然一声霹雳，从天上打下一道闪电，接着狂风大作，雷雨交加，山洪卷着乱石从山顶直打下来，一时天昏地暗，山呼海啸，侍卫忙护卫着阁逻凤离开了险境。

大约过了一个时辰，风不刮了，山洪乱石才停止滚动。阁逻凤走到大白马身边，抚摸着它的头无限感慨地说："幸亏你看到了这场灾祸，否则兵马行至山中无处躲藏，将被山洪乱石打死，我用什么办法来犒赏你呢？"大白马听后，扬起前蹄，回蹬山麓，阁逻凤心领神会，忙叫侍卫取过笔来，在山的岩壁上挥笔写下了"回蹬山"三个大字。

阁逻凤率兵越过了回蹬山，来到离回蹬山不远的一条小河旁，河水清澈明亮，缓缓南流，阁逻凤令部队在河边饮马小憩。这时雨过天晴，骄阳又射下万道金光，四周恢复了平静。站在这小河旁，回首回蹬山，只见山高入云，盘曲环绕，遍山林木，郁郁葱葱。阁逻凤顿生感慨，再次提笔挥毫，在河边的一块大石上写了"观山河"三个大字。

从此，回蹬山和观山河这两个地名就被当地人使用了。

异牟寻和僧人小沈

采录：王丽珠
1968 年采录

南诏王异牟寻的母亲死了，在宫中停放了七天之后，准备送去火葬。

送葬这一天，异牟寻请来了南诏最好的法师为其超度亡灵。他们把死者放在龙床上，上盖绫罗绸缎，抬到大庭中央，由十个法师站立两旁，念经做法事。念完经，正要吹号送走之时，忽然一个僧人走了进来，自报名字叫小沈，是来宫中化缘的。异牟寻有些冒火，心想小沈进来冲了宫中的法事，但即将要送葬母亲，又不便发作，就质问小沈道："你身为僧人，识何法术？"小沈回答："不瞒大王，我能起死回生。"一句话，使宫中上上下下大为惊愕，送殡队伍立即乱了套，叽叽呱呱，议论纷纷。这时，一个侍卫向异牟寻禀道："大王，何不叫他当场实验，如他真有起死回生之术，王母就得以返生了。"异牟寻经侍卫提醒，恍然大悟，马上问小沈道："你有起死回生之术，我母亲已死去七天，你能让她复活吗？"

小沈不慌不乱地道："大王放心，且看！"只见他走到死者一旁，双手合掌，闭目诵经，慢慢地只见绫罗绸缎下面有动弹了。再一会儿，死者竟从龙床上爬起来，活了。宫中上上下下异常惊诧，异牟寻呼叫着丢开孝衣，扑向母亲。

小沈果然有起死回生之术，异牟寻命令撤去为母亲超度的经堂，赐给小沈黄金百两，绫罗数匹以作酬谢，并封小沈为宫中最高法师，留小沈住在宫中。

一年之后，又有一位僧人进宫来见异牟寻，他对异牟寻说："大王受骗了，僧人小沈是个欺刁之徒，他所谓的起死回生术是假的，王母复生是王母命大寿大，并非小沈的法术。"这位僧人说完就走了。

这位僧人走后，异牟寻开始怀疑起小沈来，对小沈的起死回生之术并不那么相信。恰巧宫中有一条叫作"赤熊"的猎狗死了，异牟寻就打算用这条狗来试看小沈的法术。他盼咐心腹把狗当作死人装扮，让狗穿上人的衣服，安睡在床上，上面盖上很厚的被盖。一切安排妥后，异牟寻召来了小沈，对小沈说："有一位忠诚的大臣不幸身亡，请用你的法术救活他。"小沈于是念起经文，满堂的文武官员站立在两旁。只见随着小沈的经文颂出，被盖下面动起来了。一会儿，尸体竟一跃，"赤熊"蹿了出来，对着满堂官员"汪，汪，汪"大声狂叫。众人吓得目瞪口呆：忠诚的大臣怎么会变成猎狗了呢？狗还穿着人的衣服，是狗变成了人，还是人变成了狗？而这场"怪事"只有异牟寻和几个心腹知道，僧人小沈当然也明白了。

此事过后不久，小沈禀告异牟寻说需要去鸡足山办理事务，去去就来。异牟寻一再叮嘱小沈很快转回来后，就放小沈走了。

谁知小沈这一去就再也没有回来了。年复一年地过去了，这期间，异牟寻的母亲又第二次因病去世，异牟寻曾多次派人去鸡足山寻找小沈，但鸡足山的僧人谁也不知道小沈的去向。当异牟寻自己本人病危临终的时候，也派人去寻过小沈，但也没有找到。

异牟寻封五岳四渎

采录：王丽珠
1970年采录

南诏时期，大理苍山、蒙化蒙乐山、怒江高黎贡山、丽江玉龙山、东川乌蒙山曾被封为五岳，黑潓江、澜沧江、金沙江、怒江曾被封为四渎。

敕封这些名山大川，相传是南诏第七代王异牟寻所为。异牟寻即南诏王位后，有一次带着清平官郑回到苍山游玩，郑回见苍山延绵起伏，东、西、南、北有四座大山拱卫，就向异牟寻讲起了四川牛心山的事。

郑回说："在四川江油县东南一百五十里处，有一座山，兀峰独立，酷似一颗牛心，以山形取名就叫作牛心山。"牛心山的四周群山拱卫，又形似万人朝拜。唐朝李氏的先程李龙，生前曾到此山旅游，发现此山乃发迹之地，回家后就嘱告家人，死后一定要把他埋在牛心山上。一年后，李龙病故，家人就按他生前所言，把牛心山选为自家坟地，把李龙埋于其上。后来，李龙的后代果真人丁兴旺，人才辈出，家境越来越好，能人一代胜过一代。到李渊时，终于当上了唐朝皇帝，一直世袭三代。但到唐高宗李治为王时，出了个武则天要谋反篡权。武则天暗地里派人到牛心山破坏李氏的祖茔风水，他们在李龙墓后的山梁上挖出了一条横沟，顿时从山中淌出一股血水，李氏祖茔的气脉风水被截断,李治的境况从此衰弱下来。不久,武则天自己就当上了中国历史上的第一个女皇帝。六十余年后,李治的后代李隆基有一次游历四川,来到江油县境内,忽有一位白发老人拉住他,声称有要事相告。李隆基即随老人来到僻静处,老人说:"你家祖茔就在本县的牛心山上,武则天派人破坏了气脉风水,你家才没落下来。若要东山再起,需去填补挖断了的脉气。"老人说完就不见了。李隆基忙到牛心山查看,情况果如老人所言。他就找人把挖断的山脉填补好,又在山中建了一座山神庙祭奉山神。事过不多久,李隆基登基为帝,重新继承了先祖帝业,掌管大唐江山,李氏家族又再次兴旺起来。

异牟寻听后很受启发。当时南诏正值战败:公元七七九年异牟寻即位后,曾与吐蕃联军二十万人马分兵三路进犯四川,欲取成都,但遭到唐军痛击,唐德宗派名将李晟率五千精兵南下,配合驻川唐军大败异牟寻,把南诏、吐蕃军队赶过大渡河南岸。此役惨败后,南诏元气大伤,吐蕃又迁怒于南诏,将南诏原先的兄弟之国地位降为臣属之国。异牟寻为此正思振作,重整山河,听了郑回所讲,于是把国家兴盛的希望也寄托于山川,敕封了五岳四渎,其中的大理苍山被封为中岳。

劝龙晟补苍山

采录:王丽珠
1970 年采录
流传地区:巍山、大理

自南而北横亘百余里的大理苍山,逶迤磅礴,高出云表,巍峨壁立。上有十九峰、十八溪,宏博壮丽,苍苍莽莽,是现今大理境内最雄伟的神圣名山。相传在一千多年前的南诏时代,它是南诏的镇国之山,如果它一旦出现崩塌,南诏就必有祸事。有一年,它果然出现了崩塌,引起了国人不安。

这一年,正值南诏第九代王劝龙晟继承王位。有天夜里,劝龙晟正在宫中寻欢作乐,忽然响声大作,到处飞沙走石,天摇地动,整整折腾了半夜。第二天天亮时出去一看,偌大个苍山塌陷了一大半。

劝龙晟非常害怕,不知道应该怎么办才好。大臣们对他说:"可在国内找人来把苍山补上,这样就可以避免祸事发生了。"劝龙晟于是发布了一道诏书,诏书上写道:"谁能把崩塌的苍山补上,谁就是国家的功臣,要金有金，要银有银，金银美女，应有尽有。"诏书发到各地张贴，但过了一年多的时间都没有一个人敢应诏。有一天，一个名叫罗倚的道人，从南诏故地蒙化（今巍山）来到羊苴咩城（今大理古城），在城墙上揭了诏书，声称能补苍山。劝龙晟很高兴，立即召见了他，问需多少民工。罗倚回答："一个也不需要。"劝龙晟又问需要多少钱粮，罗倚还是回答："一文钱也不需要！"劝龙晟非常奇怪，不放心地说："国中大事，不容儿戏，否则将负欺君之罪。"罗倚哈哈大笑："君王差矣！我是道人，我将用神力补山，只要君王给我三天三夜的时间就行了。"劝龙晟及大臣们半信半疑，用惊疑的眼光目送着罗倚走出王宫。

罗倚径自来到苍山神祠，进去后就把门闭上。这一天夜里，南诏境内的山川河流就开始发生了变化：一座座小山冈拔地而起，飞到苍山的塌陷处；一块块石头你追我赶，飞到苍山的缺口处；一条条小溪闪电似的飞到苍山各峰之间，还有无数的泥土、灰沙也不停地飞往苍山。真是山谷鸣响，尘埃满天，天上地下轰然一片。这种情况一直持续了三天三夜。

三天之后，风平浪静，阳光和煦，一切又恢复了正常。人们惊讶地看到苍山已被补好了，似乎还比过去更加巍峨壮观，它伸出了十九个壁立的山峰，峰与峰之间仍有溪水潺流。劝龙晟及清平官、大军将们高兴极了，涌到苍山神祠去迎接罗倚，要封他做大官，并要赏给他黄金白银。但是，当劝龙晟激动地拉开神祠的门时，里面竟空无一人，只有一缕白云慢慢地从门中出来向空中飘去。等劝龙晟等人抬头看时，罗倚出现在白云中，定定神再看时，罗倚已乘着白云飞走了。

罗倚虽用神力替南诏补好了镇国之山，使苍山依然如故，但是南诏并没有因此避免了灾祸，据说从那时起，南诏的祸事就一个接一个地发生，南诏开始走下坡路了。

劝丰祐与甸尾石

采录：王丽珠
1970年采录

在今巍山彝族回族自治县境内，有个名叫"甸尾"的村庄，村旁荒地上散布着一些高低不等、黑如墨漆、状如罗汉的怪石头。每逢阴雨时节，这些石头会伸出手脚，像人形。夜深人静，还会摩拳擦掌，发出响声。人们不知道怎样称呼这些怪石头，就以村名称它们为"甸尾石"。

相传这甸尾石是被南诏第十一代王劝丰祐迫害致死的民工变成的。

南诏劝丰祐为王时，不顾民生，大兴土木，要在羊苴咩城内的点苍山玉局峰下建盖一座宏伟的国宾馆——五华楼，集中了从成都掠来的大批工匠和洱海一带的民工。建楼工程浩大，从唐大中十年开始，整整用了四年时间方才建成。楼周长五里，高三十多米，上面可树五丈高的旗杆，老远就能看见它那高耸入云的屋顶和四角欲飞的瓦檐。走近前去，只见那楼阁架空无柱，重屋叠构如蛛网，楼前清池花园，大厅套着小厅，建筑精湛，布局灵巧多姿，作为南诏国的迎宾馆，劝丰祐从此在这里招待外国使者和西南各部落的酋长。

宏伟的五华楼是无数民工巧匠的血汗和枯骨垒成的。劝丰祐为了尽快建成五华楼，残酷地规定民工在四年之内不准回家，不准见自己的父母妻儿。又派出监工进行监督，如狼似虎的监工们，不仅动辄打骂民工，还从中克扣民工口粮，贪污民工工钱。民工们冬天冒着苍山上吹来的风雪，夏天顶着火辣辣的太阳，不分白天黑夜地拼命干活，却挨饿受冻，有饿死的，有累死的，还有逃跑后被抓回来打死的。就在五华楼要完工的这一年，有五百民工终于忍受不住苦役起来反抗了。半夜里，他们动手打死了看守的监工，怒吼着冲出工棚上了点苍山，准备逃跑回家。民工们的怒吼声传到了南诏王宫，劝丰祐忙召来国师赞陀崛多商量对策。这赞陀崛多是个西域法师，从西域来到南诏弘扬密法，被劝丰祐封为南诏国师，赞陀崛多对劝丰祐说："君主息怒，刁民叛逆，我有办法收拾他们。"劝丰祐忙问："国师有何妙计？"赞陀崛多就附着劝丰祐的耳朵轻轻说了一阵子，劝丰祐连连点头，面露笑意。

原来赞陀崛多决定用法术来收拾造反的民工。他派人找来一些皮囊，放置在一块空地上，然后设堂拜佛，口念咒语，施行法术。说也奇怪，他的咒语刚念完，逃到点苍山的五百民工，不由自主地一个个被一阵狂风，从点苍山推了下来钻进了皮囊。待皮囊装满，赞陀崛多又命人把皮囊口扎紧，将皮囊运到蒙舍川来，选了一块荒地埋掉了。

然而，遇害民工们的冤魂没有死，他们的冤魂冲破了皮囊，变成了怪石头拱出地面，成了人们看得见的"甸尾石"。

世隆"好战"

采录：王丽珠
1970年采录于巍山巍宝山

在南诏十三代王中，第十一代王世隆生来好战。他即位时刚好十六岁，年轻气盛，他随心所欲地调集兵马，任意对外发动战争。先是发动了掠夺四川西部的战争，攻陷了邛州和成都，掠夺了四川的人口工匠数万人来到南诏。后来又多次进攻广西和四川中心地带，同样掠夺人口。他连连发动战争，年年征兵，壮年男子都被应征入伍，到后来连十五岁以上的男子都要应征。这样一来，大片土地只好留给妇女及老、弱、病、残者耕种。时间一长，国家粮库空虚，阵脚不稳；地方部酋纷争，内战四起；人民生活在兵荒马乱之中，怨声载道。当时到处流传着民谣："鹃啼苦，征兵苦。男出征，妇农耕。铁衣单，农田荒。荒山野坝尽冤鬼，千百冤鬼泣黄昏。"这种苦难的生活一直持续了二十多年，一直到世隆自己战死在四川的净景寺后才结束。

世隆为什么这样好战，在民间，相传世隆的父亲劝丰祐是个佛教徒，一生尊崇佛教，他当政时期，曾请了西方印度的佛教徒赞陀崛多来南诏当国师，还把自己的妹妹许配给赞陀崛多为妻。劝丰祐的这些做法得罪了道教的张天师，为儿子世隆种下了祸根。劝丰祐还活着的时候，张天师就使出道法来治他。这一年，劝丰祐要选妃子，他命令赞陀崛多去挑选，赞陀崛多于是带着许多人马到各地去挑选，可是奇怪的事发生了：赞陀崛多每到一地，所看见的女人都是怪身形，不是三头六臂，就是牛头马面，没有见到一个五官端正的女人，更不要说是见到面容好看的了。赞陀崛多到了好几个地方都是如此，最后没有办法，只好空手回来了。第二年，劝丰祐又命令赞陀崛多再出去挑选妃子，这一次情况不同了，赞陀崛多带着人刚赶到离王都不远的一个小村里时，赞陀崛多就见到一位美丽异常的姑娘，这位姑娘名字叫师姆，妙龄刚好十六。在赞陀崛多看来真有三十二相，十八种美。赞陀崛多就把她带回来，叫她做了劝丰祐的妃子，劝丰祐也很满意。但奇怪的是一年、两年、三年过去了，师姆还不怀孕，请来南诏最高明的医生诊断，原来师姆貌美却天生不会生子。劝丰祐眼看要绝后了，他很担心无人继承王位。到了第四年春天，劝丰祐只好又命令赞陀崛多第三次出去选妃。赞陀崛多又带着许多人外出奔忙。后来，他们在一个小渔村里选到了一位姑娘。这位姑娘名字叫额女，是个渔家的女儿，同师姆一样长得倾国倾城。额女进了王宫做了劝丰祐的妃子，第二年就生下了一个儿子。师姆因自己无子，对额女生的儿子特别喜爱，时常抱去自己宫中精心照看。不料，到这个儿子长到一岁时，怪异发生了：有一天，师姆正怀抱这个儿子坐在床边玩耍，侍者突然惊叫起来，说是师姆怀里抱着的竟是一条龙。接着又有一天，这个儿子熟睡在床上，侍者突然看见有一条青蛇"哗哗"地爬进他的鼻孔中，他醒来后却又安然无恙。此外，这个儿子的左手还非常特别，一生下来就拳头紧握，数载以后也依然捏着，直至七岁时方才松开。拳头松开一看，掌心纹脉竟是两个字："好战"。这个奇怪的儿子不是别人，就是世隆。到劝丰祐死，他登上王位，果然好战，连年发动战争，应验了他掌心中的字。

相传这一切都是道教的张天师使出来的道法。张天师因恼怒劝丰祐奉佛不奉道，就弄出个世隆来葬送南诏的江山。

隆舜与大、小鸡足山

采录：王丽珠
1970 年采录

在今宾川县境内，有座形状如鸡足的大山，名大鸡足山；在今巍山彝族回族自治县境内，也有一形似雄鸡的大山，名小鸡足山。相传这大、小鸡足山是南诏第十二代王隆舜将仙鸡放于山中而形成的。

隆舜爱好打猎，大理苍山十九峰，峰峰有他捕猎的足迹。一年秋天，他带着一名侍卫从羊苴咩城回蒙舍川来打猎。蒙舍川的西山森林密布，野兽出没，是狩猎的好场所。隆舜身挎弓箭，骑着有名的蒙舍马到了西山，当晚歇宿在一座名叫茶花寺的寺庙里。守寺庙的是一位年过花甲的老人，当他知道来的客人是细奴逻的第十二代孙时，非常高兴，打算第二天招待一番，但寺庙里没有什么好吃的东西，只有一只老母鸡和两只小鸡，他就准备把老母鸡杀了来招待隆舜。

夜半时分，隆舜睡在床上，忽然听见从鸡圈里传来一阵窸窸窣窣的声音，仔细一听，原来是老母鸡在对两只小鸡说话。只听老母鸡说："明天寺主人要杀我来招待客人，从明天起，你们只好自己照顾自己了，太阳出山后出去找吃的，太阳落山前回到窝里来，要迟迟出去，早早回来。遇着刮风下雨就躲在屋檐下，遇着老鹰过路就躲进窝里来，遇见黄鼠狼来就叫着跑进主人屋里。过一段时间，你们就会长大了。"两只小鸡听后，哭声久久不停。

拂晓时分，隆舜起了床，走进厨房一看，见老人正磨刀准备杀老母鸡，就对老人说："你老的情义我领了，只是今日我不想吃鸡肉，让我用钱买下这只老母鸡和两只小鸡吧！"老人不敢不从，忙说："不用买，不用买！这只老母鸡和两只小鸡就送给大王了！"隆舜坚持把钱给了老人，叫侍卫用竹筐背上鸡便离开了茶花寺。

隆舜和侍卫来到了另一座山上，只见这山山势雄伟，冠于群山，为西路众山之母。山中林深树密，古藤攀绕，溪水淙淙，野花溢香。隆舜叫侍卫把背着的老母鸡和两只小鸡在山中放了，老母鸡和两只小鸡从竹筐里跳出来，老母鸡欣喜若狂，"扑通"一声，展开翅膀飞走了。两只小鸡追不着母亲，就钻进树丛中，留在了这座山上。后来这座山的山形就慢慢变为一只报晓的雄鸡，立于众山之间，英姿勃勃，形神动人。人们从此就把这座山称为"小鸡足山"。

再说老母鸡扬翅飞走后，飞到了洱海东岸，今宾川县西北部的一座大山上，这座山的山形也慢慢地变成前伸三趾，后伸一趾的鸡足状，于是人们就称这座大山为"大鸡足山"。

大鸡足山上的老母鸡很想念留在小鸡足山上的两只小鸡，就于每年的夏历正月初一这一天，飞到小鸡足山来，把两只小鸡接到大鸡足山"过年"。到了正月十四日，又把两只小鸡送回小鸡足山来。当地人们说这三只鸡是仙鸡，于是又有了朝拜仙鸡的山会，即每年正月初一至十三的大鸡足山山会和正月十四至十五的小鸡足山山会。山会上，人潮如流，热闹异常。年年如此，直至今天。

舜化贞

讲述：张希文
记录：芮增祥
1987年11月采录于巍山城西北

巍山城北门外不到十里的地方，有个南庄塘，这地方以前原是一个驿站。那时，有个很大的水塘，名叫莲花塘，塘中栽种莲花。在莲花塘的旁边，有座不大的庙宇，叫作"关圣行宫"。在行宫的北边，又有一座小小的庙。这小庙，庙子虽小，但庙中供奉的却是"青史有名"的南诏末代帝王——舜化贞。庙内并无塑像，仅有一红纸贴，上书"大黑天神孝哀皇帝白牛土主之位"。"孝哀"是舜化贞死后的谥号。

那么，南诏孝哀帝舜化贞的庙宇，为什么偏偏会建在这个塘子边上呢？这个故事说来话长。

南诏时，南诏第十二代王——隆舜，由于他的父亲世隆屡屡发动对唐战争，闹得民不聊生。隆舜即位后与唐朝讲和，愿回归唐。唐朝行和亲政策，封隆舜为"武宣王"，并以宗室女安化公主妻之。从此，南诏人民免除了战争，可以安享太平了。

后来，隆舜又西征"崑冲国"（即摩伽陀国，在今印度北境）。战胜后，崑冲国献了一个美女，这个印度美人生得妖艳美妙，能歌善舞，媚态百生，称为"崑冲公主"。她整天迷惑隆舜，极得隆舜的恃宠。那个唐朝来的安化公主也被她气回长安去了。这个武宣王从此花天酒地，把政权全部委托于权臣郑买嗣，自己则天天寻欢作乐。但隆舜的这两个王妃——安化公主和崑冲公主，都没有为隆舜生下一男半女。为此，隆舜又悄悄地选中了一个贤淑貌美的女子为侧妃。这女子不但貌美，而且还聪明过人，待人和气，治家有方，更主要的是她还生下了一个男孩。这个男孩就是后来被称作"白衣太子"的南诏第十三代王舜化贞。南诏的人民非常敬爱她，称她为"嵯耶夫人"，有时也称为"武宣王侧妃"，但称她为"娘娘"的则更为普遍。她就是现在衍阳庙中供奉的那位雍容端庄、手执如意的女神。因为她是侧妃，生前从来没有和安化、崑冲二妃住在一起。所以后来南诏的人民也没有把她的神像塑在"武宣王府"的土主庙中。而是另在嵯耶庙下、衍阳桥边，建盖了一座小庙供奉她。并且因她有子，繁衍了隆舜的后嗣，因此，人们就把这个庙宇称作"衍阳庙"，或"嵯耶夫人庙"，有时也称作"娘娘庙"。

再说武宣王隆舜，自从宠了印度美人崑冲妃，成天弄得昏头昏脑。后来，被他的奸臣杨登杀死了。这个可怜的南诏帝王，二十三岁时登位，在位二十一年，被杀时四十三岁。他的一生，改了两个年号：一个叫"贞明"，另一个叫"嵯耶"。虽然，他后来也做了一些不好的事，但自从即位以来，即与唐朝和亲停战，除西征崑冲外，一生中很少战争。这就免除了南诏人民战争之苦，使人民得以安居乐业。这对南诏人民来说，真是莫大的功绩。所以，在他死后，南诏人民为了感谢他的恩德，在所属的很多地方都建盖了纪念他的庙宇，叫作"嵯耶庙"，或"武宣王"土主庙。

隆舜死后，由他的年方十岁的"白衣太子"继承了王位，改年号为"中兴"。中兴王自来好白，穿的是白罗绣衣；狩猎时，手执白羽猎鹰，爱骑条白色的水牛。所以他身居东宫，作为太子的时候，南诏的人民，都称他为"白衣太子"或"白鹰太子"。他时常骑着白牛，游山玩水。当他继承了王位，由于年幼，不问政事，一切军政大事，都委托于郑买嗣，于是郑买嗣也就掌握了南诏的一切军政大权。

南诏中兴的一个夏天，舜化贞带了几个侍从，架了白鹰，骑着白牛，从"羊苴咩"（读为"羊斜免"）城，来到蒙舍的巍宝山打猎。当他打完了猎，骑着白牛，架着白鹰，要回到洱沘山的行台去休息。时值下午，烈日炎炎，他们这一行人马被晒得口干舌燥，汗流浃背，还抬着沉重的猎物。舜化贞骑在白牛背上，那白牛也晒得口中白涎直淌，走起路来慢悠悠的。正当他们人困马乏时，可巧，已来到了绿树成荫的南庄塘莲花大塘边，侍从们看到这一池清得闪绿的碧水，正纷纷下马，准备喝水乘凉时，不料那头满身是汗、干渴极了的白水牛看到了这么一大塘好水，又清又凉，就不顾一切飞奔过去，冲入塘中，潜入水底去了。此时骑在牛背上的青年王子舜化贞，还来不及想到下牛，便也随着白牛带入水中，落到塘中最深的水底去了。等到招来了四周村庄的会水人，带了长杆巨绳，在塘中四处搜寻，找到了这个南诏的小皇帝，救出了水，但可怜他早已气绝，升天去了。这个小皇帝时年十四岁，在位四年，留下一个只有八个月的小太子。

后来，人们哀痛这个小皇帝的不幸惨死，谥称"孝哀皇帝"。并在他淹死的莲花塘附近建了一个土主庙，以供奉这个不幸的"孝哀国君"，称为"白牛土主庙"。

白牛土主庙

采录：王丽珠
1980年采录于巍山庙街

在今巍山彝族回族自治县县城西北十多公里处有座庙宇，叫白牛土主庙。相传这庙是为南诏末代王舜化贞而建的。

事情发生在南诏灭亡前夕，南诏王隆舜死，其子舜化贞继位。这时的南诏，大权已被白蛮大臣掌握，作为最高统治者的南诏王已是有名无实。异牟寻时的清平官郑回的后裔郑买嗣权势日重，一心想发动政变，篡夺王位。

有一天，郑买嗣对舜化贞说："臣昨夜得了一梦，梦见洱汜城顶上飞出一只白鹤，大叫三声大王的名字后，突然不见了。明天正是星回节，这是先王们要大王回去烧香祭祖，故托此梦给我。我已为大王备下了香纸钱火，大王明日就起程吧。"南诏世代尊崇祖先，舜化贞听说是先王托梦叫回洱汜城祭祖，便一口答应下来。第二天，舜化贞带着自己的几个卫士，驮着香纸钱火离开了羊苴咩城。谁知舜化贞一走，郑买嗣马上召来了自己的亲信吩咐道："快跟去，在洱汜城附近把舜化贞和他的卫士统统杀掉，然后就地焚化，事完之后速来回报。"舜化贞一行人快行到洱汜城时，忽听得后面铁蹄声响，回头只见黄土飞扬，兵戈闪亮，不知是哪路兵马至此，急忙隐蔽到树丛中察看。不一会，数骑人马来到，全是南诏兵将，但一个个凶神恶煞，边搜索边举刀朝树丛乱砍乱剁。舜化贞正要出面喝止，忽听得这干人大喊大叫："舜化贞你往哪里逃？"南诏王猛一惊，方悟宫内有异，自己落进了圈套，不禁掉下泪来。幸好，舜化贞熟悉洱汜城附近的地形，趁追兵还未发现自己，在卫士们的掩护下，独自一人沿小路逃往蒙舍坝子，逃到洱汜山脚时，又被追兵发现，在后面紧追不舍。他跑着跑着，被一个大水塘拦住了去路，危急间也顾不了许多，纵身便跳进了水塘，打算涉水过去。谁知这水塘是个烂泥塘，身体陷了下去，越陷越深，眼看就要没顶了。他无奈地闭上眼睛朝天大叫："天绝我也！"叫声刚落，睁开眼睛，奇迹出现了，一条大白牛站在他的身边。他又惊又喜，叫道："天助我也！"随即骑上牛背，大白牛就驮着他涉过了泥水塘。他下了牛背，顺着阳瓜江一直往南跑，到蒙舍渡口，又有神舟渡他过去，终于脱险。郑买嗣的追兵追不上，只好眼睁睁地看着舜化贞在眼皮底下逃掉。

舜化贞虽然逃脱了，但南诏还是被郑买嗣用武力灭掉了。后来，蒙舍川的人们为了纪念这段历史，就在舜化贞骑白牛的泥水塘旁建了白牛土主庙，内塑舜化贞骑在白牛背上的泥像。

杜文秀起义的传说

杜文秀到蒙化（回族）

讲述：大围埂回族老人
记录：马尚文 回族
1987年11月采录于巍山永建

白旗军[①]起义以前，大围埂[②]有七百多户人家。因为这一带人稠地密，所以多数人以赶马为业。大围埂有一个马帮，马帮锅头叫马天有[③]，他本人就养着二十匹驮马，两匹大紫骑马，整个马帮有驮马一百多匹，赶马人四十多人。

这个马帮经常走缅甸，出口以石磺、茶叶、大理弓鱼、油鱼为大宗；进口以洋纱为大宗。每匹马从蒙化出发到缅甸回来，一转可获利三四十两银子，所以大围埂百姓的经济比较活跃，文化教育办得比较好。

有一次，马帮到了永昌（今保山）将要进城住宿的时候，马天有看见路边睡着一位老人，旁边坐着一个十一二岁的女孩哭泣。前边的赶马人视而不问，径直走了过去，只有最后骑在马上的马天有看见了，顿生恻隐之心，下马询问："小姑娘，你哭什么？"那女孩也很聪明伶俐，见问即答："我祖父寒疼（胃痛）病发，今早上我送他进城，要到杨老医生那里去看病，不料到这里他崴脱了螺丝骨（踝子骨），行走不得，我又背不动他，现在太阳要落

---

① 白旗军：指杜文秀起义军。
② 大围埂：巍山坝子头东山脚下的回族聚居村。
③ 马天有：巍山大围埂村人，回族。

了，上前不成，后退不是……"

马天有听了，立刻叫来一个赶马人，并对那老人说："大爹，我们马帮也是要进永昌城歇店，你顺便骑我的马进城看病好了。"说完即喊赶马人把老人扶上马，马天有步行一同进城。

到了杨医生大门口，马天有又跟赶马人一起把老人抱下马来，扶着他进杨家。原来，这个杨老医生叫杨德正，他信奉伊斯兰教，当天请来掌教①和几位阿訇②念古兰经③，超拔先灵。将要摆晚饭的时候，见老人来治病，便说："你怎么不早点来？"老人说："我一早就来了，在半路上崴脱了螺丝骨，不能走动，还是遇着蒙化这位好心的马锅头用他的马把我带来的。"

杨老医生见马锅头这种扶危济困的行动，立生尊敬之心，便问："你是蒙化哪一个村的？""大围埂。"马天有回答。"哦！原来是穆斯林④，难得，难得！今晚我家念经，请跟我们吃晚饭。"接着对病人说："螺丝骨崴脱不要紧，我给你一端就还原了，今晚在我家煨吃一副寒疼药，明天你就可以走回家去了。"

客厅里的掌教和阿訇们听说是大围埂的马锅头，一齐都站起来打招呼。原来掌教曾在大围埂学校学过阿拉伯文，对大围埂人亲热。他听见主人留客，便接着说："衣橡勒斯格！"（天意注定你该在这里吃晚饭）接着和主人把马锅头拉到首席座位上。饭后主人挽留歇宿，但马锅头要到马店招呼，辞谢了。

说来也巧，马天有从缅甸返回到永昌时，"瘴毒摆"（恶性疟疾）发作，人事不省，赶马人只好把他背到杨老医生家去求医，老医生手到病除，一副特效药就治好了马天有的摆子病。

马天有的马帮下一次走缅甸时，他准备了一份厚礼到永昌去酬谢杨老医生救命之恩，这是第三次到达杨家。这天晚上，两人谈得非常投机，杨老医生得知大围埂清真寺里办的阿文学习班有海里发⑤一百多人，除了本村、本县、本省的以外，还有陕西、甘肃、宁夏等外省来的。这一百多海里发的

---

① 掌教：中国伊斯兰教教职人员。
② 阿訇：波斯语，这里指教经的教师。
③ 古兰经：伊斯兰教经典。
④ 穆斯林：阿拉伯语，伊斯兰教信徒的通称。
⑤ 海里发：指清真寺学员。

吃、穿、经书、纸笔等都是私人供给，单马天有一家就供着六七个。于是他高兴地对马天有说："我有个孙子名叫杨岗（杜文秀），今年十岁了，人倒聪明，因为我们这里学堂没有贵处办得好，我想把他拜继给你为义子，请你带到贵处去上学。"马天有高兴得满口应承，这时已经是下半夜，杨岗已经睡了，硬被祖父叫起来作揖拜见干爹。

马天有随马帮到缅甸时，即为干儿子购置了上好的行李衣服，返回路过永昌，到杨家歇了一晚，第二天就把干儿子杨岗领起回到蒙化大围埂，亲自送他进清真寺上学。

"嘘！刷！"（回族）

讲述：回族老人
记录：马少雄　回族
1987年12月采录于巍山大仓

清道光二十九年（1849年），云贵总督林则徐在办完"永昌案"后，即返回省城。他到达大理后，因蒙化回民在"永昌案"中牵连甚广，欲亲征察看究竟。于是在迤西道、大理、蒙化知府等文武官员的陪同下，从下关过来，蒙化府、县早已命令过路村寨做好迎接准备。由于林则徐在查办"永昌案"中，对保山官绅勾结，动用兵练残杀无辜回民八千余命案，只拿办了四百三十六人，凶犯主谋迤西道罗天池逍遥法外，回民愤而反抗，却反遭拿办了四百九十四人，仅大小围埂受牵连就缉判八十一人。因此，大小围埂认为处理不公，早有不满情绪。现在，听说跟洋人打仗的林大人来到，都想见识见识，并给他点颜色瞧瞧。三千多个精壮小伙便不约而同齐集道路两侧，当林则徐在众文武官员的簇拥下从巡检①下来，一过永济桥，早有当地官员乡绅摆下香案跪迎。林大人稍停答礼后，过小围埂出南门而行，只听到排列两旁的那三千多小伙子大声吆喝：左边一个"嘘！"右边一个"刷！""嘘，刷"声不断，兵勇们不禁按刀而行，林则徐从轿内朝外看去，见这些小伙子态度尊敬而稍嫌不逊，夹有股傲慢之气。林则徐颇为不满，又观看大小围埂，形势险要，更觉不安。这时恰巧一阵风沙吹开轿帘，向林则徐迎面吹

---

① 巡检：位于今巍山永建乡北的汉族村子。

来,眼为之闭塞,林向左右低语道:"风沙不正,叛乱必生。"

当晚林则徐到大仓驻息,回民文举人马为龙①,武举人米万选②等进谒。林命传见,礼毕坐定。林对诸人说道:"本部堂奉钦旨查办永昌案,蒙化回民中不肖之徒,参与顺宁永昌逆回滋事,敢于抗拒官兵,实属罪大恶极。已饬令府县缉拿首要案犯归案,复为绥靖地方,永保安宁。本部堂沿途巡察,今日过境,大小围埂回众,一路吆喝,似有愤懑之情,尔等乃朝廷命官,地方贤达,望以实情告我。"米万选趋前恭禀道:"大人奉旨办案,明镜高悬,公正无私,上体朝廷恤赤子之心,下解万民倒悬之苦,回民等感恩戴德,没齿难忘。至于缉拿处决之蒙化要犯,实属害群之马,汉之贼,回之蠹,理当歼除。我等回民早已额手称快矣!"林则徐又道:"嘘唰何意?"马为龙禀道:"大人明鉴,此乃本地回民土语。嘘者,风过之声;唰者,雨降之音。嘘唰嘘唰,实喻大人督滇办案,犹如春风化雨,万民沾恩无限矣!"林沉吟片刻说道:"如尔等所言,蒙化回众尚识大体。"林则徐一颗悬着的心才放下来。

马三进士单锤赴会

讲述:回族老人
记录:马少雄
1987年12月采录于巍山大仓

下关马名魁③,别号三毛牛,保山人,自幼练得一身好武艺,人称"万人敌"。他性情豪放,喜宾客,不求仕途,专事经商,家资累万,养门客千人。清道光三十年进士及第,因其弟兄三人,排行第三,故称三进士。

马家世为官宦,有"一门三进士,五世四代官"之誉,在地方上声势显赫,与关迤汉人马恩溥家平分秋色。

清咸丰六年,省大吏舒兴阿和青盛④调动绿营兵勇和临安兵练屠杀省城回民二万余口以后,随即以滚单密令各地官府灭回,大理道府也以"奉宪灭

---

① 马为龙:蒙化(巍山)晏旗厂人,回民。
② 米万选:蒙化(巍山)马米厂人,回民。
③ 马名魁:云南大理人,回民。清道光庚戌科武进士。巨富。他仗义疏财,积极支持杜文秀起义,在当时大理一带声名远播。
④ 舒兴阿、青盛:舒兴阿,满人,道咸年间的云南巡抚。青盛,满人,当时的布政司使。

回"为号令,命鹤庆张正泰统兵练数万人南下,配合大理兵练里应外合屠杀城里回民。不料大理回民奋起反抗,在城内筑垒设防与兵练激战。大理官绅一面加紧围攻城中回民,一面密令下关汉绅团练动手灭回,以断蒙化派往各地的回民援兵,并抽调下关团练增兵围城。下关汉绅苏荣等接到密令后,召集各村团练做好准备,但惧怕马三进士武艺超群,门客众多,弄不好反要遭殃。因此举棋不定。后来有人建议摆鸿门宴,以协商下关回汉相保为辞,设下刀斧手,邀请马三进士赴会,趁其不备杀死他。那时,群龙无首,动手灭回就轻而易举了。苏荣等认为此计可行,便约定日期,在关帝庙内开会,专请马三进士参加。

马三进士接到邀请后,召集门客商议。有的认为苏荣等是"项庄舞剑,意在沛公",互保是假,加害三进士是真,不如加紧防御准备,拒绝与会。有的说:"开会正大光明,纵有蹊跷,无理由拒绝参加。三进士德高望重,谅苏荣鼠辈不敢造次。如达到互保协议,两下相安,乃下关万民之幸,此乃大事,必须去。"商议从早至午,最后马三进士道:"诸位洞察英明,马某受益不浅。现形势万变,难以执一而论,智者审时度势,通权达变,运用于心。况且大丈夫处世,成仁取义,纵刀钺鼎镬,有何惧怕!回汉互保,为万性生灵之大计,我当按期赴会。"米映山①道:"害人之心不可有,防人之心不可无。姐丈决意赴会,我愿随行护卫,以备不测。"马三进士道:"以和为贵,不必刀剑相随。万一有诈,吾五十余载,闯龙潭、入虎穴非止一遭,小小鸿门宴,何足道哉?"稍止又说道:"如有变,下关穆民和家事,诸位还须全力维持,由吾弟主持,诸位好自为之。"众人起立拱手道:"某等报知遇之恩,赴汤蹈火在所不辞。"众人退后,马三进士入书房和米映山等人密商对策,并做好应变措施。

第二天中午,马三进士内着紧身软甲箭服,外罩长袍马褂,袖笼流星锤,骑上乌骓马,随带侄子马履谦②前往关帝庙。将到大门口,苏荣、马云等下关汉绅在门口迎候,马三进士下马,命履谦带马在门下侍候,马三进士撩袍登阶,抱拳拱手道:"马某来迟,让诸位久等,告罪!"苏荣还礼道:"进士公驾到,我等有失远迎,恕罪!"闪身让马三进士先行。马三进士上前一把拉住苏荣道:"你我弟兄何分彼此,一齐同行,请!"两人并肩前行,众

---

① 米映山:蒙化(巍山)马米厂人,回民。起义前在马名魁商号管事。起义后,参加义军,作战勇敢,受职大司勋,东征昆明时战死。

② 马履谦:马名魁大哥马元魁之子。英勇善战,授职大将军,辅董飞龙守下关。

绅随后，马三进士留神观察，两厢似有人影晃动，已知不妙，更加警惕。入座后，仆人传茶送果，马三进士谈笑自若，诸人怅然若失。苏荣被马三进士一手紧握，虽不用力，可气功逼穴，神智昏昏不知所云。过了好一会儿，还不见苏荣发令，两厢刀斧手迫不及待，在练首号令下，齐声喊"杀！"奔上大厅。两旁绅士抱头鼠窜。马三进士冷笑一声，脱去袍褂，甩出流星锤，一手挟起苏荣，一步跃上桌案吼道："住手！我乃三毛牛，千军万马且不惧，尔等鼠辈有何能为？"说着流星锤一个飞旋，"咣啷"一声打落刺来的几条兵刃，一把将苏荣摄前一步道："今日别无他法，请苏老先生先行，然后我与他们一决生死。"苏荣急忙道："还不退下。请进士公饶命！"又是摆手又是作揖，刀斧手闻声退下。马三进士喊道："撤退至两厢！如有轻举妄动者，苏老先生休怪我三毛牛冒死犯颜。"苏荣道："进士公息怒。"并大声喊道："撤兵弃械，退两厢！"刀斧手遵令退回两厢站立。马三进士见前门已闭，转身挟持苏荣向后门走去。后门已上锁，马三进士扬手发锤："咔嚓！"一声，锁随锤飞，马三进士上前一脚踹开双门，一声口哨，马履谦一手握刀，一手持缰飞马来到。马三进士嘱咐道："告诉大舅，好自为之，吾去也！"左手挟苏荣于肋下，右手持锤执缰，飞身上马，向关外奔去。

马三进士援辔缓行，出西关口，向蒙化方向走去。至三台坡下，马三进士翻身下马，将苏荣置于一块大石上，然后整衣扶冠，面对苏荣端正站立道："苏老先生在上，马某这厢有礼。"拱手三个揖。苏荣惊魂未定，不知所措，马三进士道："下关千余回民请予照看。否则马某回下关绝不善罢甘休。请苏老先生善处之。"苏荣起立在石上拱手还礼道："进士公放心，苏荣痛改前非，决心保护下关回民安全。"马三进士又一拱手道："一切拜托。"随即上马扬鞭向蒙化而去。一会儿，苏荣家丁和团练赶到。众人欲追，苏荣道："老虎归山，你等有何能为？速派人保护马家人口，下关回众不许侵犯，违令者斩。"

马三进士当晚抵小围埂，直奔七依玛马朝珍家里，七依玛见马三进士单骑来到，情知不妙，急忙迎候。马三进士上前拱手道："大哥，大理下关数万回民生命危在旦夕，小弟特来搬救兵，请速决策！"七依玛道："我早已风闻，正准备响应，请进士公稍候，容我通知各位兄弟前来决定。"七依玛一面安排马三进士休息进餐，一面派人通知杜文秀、马金保、蓝金喜、马天有、马腾霄[①]、赵应科、赵昂等来家议事。诸人先后到齐，与马三进士一一

---

① 马腾霄：蒙化（巍山）小五茂林人，回民。起义后授职特级都掌教。

见礼毕。马三进士告知了大理下关情况，并道："救兵如救火，下关回民危如累卵，请速起兵救援。"众人一番议论后，即连夜发帖集众。第二天在马天有府开堂聚义，共商决策，然后在鸡心山点兵九百九十九人，宣布各人做好准备，半夜在小围埂各家吃饭，四更时分即出发。马天有带队随马三进士先行，马朝珍、马金保、杜文秀护卫中军；马腾霄殿后，晨抵下关，攻破玉龙关后，继而北上大理，大败守城兵练，攻克大理。随即拜帅建制，宣布回、汉、夷等联合大起义，推翻满清。

杜文秀写联（回族）

讲述：大仓街老人
记录：马尚文 回族
1987年11月采录于巍山永建

大仓①头人段国瑞，是杜文秀结义的哥哥。

有一年春节，大仓要唱三天大戏，段国瑞特意办了回席，请了大仓的文人学士作陪客，请杜文秀做客看戏。

初一那天，陪客先到齐了。段国瑞说："今晚开场唱戏，但戏台上的对联还没有，诸位当中谁愿写副对联？请劳累一下！"陪客们互相推诿，谁也不敢轻易写，段国瑞说："那么，等一下杜文秀，请他写一副好了。"

陪客们一听，七嘴八舌地就说开了："请外地人来写对联，那不是欺大仓无人吗？再说杜文秀写出来的对联也不见得比我们写得好，还是请我们的黄诚先生写一副算了。"

段国瑞说："我这个义弟才思敏捷，笔力遒劲，他十四岁时，就为永昌（今保山）戏台题联：

不大点地方，可家、可国、可天下；
这几个角色，能文、能武、能圣贤。

---

① 大仓：位于巍山坝子上段，自然镇。今大仓乡公所驻地。明代设卫屯田时，此地曾建有甸头存粮大仓，故名。

这副对联,曾经轰动一时,大家可能已经知道了。"

陪客们都没有见过杜文秀,对段国瑞说的话不服气,都说:"好嘛,骑驴看账本——走着瞧。"

杜文秀到了,大家见他品貌出众,但不知他肚子里的墨水有多少,因为他不吸烟,不喝酒,主人先是敬茶。饮茶时,主人提出写联的话,杜文秀见桌上已摆好纸笔,一番谦让之后,即提笔书写一副妙联:

载治乱,千古人情若亲目;
观兴衰,万年演变入胸心。

大家看到这副对联,书法秀丽,词语不凡,这才甘拜下风,对杜文秀尊敬起来。入席后,与他谈古论今,杜文秀应答如流,最后他开导大家说:"清政府现在腐败到了极点,清帝为了巩固龙位,故意制造民族纠纷,使回、汉互相残杀,造成两败俱伤,以坐收渔人之利,我们回、汉本是一家,应该同舟共济,齐心驱逐鞑虏,恢复汉室。"

这些文人学士听了杜文秀的话,都频频点头,后来与杜文秀结为生死朋友,参加了起义队伍。

杜文秀拜帅之后,段国瑞为参军,黄诚为参政。段国瑞、黄诚为杜文秀的大理政权立下了汗马功劳。

杜文秀和王乡绅

讲述:赵癸一
记录:范建伟
1983年4月采录
流传地区:巍山巍城

清咸丰年间,杜文秀领导的有回、汉、白等各民族反清起义在蒙化(今巍山)回民聚居的村寨——大、小围埂揭开了序幕。

相传,为反抗清王朝的残暴统治,使各族群众通晓大义,杜文秀在起义前,曾秘密到永昌(保山)、大理、蒙化、漾濞从事组织、宣传活动。到蒙化时,曾两次到县城回民聚居的丁家厂秘密串联,至今这里还流传着王乡绅和杜文秀起义的故事。

王乡绅家住蒙化城北门附近，祖辈也是苦人出身，到祖父手上时，因做点白布、茶叶小生意，数十年辛劳勤俭，除维持全家生活外，稍有积蓄，购置了几亩薄田，添置了部分家当。到王乡绅掌家时，守着祖辈遗下的产业，加上王乡绅为人随和，平时乐善好施，人缘极好，生意越做越兴旺，不几年，成了蒙化城殷富之家。

　　杜文秀到蒙化时，闻听了王乡绅的为人，特地上门拜访。短短的接触和交谈，杜文秀要解民于水火的迫切心愿引起了王乡绅深切同情；杜文秀反清的胆略，使王乡绅极为钦佩。为了表示自己的一点心意，王乡绅冒着杀头之险，捐了白银、粮食资助杜文秀。

　　杜文秀起义引起了清朝统治者极大恐惧和不安，总兵杨玉科率数万清兵对起义军进行了残酷的围剿和屠杀。一八七二年，清军攻陷永昌、蒙化等地，又围攻大理，掘隧道攻破城垣，杜文秀服毒自杀。部分杀出重围的起义军到了蒙化，蒙化小围埂等回民村寨已被清军血洗。为了东山再起，有人提出将刀枪暂寄王乡绅收藏，以待有朝一日再重举义旗。但有人担忧，怕王乡绅不答应。

　　王乡绅听了义军的请求，沉思片刻，毅然答应下来，并连夜将刀枪埋入家中花坛内。事情虽应了，但王乡绅自此神魂不定，寝食不安。因为此事要是被清军知道了，那全家是要被杀头的呀！一连两天都不知是怎样过来的。到了第三天晚上，前半夜，王乡绅因心里有事，翻来覆去睡不着，天亮前，蒙蒙眬眬中，一个鹤发童颜的老人来到他面前，对他说："因人告密，今日午后事要发。不过，好人自有好报，总会逢凶化吉的。"王乡绅惊出一身冷汗，正欲细问，老人已不见。醒来，王乡绅才知是南柯一梦，但梦中老人之言却记得很清楚。王乡绅只得自己壮胆：今天得格外小心。

　　果然，当天午后，王乡绅家屋里屋外被清军团团围住，数十清兵杀气腾腾冲进庭院，看住了一家老小。王乡绅心里明白，今天是凶多吉少，只能听天由命了。搜来搜去，折腾多时，清军一无所获。统兵将领在院子里走来走去，眼睛盯住了花坛。片刻之后，冷笑一声，命令士兵将花坛内的土全部扒开。就在众人叫叫嚷嚷扒土时，谁也不曾注意，一股白气由远而近，进入花坛之内，随着"出来了，出来了"的叫嚷声，清军将领和众人睁大眼睛一看，顿时傻了眼，花坛内根本没有什么刀枪，只有一堆大锭大锭的雪花银，仔细看看，上面刻有王乡绅祖父的印记，此事连王乡绅也惊呆了。清兵无奈，只好灰溜溜地走了。

　　事后，王乡绅感谢苍天的佑护，分出大半银钱给官府用来抚恤战争中死亡双方的孤儿寡母；用另一部分银钱资助办学。

杜文秀与马小有姑（回族）

讲述：回族老人
记录：马尚文 回族
1987年11月采录于巍山永建

杜文秀和他的结发妻子马小有姑都是永昌（今保山）城里的人，自小就订了婚约。可是天有不测风云，在他们结婚之前，却天降大祸。

清道光二十五年（1845）九月初二日夜，迤西道罗天池与永昌府保山县官恒文，为了长期统治回民，秉承清帝旨意，破坏民族团结，使其互相残杀，造成两败俱伤。他们纠集金鸡村沈聚成的哨练突入永昌城，血洗城中回人民户。一夜之间，回民群众不论男女老幼，暴尸街巷，惨不忍睹。这一夜，全城九千多回民，除三十多人拼死外逃，免遭惨杀外，几乎全被杀害，房屋被烧，财产被抢光[①]。

在事变过程中，恒文家奴黄贵趁机带领几个兵练，杀入马小有姑家中，杀死马小有姑父母及兄弟姊妹多人，将马小有姑抢回府，妄图强迫成婚。

黄贵为何要杀尽马小有姑亲人而又要与她结婚呢？事情的缘由还得从事变前说起。

原来马小有姑乃是名门闺秀，品貌出众，不只长于针线锅灶，而且还能识文断字。

有一天，马小有姑跟母亲上街买菜。行到闹市，只见恒文家奴黄贵醉眼醺醺、跌跌撞撞地从对面走过来，不觉脸上微微一笑。谁知醉鬼黄贵竟误认为马小有姑对他有意，好不高兴。他回家后写了一张字条，在第二天遇到马小有姑再来买菜时，偷偷地放到她的菜箩里。

马小有姑发觉字条，好不奇怪，仔细一看，只见上面写着："……你若有意，今晚半夜后，可在门上画圈，作好暗记，并开好门，我当前来相会……"她又惊又恨，急忙回家告诉父母。

父亲看着字条，怒火心中烧："无耻奴才，竟敢调戏民女，要给他点颜色看看！"但略一思索，觉得智取胜于力敌，吩咐家人照黄贵所约，作好暗

[①] 指永昌惨案。

记，虚掩大门，并找了两个壮汉，埋伏在暗处，准备捉人。

时至半夜后，色胆包天的黄贵果然来了，一进大门，就被两个大汉捉住。大汉喝问道："夜半更深，你私入民宅，有何勾当？"黄贵惊魂未定，瞠目结舌："我——我……请饶、饶命！"这时，马小有姑的父亲出来了，板着脸问道："你夜入民宅，非偷即盗！我问你，你愿公了还是愿私了？公了嘛，马上捆送官府发落；私了嘛，请喝碗'人黄汤'（人屎），也不枉你辛苦一场，好让你永记心间！"

黄贵如落网之鸟，走投无路，虽不知这"人黄汤"是什么东西，却不好不从，遂急忙答道："愿私了，愿——私了！"马小有姑家人马上递过早已准备好了的"人黄汤"，黄贵接下，顾不得辨色尝味，"咕噜咕噜"一口气喝了下去。出得门来，方感肚肠翻动，口鼻发臭，忙抱头鼠窜而回。自此怀恨在心，伺机报复。

黄贵有机会了，要逼马小有姑成婚，怎奈马小有姑誓死不从。

恒文知道后，怕事情闹大，又得知杜文秀在夜袭中未丧命，已从自家的面铺脱险，赴京告状去了。恐上面追查，担当不起，遂作缓兵之计，暂将马小有姑收为"义女"，交给夫人"保护"。而马小有姑虽未脱离虎口，却得以保持贞节，也没有开忌（指吃猪肉）。虽说是恒文的"义女"，但她要像丫鬟似的服侍恒文全家，早起晚睡，备受折磨，但她为了报仇，咬牙忍耐了，还抽空向恒文的家庭私塾教师学习读书写字。

这家庭私塾老师是个年老体弱的孤人，无依无靠，心地善良。马小有姑对老先生特别关心，时常替他缝补浆洗，敬茶敬水。老先生暗地里也把她当作亲生女儿，只要一方便就耐心教她读书识字，宽慰她的心。有一天，老先生告诉马小有姑："杜文秀已进京城了。"这一消息犹如一阵春风吹散了她心头的乌云，她想："啊！文秀还活着！我不能死，他会来救我的，我们的仇还未报呀！"

原来，杜文秀从自家面铺只身脱险以后，到了大围埂老干爹马天有家。他禀明了情况，得到了老干爹的大力支持，筹集了路费，会同友人丁灿庭、木连科，跋山涉水，历尽艰辛，上京告状。进京后，投宿于表兄雷翰林家。

杜文秀将呈御览的状纸递到刑部官员的手里，官员问："杜文秀就是你吗？"杜答："是的。""你什么时候到京里来？""昨天。""状纸是何人写的？""是我写的。""过去来过京城吗？""没有。"刑部官员听了，不容分说，马上命令下人："将此刁民毒打三十大板！"并将杜文秀投进监狱。

才遭劫难，又遇大冤，杜文秀心中怎能服气。暗中痛骂这些狗官。幸喜雷翰林得知杜文秀下狱后，急忙找到刑部官员询问原因。官说："此人说他昨天才到京城，过去又从未来过，怎么会满口京腔！又说此状是他自己写的，这说明他是个讼棍，理该受罚。"

雷翰林听罢，不觉哈哈一笑："原来如此，年兄差矣！我永昌地区，本属官话区，音近京腔，故人称永昌为'小北京'，你听我说的就是永昌腔，可以为证。再说状纸，杜文秀十四岁中举，旋补博士子弟员，他有冤告状，何愁写状纸？"刑部官员恍然醒悟，释放了杜文秀，并将状纸呈御览。

道光皇帝看了状纸，派遣云南总督林则徐剿办肇事之村寨，以及为首之人。林则徐闻知事关重大，昼夜兼程前往。行至弥渡，因有兵用草绳提着一串猪肉，在闹市乱挤，擦着一个回民的衣服。这回民以为清兵有意侮辱，素性暴躁，便挥手一拳打到清兵身上，其他清兵见状拢来，不分青红皂白，一阵拳脚，将该回民打翻在地。围观回众不服，拥上几十人，便和清兵厮打起来。

此事虽未酿成大祸，但林则徐却据此认为，回民极不安分，咎不尽在汉人。乃上奏清朝廷，改"剿办"为"剿抚兼施"，提出剿抚中"只分良莠，不问汉回"。道光二十八年（1848）春正月，林则徐行抵永平驻节，檄永昌府并被告名单一张，首列金鸡村沈聚成等五十余人，限期拿解到案。不料汉民集合数万人，埋伏牛角关一带，将沈聚成等被解之人劫回。

三月二十五日，林则徐调兵进剿，重获沈聚成等二十八人，三月二十九日解到永平时，全部畏罪服毒自杀。接着，又捕杀了四百多人，其中亦有一部分回民。最后，林则徐将恒文革职，黄贵斩首，马小有姑交还杜文秀，回京复旨。

杜文秀和马小有姑团聚了，好不欢喜。但看看洗劫后的残墙破瓦，怎能办婚事，无可奈何，只好双双投奔大围埂老干爹马天有家。

马天有是个喜爱人才、慷慨好义之人，远近闻名。他早看出杜文秀聪明好学，有胆有识，是个干大事的人。近闻杜文秀进京告御状，为回民争气，更加佩服了。现在，杜文秀领着马小有姑来了，怎能不喜出望外？他亲自安顿杜文秀两小口的起居饮食，他逢亲告亲，逢邻告邻，好让乡亲也和他一起分享快乐。

一日，马天有家宰牛杀羊，张灯结彩，大宴宾客，为杜文秀和马小有姑完婚。念了"喜经"（证婚词），宣讲了教义。祝贺杜文秀、马小有姑双双苦尽甘来，喜结良缘。

七依玛（回族）

讲述：回族老农
记录：忽天俾 回族
1985年3月采录于巍山永建

关巍公路边上离大仓站五里的地方，有一个回族聚居的大村庄叫小围埂。

很久以前，古城村一带十年九旱，官府多次向朝廷申报，要求重新建筑城池。京城委派来的监造官，根据地师的说法，认为小围埂有一只金鸡，风水地脉好，适宜建城，就选中了这块地盘。京官在小围埂对面山冈上盖起巡检司，住下来坐镇指挥。地方官史到处派捐抓伕，大兴木土，围地建城。城埂围到永济桥上下，巡检河、马水厂河都成了护城河。

当时，小围埂有户姓马的贫苦回民，男的帮人赶马出远门去了，妻子马氏没有钱请工去服劳役，只好带着身孕去顶替丈夫。监工为了多捞油水，逼着民伕两头摸黑地干苦活，由于劳累过度，马氏不幸小产，因流血过多而昏倒在工地上。这件事轰动了工地，民伕都愤愤不平。监工怕事情闹大了下不了台，急忙买通地师，向监造官说金鸡厌恶妇人流产的血气，夜里有人亲眼看见它长啼三声向巍宝山飞去了。此地风水地脉已破，应该火速随金鸡南下另选造城之地。京官乐得顺水推舟，卷起当地百姓的建城款，迁到巍宝山附近重新建筑城池。后来，监造官中有一个讲点良心道德的人，为了纪念北边百姓为建筑城池所付出的血汗和金钱，有意地把北门城古楼造得比其他三门高大结实，比中心鼓楼还要雄伟壮观。

再说北边不明真相的人，都把建城劳民伤财、前功尽弃的事归罪于马氏。而马氏偏不信邪，她认为圣贤天子都是妇女生育的，血气怎么会把金鸡给冲走呢？她咬紧牙关，争气做人，决心把子孙培养成材，来洗刷这不白之冤。回民的穷苦人家没有钱供子女上私塾，但可以送进清真寺免费接受初等教育。只要学生天资聪颖，自然会有人伸出手来供他学习深造。马氏子孙就是这样造就成有学问有威望的人，代代都出尔勒么依①和依玛母②有几个还到

---

① 尔勒么依：阿拉伯语，中国穆斯林对学者的通称。
② 依玛母：伊玛目，阿拉伯语，这里指清真寺教长。

过阿拉伯朝觐天房①。

　　清朝后期，马氏后代中有一个学问出众，见识超群，金钱富足的人，弟兄中排行为七，人称七依玛，在小围埂清真寺内任职。当时，永昌屠杀回民惨案发生后，突围出来的杜文秀等人上京告了御状，清廷派林则徐巡查结案。只因永昌官吏和肇事者互相勾结，一方面用重金买通大理府台，另一方面装扮成回民在红岩脚七里城劫杀钦差大臣。林则徐不明真相，盛怒之下驻进大理，听信官方一面之词就定了案。杜文秀成了钦差钦定罪犯，遭到通缉。小围埂清寺门口贴着悬赏捉拿杜文秀的告示，清军密探也时常来村中活动。官府对七依玛三令五申，打听到杜文秀的下落必须立即报告，若有隐瞒，严加治罪。

　　杜文秀为了躲避官兵的追捕，改名换姓在蒙化、云州和缅宁一带活动。他来小围埂就在七依玛家中，七依玛的侄子武功出众的马应超也经常跟他一起外出。大伙都称呼这个受七依玛尊重的客人为"木老表"，只知道他是往来于云州和蒙化的生意人，谁也不介意。可是日子一久，就有人犯起疑心来，木老表即是一个赶马经商的生意人，每次礼拜阿訇都要把他让到前排中间，待为上宾。并且木老表经常带着一些装束不同的外族人来七依玛家。回民禁止吸烟，可是这些外族人竟敢在七依玛家公开吸草烟。回民不轻易跟非穆斯林结交朋友和结亲家，而木老表和马应超竟破除教规和这些人结拜弟兄，打干亲家，相处得无比亲热。一些疑心生暗鬼的人就编出了一首歌谣："古怪时年颠倒颠，依玛家中吸草烟，回汉土俚称兄弟，舞刀弄枪成正业。"七依玛听到之后不但不反感，而且在清真寺公开宣讲："我们有我们的教门，别族有别族的风格，《古兰经》上说得明白，信教与不信教各自选择，我们怎能求别人跟我们一样呢。一切穆斯林都是弟兄，所有受鞑子欺压的民族都是朋友。只有弟兄和朋友携起手来，求大同，存小异，共同对付杀人成性的旗人官兵，才能求得生存之路。"七依玛是众望所归的人，经他这么一说，各村都暗中做好了起义的准备工作。到了约定的日子，四乡八寨的人都集中到小围埂义学堂旁边的白沙井旷野上，举行了庄严的起义仪式。白色的义旗高高举起，各族百姓群起响应，使义军声势空前壮大。人们回想起"木老表"常来常往的岁月中，由七依玛所讲的那些道理，更加从内心里佩服杜文秀的真知灼见。

---

① 朝觐天房：指伊斯兰教的五功之一。

七依玛和马应超跟随杜元帅转战南北,立下汗马功劳,均成为帐下的得力干将。起义失败后,他们在故乡坚持战斗,以身殉职,英勇就义。在大屠杀中突围出来的七依玛子孙,为了躲避官府的追捕,也为了纪念先烈,从此改马姓为祁姓。但在民间广为流传的故事中,没有人说七依玛姓祁,都异口同声说他姓马。

李九卖酒

采录:胡有亮
1984年采录于巍山庙街

一百多年前,官府派兵镇压杜文秀起义,在蒙化县打了几年仗,闹得鸡犬不宁。县城有个姓左的酒老板,看着在城里实在混不下去了,只好跑到西六村勉强开了业。这时,他家里请了一个无父无母、孑然一身的帮工,名叫李九。这李九二十多岁,身体强壮,又憨厚老实,也没有什么牵挂事。每天除了挑着酒担子到西山脚一带去卖酒外,回来还能给老板家里干很多杂务事。老板一家都很喜欢他,待他也跟家里人一样。

有一天,李九早早地挑着一只酒坛,哭丧着脸回到家里,老板见了,很觉奇怪,便问道:"谁欺负你啦?"

"没有。"李九摇摇头答道。

"那为什么哭呀?"

"那边路旁有个石头,我才走过去,它就把我的酒坛撞烂了一只。"李九比画着告诉老板。

"啊呀呀,石头还会撞你的酒坛?"老板想笑,但没有笑出来。"酒泼光了没有?"

"都泼光了。"

"唉!"老板叹了口气:"罢,罢,罢,以后小心点就是了。"

第二天,李九照样去卖酒。到了头天撞破酒坛的地方,他小心了又小心,想绕开那石头走。可是,不由得地换了一下肩,一个酒坛子又"当"地撞上去了,一坛酒全都泼在地上。要不是赶紧拉住另一头,那就一挑都摔了。他又只好背着剩下的一坛酒去卖。

回到家里,老板远远地就问道:"怎么样,今天石头没有撞酒坛了吧?"

"今天我已经很小心了,可是,一去到那里,酒坛又'当'地去撞那石头。呜……"这回李九哭将起来了。

"嗨呀,昨天石头来撞你,今天你去撞石头!"他本想骂李九几句,一看李九自己先哭了,倒自己软了心。"那么大的人了,还哭呢,快吃饭去!明天不再撞就是了。"

李九揉揉眼睛吃饭去了。一晚上,他翻来覆去睡不着,老觉得对不起老板,两次撞破酒坛都没挨骂。他想到那石头,心里暗自骂道:"这烂石头,看老子不打烂你。"

第二天吃过早饭,李九带上劈柴的斧子,挑上酒挑子又去卖酒。还不到拦路的那个石头前,他就放下酒挑,卷起袖子,在手心里吐了口唾沫搓了搓,提起斧子骂道:"嘿,看你再撞老子的酒坛。""当"的一斧劈下去,石头碎开了。只见一道白光在碎石下闪闪发亮。哟,是银子嘛!他蹲下身去把碎石一扒:嗨,还挺多呢!原来,这石头下面有个洞,洞里有银子。李九一高兴,胡乱往衣袋里塞了两个,又扒上些土将银子原样盖好,便又去卖他的酒。

卖完酒,李九一进家门便露出满脸的憨笑。老板见了,便走过来问:"回来了!"

"回来了!"

"没撞着了吧!"

"没撞着!"李九说着,从衣袋摸出那白花花的银子递了过去。

"哟,卖得这么多呀?"老板一见,吃惊地问。

李九摇了摇头,嘿嘿地笑着说:"拾得的。"

"拾得的?"老板将信将疑。

"我把那块石头打碎了,下面有许多银子呢,我用土把它盖上了。"

"真的?"老板又惊又喜。

"真的嘛!"

"好!那明天我俩去卖酒。"

第二天,老板和李九一起去卖酒了。老板吆着一头驮酒的毛驴,李九挑着酒,直卖到天快黑了,才来到李九埋银子的地方。两人迅速扒开土,老板果然看见了很多白花花的银子。这可把老板乐坏了,他急忙和李九把银子驮回家里。

银子拿回家里后,老板本想给李九造间房子,置点田地,讨上个媳妇,让他单独过日子去。因为这银子本来就是他发现的。可是李九横竖不愿意,老是摇着头说:"不要,不要,我还是要卖酒!"老板无奈,也只好作罢。这以后他待李九就更好了,也不让他去卖酒了,一心让他安心养息。但李九是动惯了的人,哪里闲得住。总是要找些活计做才觉着舒服一些。老板无奈,也就只好随他的便。从此,李九在老板家里,就一直过着不仆不主的生活。

中国民间故事丛书

云南 大理

巍山卷

故事

地 名 故 事

巍宝山和白塔山

采录：范建伟
1986年采录

关于巍宝山和白塔山，民间流传着这样一个故事：

相传很多年以前，残暴的洱海龙王为了扩展他的统治领域，派了四公子和三公主到蒙化的蒙海底，要堵住西流的江水，把蒙化坝子化为泽国。

四公子和三公主领受了父王之命，匆匆上路。那四公子一路上高兴得很，因为父王曾答应事成之后，就把化为泽国的蒙化城归四公子管辖。那时，他自然可以肆意兴风作浪，称王称霸。唯有三公主一路上闷闷不乐，美丽善良的三公主，实在不忍心让数万黎民百姓葬身水府之中。只因父王平时对她管束太严，不能随意游出水宫深阁，今日领父命随兄外出，正好看看人间的风景和凡人的生活。

这天，兄妹二人来到蒙化城内，碰巧正逢蒙化城的城隍庙会。只见那庙前热闹非凡，有踩高跷的、耍把戏的、唱戏的、卖纸钱的，男的女的、老的少的，熙熙攘攘，你来我往。三公主做梦也不曾想到人间竟有这种乐趣。她马上被一个耍猴戏的吸引住了。四公子连喊几声，三公主不知是听不见或是顾不上，竟连头也不回一下，只是随着人流往前走。四公子看看无奈，转来转去也在一个武术摊前停住了。

俗话说，天有不测风云。正当人们热闹之时，不防天空中阴云四合，雷声隆隆。不等人们回过神来，黄豆大的雨点已"噼噼啪啪"地朝人们身上打来。那雨下得好，只听得风随雨，雨伴风，下得灰蒙蒙，泥泞泞，不说天河漏底，也是龙王施威。三公主本是一个少女，再则又是独身一人，不好跟人相挤。人们都被雨打散了，公主竟独自一人站在空旷的院场里，浑身上下都被雨打得湿漉漉的了。

正在这进退为难之时，公主耳边突然有人喊了声"大姐！"公主抬眼一看，身边站着一个年轻的书生。那书生生得眉清目秀，落落大方，文雅中还含有几分侠气。书生对公主说道："大姐，为何一人在此站立？"说着把手中的雨伞向公主递来，说道："快转回去吧，免得家里人惦记。"公主接不好，不接也不好，羞答答，竟把书生的伞接住说道："多承公子好意，五天之后我一定在此归还。"那书生转身冒着雨走了。公主看着书生的背影，心里有种甜丝丝的感觉。真是，在人间，山好水好人更好。

四公子和三公主出城南门继续赶路。眼看快到洗澡塘，离蒙海底不远了。公主此时真是为难死了，她想：如果违抗父命，那凶残的父王是绝不会饶过她的，二姐就是因违抗父命才被打入后宫服了五年的苦役。一想到这，公主就不由得心寒起来。如果按照父王旨意行事，那一城的生灵、那些即将成熟的庄稼，还有那个好心的书生……三公主思来想去，看看已来到洗澡塘，再往前走，天大的灾难就要降临。公主一横心，跳上路边不走了。

"阿妹，别玩耍了，快走吧！"四公子连声催促着。三公主只是摇了摇头，却不动脚步。

"阿妹，我牵着你走。"四公子伸出手要拉三公主。三公主一急，纵身一跳，跳到江的左边，瓜江把兄妹两人隔开了。

"阿妹，你……"四公子吃惊了。

三公主慢慢地转过身来，面对蒙化城眺望着。

"好，你不走我走！"四公子气急败坏地叫喊着，"我看你怎么去见父王。"说罢，四公子抬脚要走，咦！怪事，公子只觉得两脚如同生了根，休想挪动半步。他低头一看，不由得"啊！"地惊叫一声。三公主闻声一看，不由也大吃一惊，只见四公子的两只脚已化为一座小山，并且还在向上长高。公主看到此情此景，惊吓得"哥哥！哥哥！"连声叫喊起来。

不知过了多久，一阵风把三公主从昏迷中吹醒，三公主一看，河对面的哥哥已不见了，只有一座山高高地耸立着。一个面目慈祥的老婆婆来到公主面前，微笑着说："姑娘，你哥哥执意要按照你父王的旨意做，为了几万生灵，我不得不这样做了。事已如此，我只有送你到你父王面前讨个人情罢了。"

三公主一听此话,"扑通!"一声跪倒在老婆婆面前,苦苦哀求道:"老婆婆,承蒙你的好意,还是把我哥哥也一起送回去吧。"话未说完,只听得对面小山发声道:"阿妹,不要求这个可恶的老太婆,我一人也要把江水堵住,我要让蒙化坝子变成泽国。"说着,小山连连摇晃起来。老婆婆轻轻地叹了口气,顺手扯下一根杨柳,对准一堆大石头指了指,那堆石头竟如同生了脚一样,一个接一个地往山头上赶去。老婆婆再把杨柳枝向山头一指,随着"起"的一声,那些石头顺序一个接一个地向高空堆叠起来,霎时,一座奇巧的宝塔就立在山尖,说来也怪,那山也立刻停止了摇晃。

老婆婆转身想扶起三公主,哪晓得公主跪在地上硬是不愿起来。

"好心的老婆婆,多亏你搭救了整个蒙化坝子的人。可是我不能丢下我的哥哥,我愿永远陪伴着他。"说着,泪珠顺着三公主的面颊滚落下来。

老婆婆迟疑了好一会儿,才长叹一声道:"美丽善良的公主啊,让人们世世代代都记住你吧!"老婆婆用手一指三公主,顿时,三公主就化作一座挺拔、峻峭的美女山,恰恰和白塔山遥遥相对。

从此,四公子和三公主就留在蒙化。千百年来,人们都没有忘记美丽善良的三公主,一看见美女山就想起了她。

三府石和碗窑泥

采录:忽天倬 回族
1984年采录于巍山永建

巍山坝子北边,有一个高居坝首的碗成村盆地。盆地中的小山包上有一座土主庙叫三府寺,又名二公主庙。寺前有着贮藏丰富的石场,寺后盛产畅销各地的瓷碗。每年白族人来接三公主,都要赶回寺中过夜祭祀。

相传六诏割据时,蒙嶲诏最庞大,蒙舍诏最富足。两诏分管一个坝子,坝子里瘴气很多。为此,蒙舍诏建都城于垅圩图山,蒙嶲诏在小盆地上建成木吐鲁城。白王张乐进求把二公主嫁给蒙嶲诏王,把三公主嫁给蒙舍诏王。每逢春节过后,白王都要派人来接两个公主回大理住一些日子。三公主来去都喜欢在姐姐的王宫里住上几天,谈叙家常。

二公主是一个聪颖贤淑的王后,深得王亲贵族和臣民奴仆的爱戴。诏王因有两个哥哥安邦定国,能静心坐镇王城,对二公主体贴入微。诏王和王后相亲相爱，日子过得顺心如意。蒙舍诏的王子经常跟随母后来木吐鲁，深深爱上了这里的一切，羡慕生嫉妒，逐渐滋长并吞之心。蒙舍诏始终依附唐朝，王子继位后，以蒙嶲诏依附吐蕃为理由，求得唐朝的援助，起兵攻打蒙嶲诏。

蒙舍招兵和姚州唐军铺天盖地向木吐鲁进攻，镇守外围的二将军率众奋起抵抗，派人飞报三弟诏王。诏王誓与木吐鲁城民共存亡，拜托大哥护送妻儿向漾濞转移。二公子决意和诏王风雨同舟，不论怎样劝说都不肯走，父子母女只好洒泪告别。虽然二将军气力盖世，武功惊人，怎奈寡不敌众，终于血洒山丘，英勇就义。强敌像潮水般涌向都城。二公主面对重兵压境，临危不惧，一边鼓动诏王从容迎战敌人，一边带领心腹仆人把来不及转移的金银财宝埋藏起来，绝不让敌人掠夺抢走。她把金子带到王宫外的山包下埋起，赶回来刚把银子埋好，城池已被攻破，诏王也为国捐躯。蒙舍诏的兵将大批冲进王宫来。二公主怕被敌人侮辱，带着随行急忙向大尖山奔去。一部分兵将紧追不舍，看着二公主周身衣裙被荆棘挂破，蓬头垢面逃进山下的仙人洞里。追兵手执火把追入洞中，进洞一里左右，火把熄灭了，再也点不着，只好退出来守住洞口。另一部分兵将去追赶转移的队伍。大将军为了保护王子安全转移，亲自殿后，拼命厮杀，也壮烈牺牲在城西南五里外的旗锣鼓号山上。

蒙嶲诏退居漾濞，坝子北边的地盘被蒙舍诏兼并。战乱平息下来，木吐鲁人带着猎狗进仙人洞去寻找二公主的尸体，准备厚礼安葬。不料进洞一里后，火把再也点不燃，只好驱猎狗前行。结果尸体没找着，猎狗却从八里外的山箐里钻出来。人们就在箐边的山包上建庙祭祀，取名二公主庙。

三公主念姐妹之情，每年回大理都来木吐鲁住一夜，到庙里祭奠一番。蒙舍诏王得知大怒，千方百计劝阻母后。母子互不相让，一起到巍宝山老君殿求签问卦。道士说："当年三公主和二公主在莲花塘泛舟游览，曾经失落锁金银财宝和首饰的钥匙。如今钥匙掌握在二公主的手里，如果得罪了她，将来三公主只能蓬头垢面去见阎王，在阴间也没银钱使用。"蒙舍诏王无奈，只好顺从母后，并在木吐鲁为三公主建了行宫。到蒙舍诏统一了六诏后，驻守蒙舍川的兵马大将军凤伽异，为了常喝九牛井的水获其神力，就大兴土木，把三公主的行宫扩建成狩猎和娱乐的行宫。后来，他虽两次大破唐军，战功显赫，却未登王位就身亡。他的儿子继位后，听信道士说，九牛井的水只辅将不辅王。为了王基牢固，南诏王下令捣毁行宫，填灭了九牛井，撤走王族及部属，繁荣兴旺的木吐鲁从此变得冷落。只留下一些蒙嶲诏忠实的后裔，分住在木吐鲁村和莲花塘。这些村民分别在大将军和二将军阵亡的山冈上建起了土主庙，就是现存的北山寺和天子庙。又把二公主庙扩建成土主庙，塑了蒙巂诏王和二公主的神像。有人还在正殿上挂了一副"德惠黎民，神功万古；名垂宇宙，庙祀千秋"的对联。从此，二公主庙又称三府寺。直到如今，大理白族人来接三公主时，先到巍宝山巡山殿祭奠细奴逻，再到垅圩山天摩牙寺接起三公主，当天赶到三府寺来过夜，念经求神，向二公主领取钥匙，好让三公主收拾打扮回家乡。

再说南诏王族从木吐鲁撒走后，村民开始挖掘二公主埋藏下的金银财宝。结果，在埋金子地方挖出取之不尽的黄沙石，在埋银子处挖出用之不竭的白胶泥。刚挖出的石头呈红褐色，据说那是二公主的血泪滴落在黄金上。石质软，纹理好，采石人可以随心所欲地切成各种石块石条，雕刻出各种花鸟图案。只要石头经过太阳多日照射，随着颜色变成淡黄或米色，石质也就变得坚硬了。因为石场在三府寺下，刚出土时用斧头或砍刀都破得开，大家叫它三府石，也有人称三斧石。用三府石磨精美的大理础石，磨出的花纹特别好看，人们说，那是因为寄托着二公主的一片思乡深情。再说，挖出的白胶泥纯洁细腻，在一外地匠艺师傅传授下，终于烧成了瓷碗，卖得大批银钱。人们都说黄沙石和白胶泥是二公主面临家破人亡时，诚心给后人埋下的宝藏。为了纪念她的一番好心，烧成瓷碗后，村民就把木吐鲁村改名为碗成村。

盟石村的来历（彝族）

采录：王丽珠
1980年采录于巍山庙街

在巍山彝族回族自治县城北十多公里处，有个居住着四五百户人家的村子，叫作盟石村。说起这个村名的来由，要追溯到一千多年以前。

相传一千多年前，今巍山县叫蒙舍川，酋长叫作张乐进求。有一个彝家小伙子叫作细奴逻，这个细奴逻据说是九隆之后。有一次，张乐进求因诸葛武侯所立的白崖铁柱岁久剥蚀，重铸之。铸好那天，举行祭柱，全蒙舍川的男女老少都来参加。祭祀活动刚开始，作为装饰品铸在柱顶上的铜质金丝鸟忽然活了起来。"扑棱扑棱"拍响了翅膀，在空中盘旋一周后，就落在细奴逻左臂上不动，一直停了八日方才离去。这事使蒙舍川人大为惊奇，都说这是天意所示，细奴逻要为王了。于是酋长张乐进求就决定让位给细奴逻，但细奴逻执意不肯。有一天，二人正相持不下时，见前面正好有一块巨石，细奴逻则拔出宝剑，指着巨石发誓说："如我为王，剑必入此石！"话音刚落，举剑砍去，剑果入石三寸。细奴逻不好再推辞，就即位，自称奇嘉王。建号大蒙国，在今巍山县城西北二十余公里处的垅圩图山上筑起了垅圩城。

后人为了纪念此事，就把细奴逻举剑入石的石头叫"盟石"。后来，人们在"盟石"所在地落户，建立了大村寨。这就是现在的盟石村，村名一直沿用至今。

牛长尾寺

讲述：罗国芳
记录：罗秀菊
1987年10月采录
流传地区：巍山巍宝

巍山正西方向距城两三公里有一座寺叫牛长尾寺。这寺背靠瓜江，不论江水有多大，就是冲不着寺和牛长尾村子。关于这座寺的来历在民间还有个故事呢。

相传在很久以前，牛长尾村中有一户姓谢的人家，历代都是做生意的，在村中算是很阔气的了，可就是没出过一个文人。有一天，老倌病危，他知道自己不行了，就把儿子谢阁叫到跟前说："我们家祖祖辈辈都是做买卖的，不被人看得起。我死后，你去请一个地师来，找一处风水好的地方来葬我，以后我们的后代就会有做官的了。"老人说完就气绝身亡。他的儿子谢阁按照阿爹的盼咐请来了一个地师。

地师在村子周围转了转，来到村子东北角挨近瓜江边的一块高一点的空地上停了下来，把罗盘放在地上，一测：确是块好地。谢阁就决定在此安葬阿爹。但又听地师说："下葬时刻要等'蛇打鼓''鱼上树''马骑人'，没有这三种就别下葬。不过，要这三件事出现，得需准备很多串火炮，隔一阵放一串，直到这三样东西出现为止。"老地师把一切安排好就走了。

第二天，谢阁命人把棺材抬到坟地边，就开始放炮，放了不知多少串炮还不见"蛇打鼓""鱼上树""马骑人"出现。快到中午时又放了一串，这时，奇迹发生了。一只老鹰叼着一条蛇从头顶飞过。听到炮响，老鹰吓得放掉嘴中的蛇，没命逃跑。掉下的蛇刚好砸在一面鼓上，发出"咚咚咚"的响声。在河里捉鱼的渔夫听到蛇打鼓，就把手中的鱼挂到树上，跑过来看热闹。河对面放马的一个汉子，见好多人议论纷纷，都跑去坟地看热闹，他自己也心痒痒的，过河来看个究竟。他骑马过河时，当来到河中，这匹马不走了，任凭他怎么打，马就是不走。这个男子又是个急性子人，就索性把马扛在肩上过河来。谢阁看到三个条件都应验了，就命人赶快安葬了阿爹。

再说，村里的人看到了这一切，唯恐谢阁家发了而对全村人不利，就约集村里的人来商量。最后决定还是请一个老地师来看一看，若对全村人没有害处，就不管它；若对全村人有不利之处，就请地师指点该怎么办。地师请来看过以后，说："这块坟地地脉太旺了，谢阁家拿它做祖坟，不久以后要发迹的，后代人要当大官。全村的地脉就数这块最旺，他家占了以后村里大多数人家迟早要被阳瓜江水冲走。解救的唯一办法只有在这村头上再盖上一座寺庙，把地脉压在寺庙下面，这样全村人就得救了。"

乡亲们接受了老地师的指点，就集资在村头上盖了一座寺庙，据说就是今天的牛长尾寺。因为有了这座寺，谢家的人没有做大官。

地胆田

采录：段有鉴
1988 年采录于巍山城北

在巍山县城以北十里的地方，有一个村庄叫施家村，村边有一丘大约两亩的大田，叫地胆田。说起地胆田来，可还有一段故事呢！

相传在清朝年间，这施家村里有姓施的弟兄俩，弟弟忠厚朴实，哥哥却是好吃懒做。他们一家三口人，父亲已年老体弱，腰弓背驼，不能再到田里做活了，只能在家料理家务。弟兄两个种着四亩不到的一点地，由于弟弟十分勤劳，所以，日子还过得不错。

不久，老大结了婚。可自从家里添嫂嫂后，家里就闹起别扭来，生活就与以往大不一样了。俗话说："猪心猪肝街上卖，人心人肝各人带。"一天，嫂嫂对哥哥说道："我们何必苦死苦活地干，你再怎样苦，也是白苦。""为何白苦？"哥哥不解地问，"咳！你想想，你弟弟已是十八九岁的人了，不消几年就要娶媳妇，要用很多的钱财，不是白帮他苦，帮谁苦？"嫂嫂说完停了一会儿,见丈夫不吭气,她又进一步说道:"我俩想过上好日子,只有分家。""分家?"哥哥睁大眼睛,疑惑地看着妻子。"是分家。"嫂嫂仍然平静地说,"我们怎么说得出口?""这个不难,只需如此如此,既不伤弟兄和气,又显得我们贤孝,有情有理。"

从那以后,老大像喝了迷魂汤,天天吃喝玩乐,活计很少去做,凡事总是支支吾吾的。开始老二也不在意,慢慢他已意识到哥哥与以前不同了。更何况嫂嫂也经常指桑骂槐,脏鸡毒狗,做嘴做脸地发脾气。这使老二气愤不过,他爹也看不下去,当公公的又不好直面地批评他两口子,父亲想照这样下去,只是苦了老二。可怜老二还没有成亲,哥嫂就这样懒散,不如把家分开,各过各的日子,也许会好一点。他把这些意思说给老二,老二早憋了一肚子气,当下就同意了父亲的意见。

一天吃饭的时候,他爹就对大家说:"树大分枝,人大分家,我想把你们弟兄分开,不知你们意下如何?"老大和老大媳妇听了父亲的话,心里就像喝着蜜汁一样,但老大还是假惺惺地说道:"一家人热热闹闹的,何必分开。我同弟弟好好盘田,媳妇在家做家务,爹爹只在家静养就是了。"老二因早已怒在心里,便怒冲冲地说道:"分就是了。"那嫂嫂看时机已成熟,便说道:"既然老二同意分,但凭公公安排。"最后就决定了分家。

到了晚上,嫂嫂又再三唆使丈夫:"分田的时候,我们要有大石头的那块,让老二要上面比较好的那块。我们的虽小,还有发展前途,年年都能收到九十八捆谷子。上面那块虽然收一百多捆,可是你再怎样想办法,都不能再增产半捆了。这样做也表明了我俩的一片好心。以后把那石头打成石条卖,可得一笔钱。石头撬出后,田面积也就比老二的大了,我看那石头占着一分左右的田。表面看是我们吃亏,实际上我们得的更多。"一夜就这样算来算去。

家里能分的都分了,田也倒是好分,一人一块,当下弟兄俩是你推我让,最后老大说:"我们家共有四丘田,论面积,上边的那丘比下边的那丘多一分左右,论土质也是上边的那丘要好一点,怎么说也是上边那一丘要好一点。我们现在已成了家,理应要吃亏一点,我就要下边这丘。你还没有结婚,理应提携你一点,你就盘上边那块。"老二没话说,就这样分定了。

家分开后,老大就请来石匠,把大石头炸开,打成了很多石条,发了一笔小财。

从分家以后,老大夫妻俩突然勤劳起来,不再像以前那样好吃懒做了。

可是尽管他俩怎样卖力地干，到收割的时候，不但没有多收半捆，而且连九十八捆也收不到了。苦来苦去都赶不上弟弟，收成都没有老二好。老大很纳闷，说道："怎么我俩年年辛辛苦苦，到头来才收得这么一点粮食，还不如从前。""我也觉得奇怪，为什么我俩这样苦，生活总不如老二。"他两口子唉声叹气，想不出妙法，最后决定去问问西山那个算命先生，听说那先生能知过去，能卜未来。两口子商量定了，便去问那先生。先生听了他俩的来由，眼睛半闭，嘴里叽里咕噜了一阵，然后手指他俩道："你家盘的那丘田有个大石头，那是地的胆，你们把地胆都撬掉，你再怎么精耕细作，庄稼如何长得好？""人不可能算尽啊！"老大两口子听了先生的话，脸上红一阵、白一阵，又羞又恨，对过去的没良心主意实在懊悔不已，但已来不及了，只好悻悻地回了家。

如今那丘地胆田还在，早已属于集体所有了。但关于地胆田的传说，流传几代而不衰，成了劳动人民的训诫。

铺上村和伙头村

讲述：北桥村老人
记录：王丽珠
1982年3月采录于巍山庙街

在巍山县城以北十五公里的地方，今关巍公路东侧，有两个村子，一个叫铺上村，另一个叫伙头村。

相传很早以前，这两个村子坐落在风景优美的东山脚下。两村南北对峙，中间相隔一条大沟。两村百姓就以大沟起名，把大沟北面的村子叫作沟上村，大沟南面的村子叫作沟下村。沟上村居住着的是汉人，沟下村居住着的是彝人。虽然两村民族不同，但关系十分友好。

这一年，忽然从圣田山淌下来一股热水，一直淌到了两村中间。两村百姓就利用这热水来洗澡。洗了一年后，他们发现这股热水还是一股宝水，它不仅能洗去人身上的汗渍，而且还能够治病。村中有几位老人害风湿病，多年求医都治不好，但是去热水里泡了几次，风湿病就好了。还有几位妇女因生儿育女得了"月子病"，在这热水里洗了几次以后，病就慢慢地好了。

这热水能治病的消息传到了附近村寨，人们都纷纷来热水里洗澡。沟上村和沟下村的村民为了方便人们都能洗澡，就在这里盖了两个洗澡塘，把热水积蓄起来。第二年又在洗澡塘一侧开辟了一个花园，建了一座庙宇——轮转寺。在花园中栽上奇花异草，一年四季香气袭人。有了花园和庙宇，来洗澡的人就更多了。

这乐园很快就被蒙化城里的官绅知道了，于是有一天，城里的官绅前呼后拥地来了。他们洗了澡，走进花园里歇凉，又到轮转寺里游览，觉得这乐园真是名不虚传。从此，他们就常来消遣娱乐。可是，这样却苦了沟上村和沟下村的村民，这些城里的官绅们一来，就要沟上村人为他们准备床铺睡觉，要沟下村人为他们筹办伙食开销，而且床铺要舒适，伙食要丰盛。这小村子哪里经得住这样破费。偶尔一次备办不周，还要遭到官绅们的呵斥、打骂。两村人真是怨气冲天，但又无可奈何。后来他们实在忍受不下去了，就想了个办法。一天夜里，他们偷偷地杀死了一只狗，用它来堵住淌来的热水，据说这热水一遇到狗血就会改道。果真第二天热水就不再淌来了，洗澡塘干枯了。这天，城里的官绅们又成群结队地来洗澡，可这里却成了干塘子。官绅们恼羞成怒，竟发起淫威来，捣毁了花园，拆毁了轮转寺，然后愤然而去。

热水没有了，官绅们也不再来了。两村百姓为了纪念热水曾经给他们带来的欢乐，痛恨官绅们横行霸道给他们带来的灾难，就把沟上的村子改名为铺上村，把沟下的村子改名为伙头村。

落马村与摩马陆

采录：忽天俾 回族
1984年采录于巍山大仓

在巍山坝子西北角的西河源头岸上，有一个依山傍水的村庄叫落马处。到过这里的人都不禁要问：为什么村民是彝族打扮，讲的却是白族话？这是一千多年前的故事了，原因还得从头讲起。

南诏王传到十三世时，权臣当道，钩心斗角，人民苦难深重。清平官郑回的后裔郑买嗣掌握了大权，先后杀了诏王舜化贞和不满一岁的王子，自立为王，灭了南诏，改国号为大长和国，起兵杀戮王亲贵族和蒙氏头人近千人。那些平时作威作福的王亲贵族和蒙氏头面人物只好四散奔逃，到处流浪。他们深深感到：宁做家乡鬼，莫当离乡人。

大理国建立后，一些流落在外的南诏王亲贵族和蒙氏头人的后裔企图迁回故乡来，伺机东山再起。他们选出三个精干的人先回来探察一下情况。来人从龙箐关起身，人奔家乡马奔槽，一路匆匆行走。太阳离西山一竹竿时，他们一个个脚酸体乏，腹空口燥地穿过龙门，登上旗锣鼓号山，迫不及待地眺望巍宝山和垅圩图城，止不住热泪长流。可是，大理国对南诏后裔的防备毫不放松，不但把阳瓜州改为开南县，而且派兵扎营防守。三人看见山下坝子上拉开距离扎有品字形的五个大营，胆战心惊，不敢轻易下坝，又怕被守军发觉，只好撇开大路奔入丛林，到山中的土主庙——北山寺暂避一时。

三人沿着石级奔上北山寺，只见寺门两边各塑着一匹昂首蹶蹄的骏马，一黑一白，活灵活现。三人无心观看神马，奔入寺门登上正殿，一齐跪下顶礼膜拜，焚香祷告。北山寺土主神像威武高大，戴金冠穿长靴，背利箭挎宝刀，龙袍罩在铠甲上。三人见物如见主，不禁泪流满面，哭出声来。哭声惊动了庙祝，他察言观色，对三人的来历心中有数，答应留宿一夜。吃过晚饭，庙祝将所知道的情况相告，叫他们多加小心。三人感到前途渺茫，进退两难，临睡前又祭奠北山土主一番。

当天夜里，三个人都梦见在寺外游览，亲眼看见寺门前的黑白神马长嘶一声，抖鬃扬蹄奔下山去，遍田坝乱吃庄稼，被种田人赶走。他们正要去告知庙祝，只见一个素不相识的人站在寺门台阶上高喊庙主有请。三人误听成庙祝请他们，殊不知进寺登上正殿，只见北山土主笑容可掬地迎出来说："你等不必多虑，速速下山去找那两匹马，骑上随它奔跑，马停下处就是你们的安身所在。今后……"北山土主的话还没说完，只听"哗啦"一声响，地动山摇，正殿倒塌下来，吓出一身冷汗。三人惊醒后，窗外雷鸣电闪，大雨如瓢泼桶浇，再也没法入睡，谈论起梦中的怪事，三人认为是土主神显灵，决定硬着头皮闯下山去寻求出路。

第二天清早，三人再次祭奠土主神，并给黑白神马烧香叩头，告别庙祝下山。起程不久，看到路边人家升起炊烟，正在生火煮早饭。三人感到肚饿心慌，赶到前面，原来是开店人家，立即敲门进去找饭吃。吃饭时，过往赶马人放出牲口喂糠料，其中有黑白马各一匹，虽然没有北山寺所塑的高大威武，但也膘肥体壮。三人拿出银钱买下这两匹马，你扯我拉地争着骑。因为三人两马，互不相让，争执不休，只好抓阄。抓着的两人跃上马背，闭着眼睛猛加一鞭，随马飞奔。那个抓阄落空的人，只好住在店里等候消息。店家见他年轻英俊、忠厚勤快，就招他做了女婿。后来，他的族人陆续搬来聚居成村，跟随了汉人的习俗，就是现在的试马店。

黑白二马一前一后向着西北方向的阳瓜江源头奔去。趟过一条支流，跑到了坝子顶端的峡谷，两边山高林密，中间水急浪涌。黑马无所畏惧，跃入水中奔向对面山冈。白马在河边站住，任人扬鞭抽打，只在原地团团转。骑白马的人一时性急，狠抽一鞭勒马下水。不料白马长嘶一声，乱尥蹶子，把背上的人摔翻在地。白马转身跌落河中，被激流冲走。骑马人爬起来四处张望，天宽地窄，山高水险，心中好不难过。但白马已失落，只好听天由命。后来，他的族人到此安家落户，取村名为落马处。因为这里离驻军营盘不远，害怕身份暴露，只好讲大理的白族话。习惯成自然，一代传一代，到现在还是保留蒙氏先民的装束，讲的却是地地道道的白族话。

再说，黑马驮着人跑过一山又一山，跑得汗流浃背，口喷白沫，一跤摔在大山腰的平台上，再也爬不起来，等到骑马人把族人领了来，黑马已经腐烂，这片高山台地上的村名就叫摩马陆。因为这里山高皇帝远，人们不必担惊受怕，一切就按蒙氏族的规矩习俗过日子，直到如今。

天耳山

讲述：范士达
记录：杨凤洲 白族
1984年采录于巍山庙街

在巍山西北部，离城三十余公里的地方，有两座像耳朵一样的小山。老辈人说：这两座山曾会说话呢！

传说蒙舍诏时，在一天的午时三刻，蒙舍诏主细奴逻带领着数十骑，来到一个小村庄前，只见村前的空场上摆着一个香案，香炉内香烟缭绕；案后摆着几箩瓜类的东西和杀好的猪羊。村民们身穿盛装，男左女右，鹄立两旁。细奴逻见了这光景，连忙下马步行到香案前时，人列中早已走出一个白发老人，拱手躬身地对细奴逻道："果然诏主到了！我村男女老幼可算三生有幸！"细奴逻还了一礼，惊奇地问老人道："老人家，你们怎么会知道我今日要经过这里？""回诏主！我说出来恐怕你不会相信。我今年九十岁了，从来还没有遇过昨晚那种怪事呢！""什么怪事？"细奴逻追问道，老人答道："昨晚天刚黑尽，我们村后的那座小山突然对我们说起话来。它说明日午时三刻，诏主要经过这里，要我们迎接！当时把我们吓得缩成一团，以为山上出了妖了。"老人说着，指了指人列中一个小伙子，又继续说道："还是这个小伙子大胆，一步跳了出来，对着小山厉声大叫：'你是妖还是神？如果是神，请你再说一遍！'话音刚落，那小山又重新照前次说过的话说了一遍。这时，大家的恐惧心情才完全消除。今天早上，我们做了准备，果然此时诏主到来了，真使我们喜出望外！"此时，村民们也异口同声地说道："诏主洪福，神灵保佑！"细奴逻听了真是惊讶不已。这时，谋士已走到细奴逻跟前，细奴逻便对他道："今日我们要经过这里，是昨日天刚黑尽时我俩暗暗商量的，除你我知道之外，只有天才知道！""这座小山倒像只人的耳朵！"谋士看了村后的山形，接着又说道："这山可能是天的耳朵，把我们昨晚商量的话都听去了！""对、对、对！此山就是天的耳朵。不然怎么能将你们商量的话听得去呢？而且听到后又能来告诉我们呢？"白发老人插嘴道。村民也纷纷应道："这座小山定是天的耳朵！""此山不愧是天的耳朵！"细奴逻也附和着众村民们说道。随即命兵勇领受了村民们送来的瓜果猪羊后，便辞别了村民，领着队伍进入一片松林里去了。

　　细奴逻走后，这里的村民们便把村后的那座小山叫作"天耳山"。

　　细奴逻一队人马在松林里走了约莫二里来路，便走出了松林，又来到了一个小村庄前。只见村前又像刚才过的那个村子一样，人们也是摆好香案、猪羊等物品，在迎接他。细奴逻见了又连忙下马走近香案。人群中走出一个老人恭敬地对细奴逻说道："诏主果然到了！""莫非也是你们村后的那座小山昨晚告诉你们我今日经过这里么？"细奴逻胸有成竹地问道。老人答道："然也！然也！正是如此。敢问是诏主昨夜叫山神来通知我们，说你今日要经过这里么？"细奴逻摇了摇头，便把刚才在前面那个小村遇到的事一一告诉了老人和村民们。大家听了惊欢不已，都道："我们村后的那座小山的确也像只人的耳朵。由此看来它可是天的耳朵了！"细奴逻连连点头称是。随即又命兵勇领受了村民送来的礼物，并赏赐了村民一些银两后，领着队伍离开了此村。

　　从此，这里的村民也把他们村后的那座小山叫作"天耳山"。

　　因这两座"天耳山"靠得很近，两山下面又各有村子，叫起来很笼统。人们便把靠北面那座叫作"上天耳"，靠南这座叫作"下天耳"，直到如今。

附记

天耳山，旧蒙化地方志列此为蒙化十六景之一，曰"天耳遥闻"，康熙《蒙化府志·古迹》说："天耳山有大石，色赤，状如耳，相传郡中计事甚密，山中人便觉。"

双堆村

讲述：双堆及佛堂村部分老农民
记录：张文献
1984年7月采录于巍山庙街

距蒙化县城西北方向二十公里的地方，有一个古老的村庄——双堆。在村庄的西南面，远远可以见到田园里有两个突出的大土堆，从远处看去，仿佛在平地上罩着两个大砂锅。

据说很久以前，双堆村这一片土地荒无人烟，到处长着巴茅草，荆棘遍地，是野鸭、鸥、老鹳等水鸟栖息的好地方，同时也是豺狼、狐狸出没的荒野。到明洪武十四年，沐国公（沐英）征云南，军伍留镇屯垦，落籍下一些汉兵，才有了人户，往后也有彝家迁入垦荒者，逐渐建成了村庄，那里姓赵、姓杨、姓孙、姓刘的均系汉人，姓石的则系彝人后裔。

不知是在什么年代，传说西河那边有一家姓左的大户，有仙人指点，做了些纸人纸马，准备大反朝纲。朝廷发觉后，指派张天师率兵一万，到蒙化平息左氏"叛乱"。张天师发现左姓的祖坟埋于月牙山上，地脉太旺，要出真命天子。为了根除隐患，张天师在剿灭左氏及其兵马之后，强迫附近村落成千上万的贫苦农民，出伕出役，开挖月牙山山脉。

在张天师强令伕役挖掘月牙山的头几天，出现了奇怪的现象，头天挖下去的土堆，到第二天早上又还原了，一连好几天都如此。张天师听到手下的人禀报，并不相信，亲自去监督挖掘，但第二天早上去看，果然如此。他一气之下就改变主意，下令把所有伕役，平均编为两个队，全部搬到双堆村那一片荒野上驻扎下来，规定每挖一挑土，都要挑过西河，运到各队住的地方堆放，谁挖得快，可以查看土堆堆的大小，同时也另划分了开挖区域，限定三十六天完工，到期挖不断山脉，要严加惩罚，如期完成者有奖。

采取了这个办法后，张天师自以为得计，可以高枕无忧了。可是事与愿违，这样做仍未见效。这两队伕役在他的高压下，起早贪晚开始了异常紧张的劳动。挖呀、挑呀，直到太阳西落，方才收工。次日，东方才出现鱼肚色，两队争先出工，到了月牙山工地，大家正准备动手开挖，这时，有人发现昨天挖下去的地方，又已恢复原样，就尖叫起来："真见鬼！"众人闻声，都到现场一看，昨天所挖过的地段，等于原封不动。大家都十分惊讶，顿时议论纷纷，莫衷一是。

这时，张天师手下的七个监工也已来到工地。他们见伕役尚未动工，有些恼火，其中一个驼背工头走到一座坟头上站着，厉声高喊道："你们这群王八蛋，讲些什么？乱七八糟的，还不给老子挖！"人群中有个小伙子，挤到他面前站住说道："官老爷，请你仔细去看看吧！我们头天挖过，第二天它又长还原，天天挖，天天长，难道要我们在这里挖一辈子不成？"这小伙子才说完，有好些人附和道："照这样下去，不要说三十六天要完工，就是三万六千天，我们大家也没办法。"另有一个四十来岁、衣服穿得十分褴褛的农夫也插嘴说："任你千挑万挑，不及老龙伸伸腰，地下有龙，咋个挖呗？"大家一听，觉得话中有话，视线不约而同都集中到他脸上，认出他是河上湾村的李老大。有人便问他道："老李！你说什么？"他还未答复时，驼背工头一步跳到他面前，伸手便抓住他的领口，怪声怪气地责问道："谁告诉你的？你是不是有意惑众捣鬼？你讲！你讲！"实际上，驼背工头刚才给大家问得哑口无言，满腹闷气早想发作，这会儿一听姓李的如此说法，就想在鸡蛋里找到骨头，于是借此发泄胸中闷气，企图杀鸡给猴子看。不料，众人大呼："你休得无理，李老大既说得出，他自会讲个明白，当官的总得听听民意嘛！"你一言，他一语，弄得驼背工头也没法，只好松开了手，但还是假装正经说："好好好！姓李的，你得讲个清楚，如再胡言乱语，当心你的脑袋！"李老大见大众是站在他一边，也不畏惧，他整一整领口，然后慢条斯理地讲道："这话不是我编造的，昨日收工后，我回到工棚，因想起我买下的一双新草鞋丢在工地上，我就独自个折回去找，到了我昨天挖土的地方，天已黑了。这时，我听到地下好像有人在讲话，把我吓了一跳。我想，准是遇鬼了。但又想，怕也不顶用，我倒要听听他们在讲什么。于是，我壮了壮胆子，轻手轻脚走到有声音处蹲了下来，就听到地下确实有两个人在谈论。有一个说：'张天师自以为了不起，天天派来这多人来挖地皮，整天叮叮当当，闹个不休，真是螳臂挡车，太不自量。'另一个则说：'任你千挑万挑，不及老龙伸伸腰。'说着，他们还哈哈大笑呢。我还想再听下去，他们便不讲了。我一个人又摸黑回到工棚，因大家辛苦了一天，都已睡熟了，我就未给大家讲。自己睡下去后，好一夜没有睡着，心总是在想，我家祖辈也讲过，坟山旺的，说有'地脉龙神'，老龙伸伸腰，可能就是地脉龙在动了。难怪我们天天挖，地皮同样天天长。大家如果不相信，我明晚上领大家去听听！"他这一席话，说得大家瞠目结舌，都认为他说的有道理，一致要求监工向张天师转报，想个办法，再行开挖，以免误日费时，劳民伤财。驼背监工听李老大的言讲，先还是有些半信半疑，但又觉得姓李的总不会是吃了豹子胆，断不敢妖言惑众，自惹是非。他正踌躇沉思，就听有一监工对他说："我们张天师道法无边，自有法术能治，我们何不听众人的意见，把李老大所说的事向天师禀明，请他设法，不然莫说这些伕役白费力气，就连我们几人每天白跑，劳而无功，要拖到什么时候才能回京，真是蚂蚁在洞里叩头，天才晓得！"他这一说，驼背监工也觉得有理，为了讨好上司，他自告奋勇，表示他立即向张天师禀报。

当天中午，张天师得到禀报后，就命驼背监工去把李老大带去，亲自细心盘问他一番，然后另行指派了心腹官员二人，一人姓黄，一人姓孟，命李老大当晚领他们去工地偷听，务必把听到的原话，认真记牢。另外，指令已到工地的伕役人等，仍照常开挖，按时收工，不得有误。

张天师的指令一下，工地上像昨天一样，谁敢违拗。但见铁锄飞舞，运土者真似蚂蚁搬家，你来我往，络绎不绝。

李老大在收工后，就被监工带走，领到黄、孟二官住处。戌时左右，他在黄孟二人的盼咐下，作为领路人，引着他们，打着灯笼，很快来到了工地附近。他们把灯吹熄，摸黑前行。这时，夜幕笼罩着大地，一片漆黑，只有天空的小星，不时眨眼，山坡上的松涛声，仿佛大海涨潮。他们数人，轻轻地走进工地，正行进间，果然距他们不远处，似有人对话，当他们悄悄蹲下，俯耳静听时，就听到地下有人说："千军万马都不怕，只怕铜钉铁钉钉折腰"。又听到似乎另有人在说："不要讲了，好像有生人气。"他们再细听，地下什么声音也没有了。大家只好又将灯笼点着，顺原路回去，折到住处，时间已经二更后了。

第二天早上，黄、孟二人带了李老大，去见张天师，把昨夜听到地下讲的话，原原本本地禀报了一番。张天师听后，突然哈哈大笑，然后对李老大说："你立了一大功劳，免你在此服劳役，今天就准你回家。但回去后，不要到处乱讲乱说。"李老大一听，真是喜出望外，连忙施礼叩谢后，回到工地收拾了行李，兴高采烈地回河上湾村去了。

张天师在打发李老大走后，就对黄、孟二人说："这真是走遍天涯无觅处，得来全不费工夫。皆因圣上福如东海，左蛮子气数当终，你们道这'铜钉铁钉'是什么？"黄、孟二人并不懂得，只好答道："小人才疏学浅，不明白这铜钉铁钉指的是什么，要请张天师启开茅塞。"张天师微笑着说："这有何难，它分明指的是童男童女。自古凡建造压山脉之塔，不是也要活埋童男童女一对吗？这道理是相通的。左逆的坟山地脉太旺，如不用童男童女埋下，是截不断它的脉气的，所谓千军万马都不怕，只怕铜钉铁钉钉折腰，指的就是这个。明天一早，你二人到县府跑一趟，向府官传达我的谕示，限他三天内，选送七岁的童男童女各一人，务要生得聪明伶俐、眉清目秀、五体皆全者。选好后，立即用一乘轿子派员护送给我，休得违误。"黄、孟二人听后，施礼退下。次日东方初晓，即各乘快马下城，向蒙化府官传达张天师指示去了。

自从李老大回家去后，接连三天，即停止了月牙山的工程，但两队伕役，只许在原地休息待命。原来张天师这几天一则亲临工地，另行察看，二则是等待童男童女，所以停工三日。因为他狗吃馒头心有数，在未钉死地脉以前，费工劳师，确实徒劳无益。

黄、孟二人去了两天，第三天上午，便将童男童女一对，护送回来。张天师揭开轿帘，唤出两个小孩，仔细端详，看到他们都穿着崭新的衣服，面容十分清秀，就像玉皇大帝面前站着的金童玉女一般，他心里十分满意，便假惺惺地吩咐黄、孟二人，把孩子带下去，好好地给他们吃东西，还叫给他们洗澡。

大凡儿童，不像大人，生性好吃、好玩、好穿，只要有小伙伴，被大人一哄，即令暂时离开父母，往往是不成问题的，这两个小孩被选定时，也可能就是哄骗着弄来的，他们哪里会知道死期将临，更不会想到此时此刻，他们的父母是如何悲痛呢。

为了掩人耳目，张天师密令，在军中挑选了五十名彪形大汉，在他勘察过的"龙脖子"处，即地脉的要害点，开挖宽五尺深九尺的一个深井，在井口正东，面对西方搭了一座祭台，台的四周插着五色旗十二面，并调派全身披挂，持枪操刀的士卒一百名，周围警戒，一律严禁外人过往。

下午，张天师及指定的排班官员、侍童等，均行斋戒、沐浴。到了当夜亥时，所有排班人员，统穿皂色衣服，一律披发，各执杏黄旗一面，到祭台四周站定。祭台每方肃立四人；向西设置香案，桌上摆着供炉一座。檀香已经点燃，香烟迎风缭绕；另点巨烛一对，烁烁发光；供奉各色果品九盘，茶酒六盏，芳香袭人；台阁悬挂三十六盏红灯，照耀如同白昼；四周树立的十二面五色彩旗，与十六面杏黄旗交相辉映，灿烂夺目；对面深井四周，早已点燃八堆大火，熊熊火焰，照得夜空通红。这时，张天师头戴金冠，身穿绣有太极八卦的大红袍，足踏粉底如意靴，怀抱一口七星剑，由十多岁的书童二人，各执吊炉一个，随护着登上祭台。天师一到，全场顿时肃穆异常，这时正是半夜子时。

　　张天师登台后，亲自上香三炷，先对南天跪拜，继向西方、东方、北方各方叩首，然后右手执剑，左手捏诀，于台上踏罡步斗一周，回到案前，但见他口中念念有词，不知他在讲些什么。据说他是祈请三十六天罡，七十二地煞诸神，并请青牛岭、月牙山的山神爷和土地公公。随后又跪拜一番，说也奇怪，霎时狂风大作，飞沙走石，乌云密布。

　　这时，只听得台左的侍童高呼："请铁钉！"右边的侍童也叫道："请铜钉！"马上就有黄门巫婆四人，簇拥搀扶着一对童男童女，走过祭台。孩子是从梦中唤醒，被巫婆欺骗说去看热闹的，他俩一见彩旗、灯火、人群，也觉奇怪，东张西望，从未见过，居然笑嘻嘻地相互示意。当被领到深井口时，见那里有偌大一个大洞，可能感到害怕，那童男抬头问巫婆："奶奶，这点不好玩，我们要去台上看。"巫婆一听，赶快就把预备好的小瓷盘子、小碟、水果、鲜花、树叶、五谷等类取出，皮笑肉不笑地欺骗孩子说："天师爷爷最爱你俩，今晚要你们'住姨妈'玩，玩得好时，天师爷爷讲还要给你俩吃顶好的东西。"那女孩一听要"住姨妈"玩，就高兴起来，她对巫婆说："在哪里玩呢？"巫婆回答说："去井里玩，下面是干的，风也刮不着，才好煮饭的。"那童男又问："又没有楼梯，我们下不去。"巫婆说："坐莲花下去多好。"同时指给他俩看，即事先准备好两只大箩筐，四周扎成莲瓣样，孩子不知是欺骗，反而满心欢喜，都争着去箩筐里坐好。这时有个巫婆特意把那些"住姨妈"玩的东西，递给孩童，就转脸向旁边的大汉挤挤眼睛，只见四条大汉，提起箩筐上系好的绳子，照着灯笼，并另递给孩子一个灯笼，把他们缓缓放下，箩筐坠到井底摆稳后，巫婆就对着井口叫道："你们走下莲花，'住姨妈'玩得喽，一会儿，天师爷爷就来看你们了。"孩子哪里知道这是诡计,就走出箩筐,还仰着小脸叫道:"把它拉上去,我们要玩了。"就在大汉把箩筐提上后,台上侍童高声齐问:"铜、铁二钉安放好没有?"井边巫婆回声道:"钉下去了!"孩子闻声抬头向上望时,正是张天师把宝剑向香案一拍,井边的大汉便手挥铁锄,把原来掘出的土,哗哗哗往井里盖将下去。先前还可听到小孩的惨叫声,一会儿什么声息都没有了,土也填满了这口深井,可怜那无辜的两个孩童,就这样被活活埋葬在青牛岭上。过了些年,那井口的土地上,长出了株洁白蝶形花片,玉叶抱茎,根上长着两个又白又嫩、相互拥抱、形似小娃娃的块根,人们叫它为"双参",又名"合合药"。凡是夫妻不和睦的,挖来煨吃,据说吃了后夫妻就相亲相爱了。

张天师在做完这台事后,次日即下令两队伕役开挖月牙山口。从那天起,每天挖了一挑,就少了一挑,不像过去,地皮再也不会长还原了。就这样挖了三十六天,果然如期完工,张天师也班师回朝。堆集土的地方,出现了两个大土堆,永远屹立在那里。人们因为它是用两条小孩生命换来的,是成千上万贫苦农民用汗水凝成的,为了纪念它,纪念死去的一对无辜小孩,也为了诅咒万恶的张天师的暴行,住在那里的村民,从此就把这个美丽富饶的村庄,取名叫"双堆"。

此外,那青牛岭与月牙山一脉相通的颈部确实变成了一个通道,至今西山脚一带各村来往就取道那一垭口而过,不用翻山越岭,不需绕河了。

留一村

采录:忽天倬 回族
1984年采录于巍山大仓

清朝同治年间,杜文秀领导的白旗起义失败后,滇西回民遭到了血腥屠杀。清军所到之处,烧杀抢掠,尸横遍野,血流成河。

蒙化人并没有因为杜元帅的死和大理城失守而灰心丧气,男女老少都拿起了武器,一个村庄被烧尽杀绝,另外一个村庄仍然坚持斗争,经受着整个民族被毁灭的灾难。

当时,回回登只是一个百多户人家的村庄。乡老(村长)宝巴巴是一个足智多谋的人。全村与田地毗邻的几个汉人村庄相处得很好,赶马上路经常同帮走，盘田种地经常换工做。因此，起义前杜文秀经常来村中活动，本村的反清运动，不但没有人向清军告发，反而得到庇护。因此，没有引起清军的注意。

经过四十天的厮杀，蒙化起义的大本营——小围埂不幸失守，遭受了血洗。一些村庄也相继失守，很多遗孤和突围的人纷纷向回回登转移。宝巴巴几次召集大伙商量，确定了联合汉人、保存实力的应变办法。

有一天清早，一队清军向回回登偷袭。因为事先得到汉人报信和借了大批武器，清军被杀得片甲不留，全军覆没。当晚，村中宰杀牛羊，设宴庆祝，邀请了各汉人村庄的族长赴宴。宝巴巴专门接待有财有势的杨大爷，因为他的赵州太太的大哥，是清军头目杨玉科的红笔师爷，席间，宝巴巴开诚布公地说："在这生死存亡的紧要关头，得到贵村兄弟拔刀相助，使我们感激不尽。今天，特备便餐，以表谢意。"

"我们从举起义旗那天，就把生死置之度外了。如今，几十万穆斯林英勇殉难，敝村男女老幼何惜流血？只因城门失火，殃及池鱼，株连了贵村，心中有愧。为此，请大爷早做决策，或者和我们断绝交往，确保安宁；或者帮人帮到底，前往大理向内兄告知苦衷，打通关节，为我们谋求生存出路。"

杨大爷沉思片刻，欣然点头："援助回民乃顺天命而尽人情。你我唇亡齿寒，荣辱与共，老朽自当竭尽全力，谋求两全其美之策。"

第二天，杨大爷备好礼物，带上家丁役伕，火速前往大理行营，将事情的来龙去脉告知内兄，并送上重金，请他上下贿赂。赵老夫子得知妹丈参与回民抵抗剿办，难免遭受牵连，又得到回民的好处，自然想方设法向杨玉科出谋献策，把回回登贬为"留一村"进行安抚，借以标榜仁政德行。

特使蔡都督带着随从到回回登进行安抚，看到村中遍插白旗，极为不满。一见面他就大声斥责："你等既然接受招安，顺服朝廷，为何保留叛军旗号？"

"大人息怒，降者举白旗是自古到今的例规。这白旗以前是义军旗号，今天是投诚标志，正如我们过去被视为叛民，如今实为顺民一般。大人如果误解其意，岂不是默认白旗军尚有人在，自己否定了剿办迤西的汗马功劳吗？"宝巴巴的回答，说得特使哑口无言。

村中给蔡都督及随从备下了重金厚礼和丰盛宴席，以表诚心，并尽投其所好，让他们上钩。自古道："吃人饮食嘴软，接人礼物手短。"弄得特使和随从嘴角淌油腰包胀之后,才商议安抚之事。为了保护大批避难遗孤和突围的人,回回登忍辱负重接受了"留一村"的贬称。直到光绪皇帝登基后,大赦天下,回民的处境才有好转。这时,各村突围的人和遗孤一部分回到故乡的废墟上重建家园,另一部分就此定居下来。为了纪念那些腥风血雨的艰难岁月,祝愿早日摆脱含垢忍辱的处境,大伙取缔了"留一村"称号,把"回回登"改名为"回辉登",寓意为振兴回民的光辉起点。

小围埂(回族)

讲述:回族老农
记录:马育文 回族
1987年11月采录于巍山永建

位于巍山县永建区东北山林的一个大村庄叫作小围埂,它依山傍水,地势险峻,土地肥沃,水利条件优越,由于自然环境得天独厚,人民生活比较好过。唐初它是蒙嶲诏所管的地方,原住过彝家人,回族是元朝随元世祖忽必烈征大理时,军内的回回兵,以及元朝赛典赤任云南平章政事时留下的后代,以及明朝傅友德、沐英征蒙化,所带领的回回兵部分。汉人是清朝同治十三年(1872年)正月初五日清兵攻破了小围埂后留下来的练兵。

但为什么叫小围埂呢?就因为村西南面的围埂没有大围埂、王官厂、宴旗厂西南的围埂大,所以叫作小围埂。而小围埂的人口自从前到现在都有大围埂的两倍至三倍,所以常常有人说:"小围埂不小,大围埂不大。"但小围埂、大围埂这两座围埂是什么时候、什么情况下建起来的呢?

据传说唐初洱海一带出了六个小国家(六诏)。他们互不佩服,一个管不了一个,但也有一个想吞并一个的野心。

且说这六个小国中的两个小国蒙嶲诏和蒙舍诏,同在蒙化坝子。先是北部的蒙嶲诏势力比蒙舍诏强大,蒙舍诏远不及北部的蒙嶲诏。但蒙舍诏很会看势头,去依附了强大的唐王朝,得到唐王朝的帮助支持,不多几年就兵强马壮,强盛起来,势力超过了蒙嶲诏,时时都想吞并蒙嶲诏。而蒙嶲诏看看势头有所转变,要想挽回江河日下的局势,千方百计地想办法,先由军事着手,巩固城池,动用了数万百姓,先在大围埂、王官厂、宴旗厂下、禾谷村上筑得范围很大的一大座围埂作第一道防线,抵抗蒙舍诏;又在小围埂范围的西南部筑了较小的一座围埂作第二道防线,想把原在碗成村的国都迁到小围埂来。再说因为召集了全国数万百姓和军队来搞建筑,荒疏了农事,劳民伤财,耗费较大,国库空虚,人民怨声载道。蒙舍诏发现了它的弱点,看准了消灭它的时机已成熟,发动了战争,采用声东击西的战术,先用军队假攻第一道防线,再用奇兵绕西山袭击漾濞,包抄而来,两面夹攻。蒙嶲诏分兵抵御,减少了抵御力量,后第一道防线被攻破,蒙舍诏,集中力量来攻小围埂第二道防线,蒙嶲诏退守原碗成村国都作垂死挣扎。但大势已去,无法挽回局面,终被消灭了。后来小围埂有人居住,就叫小围埂,可能大围埂人口比围埂内的宴旗厂、王官厂要多些,叫大围埂。这两座围埂,经过历史沧桑,现在只落得几段遗址,让人们感叹凭吊了。

人物故事

孔明的故事

讲述：庙街镇老农
记录：谢辛基
1985年4月采录于巍山庙街

巍山坝子里的一些村庄，如系马庄，曾是关索系马的地方。后来，他的马跑到下边去，他去抓马，于是有了罩马村。坝子里的八大旗厂，是当时孔明留下来的八个将军、八座军营里的八面军旗。营盘山[①]峰顶有一条深槽，据说是当时南蛮抗孔明挖的壕沟。

营盘山地势险要，峰顶宽阔而平坦，中间略低，呈盘子形。四边都是陡峭的山坡，只是西边比较平坦些。南蛮在这里设重兵把守，他们在山顶四周挖了一条深沟，这就是壕沟。在壕沟外的山坡上，安装了滚木檑石。把许多大石头、大木头用藤绑住，如有敌人来攻，就砍断藤子，让那些木头、石头飞滚下去。凭着这样的天险，营盘山成了易守难攻的坚固堡垒。

西蜀大兵从东北进军蒙舍川，顺利地占领了整个坝子，但还剩一个坚固的据点——营盘山。孔明为了征服人心，避免伤亡，在战术上作了精心研究。他详细考察、调查了营盘山的地理形势和守军情况，了解营门开在西边坡度平缓处等情况后，制定了攻取营盘山的策略。

---

① 营盘山：在县城西北约十里处，山上现今尚留有战壕遗迹。

孔明派人收集了一些山羊，又派人做了一些"莲花碗灯①"。在准备攻山的那天晚上，孔明命令把莲花碗灯放到阳瓜江里去。阳瓜江水流平缓，那些灯火漂浮在水面上缓慢地移动着。又叫几个人赶了九群山羊，这些羊的角上都绑上点着了的香火。这样，羊在前，人在后，吆喝呐喊着，后面还有人忽紧忽松地擂击着军鼓迷惑敌人。而把更多的兵马埋伏在营盘山西面的蛮军营门脚下。南蛮兵将们站在山沟边往四周望：呀，坝子里布满了灯笼、火把，也不知有几千几万兵士！两边山上又上来了许多火光，呐喊声、军鼓声越来越近了。看来，孔明是调动他全部的军队来攻营盘山了。南蛮兵将也不害怕，他们把全部兵力集中到前面迎敌，西面营门只留下两个卫兵把守。南蛮兵将们一个个握紧大刀，上好弓弩，只等蜀兵来到，就砍断藤条，发挥滚木檑石的威力。那些打不死的，就用弓箭、刀矛来对付。这样，即使孔明兵马再多，营盘山也绝不会失守。

谁知孔明早已派兵埋伏在西边，等他们把兵力集结之后，就悄悄地从后面营门闯进了营盘，直到南蛮兵将一个个成了俘虏，才知道受了骗上了当。这样，不用一支弓箭，不伤一人一马，营盘山就顺利地落到西蜀大军手中。

平定了蒙舍川后，原来居住在坝子里的土人多数移居到山上去了，也有一部分没有迁走，例如东区、罩马村。西蜀大军在坝子里扎了许多兵营，营里都竖立着各个将领的旗号。一天晚上，孔明下令说，今天晚上，人朝东睡，马朝东喂。当时，大家都不解其意，于是有的照着做了，有的仍然胡乱躺下。谁知到了第二天早上，坝子里许多兵营都不见了，只留下了八面军旗、八座军营，这八座军营里的兵马也少了许多。据说，那些头朝东的兵马都被孔明作法摄回去了，而头朝其他方向的却摄不回去，只好留了下来。于是兵将们创建村庄，屯田植树，生息繁衍，一直到现在。那军旗上写着各个将领的姓，在这个姓的后面加上"旗厂"二字，作为这个村庄的名字。这八大旗厂是谢旗厂、顾旗厂、汪旗厂、曾旗厂、宴旗厂、方旗厂、宁旗厂、宗旗厂。从那时起巍山就有了汉人。

以后，每年七月十四这天晚上，农民们都要在阳瓜江上放"莲花碗灯"，据说这一习俗就是这样流传下来的。

---

① 莲花碗灯：是用一只土碗，在四周粘贴上红纸折剪而成的莲瓣，碗中放菜油和直灯芯，点燃后放于水中。

左禾大破缅军

讲述：左光祖 73岁 彝族
记录：段有鉴
1988年采录于巍山庙街

相传明朝年间，缅军大举进犯云南，云南守军连连向朝廷告急。于是，朝廷派陶大将军率领十万官兵，浩浩荡荡进入云南抗击缅军。缅军前队用大象冲阵，那大象粗壮力大，来势凶猛。更可怕的是那长鼻子猛卷横扫，凶悍无比，加上缅军身穿藤甲，刀枪不入。他们的双脚每天都用香油擦抹，然后在火上熏烤，坚如牛皮，能赤脚上阵，碎石荆棘全不畏惧，个个手持长柄钩镰枪，勇猛无比。把朝廷十万官兵打得落花流水，节节败退，一直退到下关一带，情况万分火急，告急文书雪片般飞进朝廷。

缅军长驱直入，一路势如破竹，一直侵入到蒙化西北二十五里的祖房箐一带。看看前面道路险峻，森林稠密，害怕中了埋伏，才暂时在蒙化境内休整，伺机再进。

缅军在蒙化杀人放火，无恶不作，小小蒙化顿时兵荒马乱，鸡犬不宁。缅军逼着当地村民供给他们吃住，稍有不是就举刀弄棒任意打骂。他们把大象随意放在庄稼地里，糟蹋庄稼。那时正是麦苗发绿、蚕豆分枝的时节，人们眼巴巴地看着那大片大片的庄稼毁于大象的脚下。

却说就在缅军驻扎的地方，有三个彝家村寨：一个叫祖房箐，一个叫阿躲村，一个叫左三村，这带彝民专以耕田为生。在这左三村里有个叫左禾的壮年汉子，生性直爽，为人忠诚老实，颇受人们尊重。左禾的弟弟左玉，生性聪明伶俐，脾气却暴躁。弟兄俩面对缅军的暴行直恨得咬牙切齿，但又没有办法对付，只好忍气吞声看着他们为非作歹。

俗话说天有不测风云。这天左禾的妻子左氏到地里去锄麦子，去到麦地边一看，一群大象正在地里吃麦苗，那些大象连吃带踏，绿油油的一块麦地，转眼就只剩下一片麦根子。左氏一阵心酸，心想：我们庄稼人就靠这几块薄田度日，我还是去求求他们把大象吆走。她边想边向缅兵走去："请求你们把大象吆走，别再让它糟蹋我们的庄稼了，这庄稼是我们的命根子呀！"缅兵侧过头一看，见是一个俊俏的彝家妇女，看她身材匀称丰满，在黑色的包头下，一双水汪汪的大眼睛，更显得端庄秀丽，娇柔可爱。"哈哈哈……"缅兵发出一阵狰狞的狂笑。左氏含悲忍辱，再度向缅兵祈求。缅兵却不理会，反倒淫眼圆睁，垂涎欲滴，一步步挨近左氏，并伸出那鹰爪般的双手。左氏一阵心慌，调头就往回跑。缅兵哪里肯舍，紧紧随后追来，嘴里"叽叽咕咕"不知说些什么。左氏毕竟是身怀有孕的妇女，怎跑得过蛮牛似的缅兵。没跑出一条田埂就被缅兵追上了。一个缅兵一枪从后面刺来，左氏的肚子被刺穿了，肠子流了出来，顿时鲜血四溅，倒在地上断了气，缅兵却打着口哨，照样放大象去了。

左氏惨死的消息马上传到了村里，全村老幼无不愤恨。左禾气得捶胸顿足，痛哭不止。弟弟左玉在一旁心如刀绞，他睁着一双圆眼对众人高声道："走！为我嫂嫂报仇去！"说罢抓起一把锄头就要走。左禾一把拉住弟弟，说道："弟弟，千万不能蛮干。朝廷几万人马都不能抵敌，你这样去不是白白送死？这个仇一定要报，但得想个法子。"左禾劝住弟弟，请了几个人把左氏尸体抬回，当天就安葬了。

这天晚上，左禾和乡亲们商量对付缅军的办法。人们都认为缅军这么猖狂，就因为有大象冲阵，如果能把大象除掉，就没有什么可怕的了。但是怎样才能除去大象呢？谁也没有一个良策，只好在哀叹声中散去。

再说缅军几百头大象，只四五天就把周围田里的麦苗、豆苗全吃光了。还好，在阳瓜江边上有一块方圆三四里地的包茅草滩，那包茅草刚刚发芽，一片翠绿。缅军又把大象赶到包茅草滩放养。可是，这草滩也不够大象糟蹋几天，怎么办？到哪里去弄更多的草料呢？看来还是只能从当地村民中打主意。为了解除燃眉之急，缅军头领不得不下令向当地彝民购买草料。

左禾听到这个消息后，顿时计上心来，当夜就召集村民，将他的计策告诉了大家。大伙一听，都高兴得拍手叫好，恨不得马上就按计行事。

第二天，左禾带着几十个村民，挑着稻草、苞谷秆去卖给缅军。那些缅兵不放心，每一担都经过严格检查，然后先去喂牛，没有发生意外才去喂象。左禾他们处处小心从事，并主动地帮助缅军做一些杂活，因此得到了缅军的信任。

这天，左禾他们卖草回来，就分头串联了三个村寨的村民，把家里所有的苞谷秆、荞秸、稻草等都送给了缅军，不到半天工夫，茅草滩四周就堆满了稻草和苞谷秆。左禾从人群中选出一些年轻力壮的小伙子，暗中吩咐他们各自带上应用什物，到天将晚时，挑上草料，由他弟弟左玉带领，给缅军送去。并在弟弟左玉耳边如此这般地嘱咐了一番。他自己带着一些青壮年，拿着应用什物，暗自向祖房箐方向走去。

再说缅军看到当地彝民不停地把草料运往茅草滩，只一天工夫，草料已堆积如山，把个茅草滩团团围住，大象在里面尽情地吃着草料，好不自在，便做起他们的美梦来。缅军头领心想：这些草料足可以吃它个十天半月，等军队一恢复元气，便可长驱直入，这云南就唾手可得了。

就在这天晚上，夜黑得伸手不见五指，一切都显得那么宁静。看守大象的缅兵睡在草料堆上，既柔软又暖和，很快就鼾声如雷，一个个进入了梦乡。约莫二更时分，只听得一声口哨响，茅草滩四周的草料堆顿时燃起了熊熊大火，正巧这晚上起的是东北风，这大火火趁风势，风助火威，"噼噼剥剥"把个茅草滩顿时变成了火海。

看守大象的缅军，还来不及弄清是怎么回事，早已被卷进了火海。各兵营的缅兵发现草场着火，在头领的督促下也倾巢出动前来解救。哪知缅兵脚上擦有香油，身上穿有藤甲，都是易燃之物，一接近火焰便引火烧身，好比飞蛾扑火，只烧得缅兵鬼哭狼号，抱头鼠窜。

大象被困在火海里，烧得狂奔乱跳。黑暗处不时闪出刀斧，直往象鼻上砍，但见刀落处象鼻横飞，斧到处血浆喷涌，不到一个时辰，几百头大象全被烧死在火海里。

再看那些缅兵，黑夜里分不清方向，跑散的便死于刀斧之下，大部分逃进了一条山沟里，这便是祖房箐。这祖房箐两边是悬崖陡壁，尽头处是堵几丈高的大石崖，缅兵哪知是条死路。跑在前面的缅兵看看是条死路，急转身往回逃跑，前后相撞，互相践踏，再加上左禾带领三个村的青年小伙，埋伏在两边山头上，看到缅兵已进入山箐，便滚下石块树木，堵住箐口，同时把石头雨点似的投将下来，箐底烟雾腾腾，哭声震天，只半个时辰，箐中缅军便全军覆灭了。

且说退到下关一带的朝廷官兵，连日来不见缅军动静，甚为奇怪，便派出探马到蒙化打探消息。一日后回报得知，缅军已全军覆灭在蒙化的祖房箐。陶将军半信半疑，一边派人进京禀报皇帝，一边带领人马到祖房箐察看。到了祖房箐一看，缅军果然被当地彝民全部歼灭。陶将军大喜，命人把左禾请来，问个究竟。只见左禾憨厚老实，有勇有谋，陶将军心想，若用此人镇守边寨，朝廷便可安然无虑了。刚好皇帝圣旨已到，钦差读旨曰："缅夷小方草寇，竟敢无视大明，骚我边关。朕派大军抵敌，无奈缅夷赖其大象勇猛，使天兵大受挫折。今边民大志大勇，一举歼灭缅寇，为朕洗刷耻辱，收复国土，莫大之功也。今命陶将军代朕对有功之民封官赐爵……"圣旨宣完，陶将军问左禾："你需要什么？"左禾不懂汉话，通过通司①便随口用彝话答道："莫比佛。"他边说边用手比画着，做了个搂抱的姿势，意思是希望朝廷给彝民吃上口稀饭就满足了。将军的通司错解其意，对陶将军说："他要坐蒙化府。"将军马上答应了，通司对左禾点点头说："将军答应了，就封你为蒙化知府。"左禾又连连说："世袭！世袭！"意思是感谢感谢。那通司一听，又连忙给陶将军翻译说："他说要世世代代的世袭。"陶将军也满口答应了。于是左禾当了蒙化土知府，并一直世袭了好几代。

附记

左氏土官（土司）是蒙氏细奴逻后裔。唐昭宗龙纪一年（889），南诏清平官（相当于宰相）郑买嗣（郑回之后）颠覆了南诏国政权，杀蒙氏八百人，株连到他巍山的九族。左氏是蒙氏巍山九族之列，为逃避郑氏追杀，改汉族姓左，从环水而居的坝子搬迁到四山。到了元朝晚期，几次改朝换代，左氏渐渐崛起。元至正八年（1348），左禾曾祖父左政子任曲靖宣慰司都事，其祖父左天予曾任州同，其父左青罗原是家乡九部火头，后因征战有功升顺宁府同知。到明洪武十五年（1382）左禾袭父职以九部火头身份率部归顺明军，协助明军招抚今巍山、红岩一带的高天惠部的彝人士兵，瓦解了顽抗明军的高天惠部，被明朝廷嘉奖，任命为蒙化州判官，土知州。明王为长期统治边疆，在西南边疆少数民族聚居区实行"土流合治""以夷治夷"的羁縻政策。明英宗正统十年（1445），升蒙化州为府，左禾子左伽因三征麓川有功，被封为蒙化府世袭土知府。自此蒙氏后裔左氏土官又成为原蒙舍、蒙嶲两诏土地上的统治者。左氏相传十六代土知府，历经明清两朝，长达四百七十余年。

---

① 通司：翻译。

张氏太太的故事

讲述：姚万灯
记录：薛琳
1984 年采录于巍山大仓
流传地区：巍山马鞍山

传说左土司的媳妇张氏太太是个仙人，左土司成为蒙化远近闻名的大富户，靠的就是张氏太太呢。

左土司年轻时，有一天，骑着一匹高头大马去游大小寺。当他从小寺下来的时候，看见瓦窑村村子下边的路边上，烧着一堆大火，火中烧着一个人。他连忙跑去救人，等他赶到旁边时，火没有了，在原来烧着大火的地方，站着一个十多岁的小姑娘。姑娘披头散发，衣服又破又烂，长相丑陋。左土司可怜她无家可归，就把她领回去当丫头。左土司的父母嫌她笨拙，叫她专门放羊。

小姑娘放羊，天天早出晚归，左土司因忙于其他事情，早把姑娘忘记了。有一次，左土司路过垅圩山时，看见一头老水牛吃他家的麦子，跑去追赶，可是老水牛不怕左土司，不管他怎样鞭打，照样一动不动地吃着麦子。眼看一块麦子就让老水牛吃完了，他心里非常着急。忽然他看见他领回来的小姑娘在山坡上放羊，就喊她来帮助吆牛。说也奇怪，小姑娘只轻轻一吆，老水牛就乖乖地离开了麦地。左土司看着被吃光了的麦地，非常心疼。他想，不能让老水牛白吃，非要牛主人赔偿不可。于是和小姑娘吆着老水牛去找牛的主人家。他们走过一村又一村，老水牛就是不进村。他们吆着老水牛又翻过了一座座的山头和一条条的山箐，天黑时来到歪角河边上，一堵红岩子挡住了去路。他们正要绕路时，忽然老水牛不见了，他们左找右找，都没有找到。

天慢慢地黑了下来，山风呼呼地吹着，左土司又冷又饿，再也走不动了。他一屁股坐在地上，就像一堆抽了骨头的肉再也站不起来。姑娘拣来了干柴，在左土司的前边烧起了大火，给左土司取暖；从怀中拿出荞粑粑，给左土司充饥，左土司一边烤火一边吃着苦荞粑粑，身子热乎了，肚子也饱了。从那次带这姑娘回家后，他三年没有好好看过这姑娘了，如今姑娘发育得像朵莲花一样，非常美丽：弯弯的眉毛，小巧玲珑的鼻子，水汪汪的眼睛，两颊红得像两个苹果，要多美有多美。姑娘看左土司呆呆地望着自己，不好意思地低下了头。轻声说："老爷，天亮后，你先回去，我留下来再找找。"让一个姑娘留在深山老林里，左土司哪里放心，他正要姑娘同他一块回去，突然姑娘不见了。他喊呀找呀，只有山谷的回鸣声。天亮后只好一个人先回去了。

早饭后，左土司带着几个人正要去寻找姑娘，可是姑娘吆着三匹大骡子回来了，驮子里装的全是银子。左土司看着白花花的银子，忙问姑娘银子是从哪儿来的。姑娘告诉他，银子是从红岩子下挖出来的。左土司喜出望外，当即雇请了四五十个工人，驻扎在红岩子下，专门为他家开采银子。后来左土司和那姑娘结了婚，因为姑娘姓张，人们都喊她张氏太太。几年后，左土司富了起来，把家从祖房箐山沟沟里迁到蒙化城，盖了好几大院大瓦房，成了远近闻名的大富户。可是他并不满足，又雇请了很多的工人为他开银厂，不管工人们的死活，有好多工人被塌方压死了。

有一天，张氏太太的儿子正要给母亲做一口银棺材，张氏太太不要。她对儿子说："银子棺材迟早都要化掉，我要一口石头棺材。"还对儿子说，"等我死后，你不要让你爹知道，在晚上偷偷地把我埋了。"儿子拗不过母亲，就请石匠给母亲打了一口石棺材。石棺材打好那天，张氏太太睡进去试试，从此就没有起来。她儿子按照母亲生前的嘱咐，在晚上偷偷地把母亲埋了。第二天她的儿子张小五不会说话了，从此成了哑巴。

张氏太太死后，封了左土司的财水，银厂再也挖不出银子，挖出的都是些石头。后来左土司在自己的枕头里，发现张氏太太留下的一张纸条。正面写着：歪角河有石螺无石棺，有人碰到石棺银子有万万五。背后写着：若要歪角口开，张氏太太转回乡。左土司看后，知道是张氏太太的石棺封了他家的财水，于是叫人到山上挖了好几天，都没有找着石棺材。去问儿子张小五，他只是摇头不说话。

传说红岩子下有七头银水牛，左土司家只开采了其中一头银水牛的一双后腿。左土司非常怀念张氏太太和那头老水牛，后来就在老水牛吃麦子的那块地里，盖了天摩牙寺，让她永远享受后人的香火。

杨状元的故事

宇宙大雄

凡是游过名山古刹的人都记得供奉三世佛的大殿上的匾,题字为"大雄宝殿"四字。唯独蒙化大寺大殿则不然,乃是"宇宙大雄"四字。为什么?其中有一段奥妙。据说,蒙化的大寺建于明嘉靖前后,当大寺建成之日,恰逢杨慎状元游于蒙化。蒙化士绅同时请杨状元①和当时的蒙化名士左士瑞为大寺各殿题匾。当题到大殿(供三世佛的地方)的匾时,因这大殿是整个寺院的中心,又是一字一匾,按惯例应由"大雄宝殿"四字组成。左士瑞为了显示自己,毫不谦让,先提笔写了"大雄"二字,然后搁笔,请杨状元续写。有意要把堂堂状元压在自己后面。杨状元见此情景,毫不动声色,接过笔来,饱蘸浓墨,挥下了"宇宙"二字。按字意,"宇宙"二字应排在"大雄"二字之前才通文法,结果还是杨状元占了上风。围观者对杨状元的机敏才智赞叹不已,特别佩服他续写的"宇宙"二字竟同左士瑞的一笔字体,无半点瑕疵,如一人所书。因此,蒙化大寺大殿上的匾是"宇宙大雄"四字。

柴无一根　米无一粒

蒙化有一名学究,饱读诗书,为人忠厚。平常教授几个顽童,靠学生每月的微薄敬奉度日,多少从来不争。有的学生家长欺先生老实,久而久之,连每月的那点微薄敬奉都拖欠不给了。老先生再老实,因为毕竟是人,有个肚子要吃饭,所以他只好在一天早上写了"柴米"二字贴在门上,闭门谢教了。大家见先生这举动,很纳闷,猜不透内中奥妙。这时,恰逢杨状元过路。有人上前请教杨状元,杨状元看了"柴米"二字后,微微一笑,道:"先生要吃饭,但柴无一根,米无一粒,你叫他如何

---

① 杨状元,即杨慎,字用修、号升庵,四川新都人。明正德六年(1511)廷试第一,授修撰,因生性耿直,屡遭明皇白眼、奸佞排挤。世宗朝,议大礼,受廷杖,几死,谪戍永昌。杨慎曾几度到蒙化(今巍山)。至今,巍山仍流传杨状元在蒙化的不少传说故事。

教书？"大家听了，恍然大悟。纷纷指责那几个有意拖欠先生薪俸的人，忙给先生送了柴米。

先生撕去了"柴米"二字，又开馆了。

讨吉利

杨状元在蒙化时，同一个姓陈的人交往较厚。一次，姓陈的建造房屋，竖柱那天，杨状元也随同众人去贺喜，主人见杨状元亲临祝贺，感到很荣幸，忙研墨铺纸，请杨状元写一幅喜幛，借以讨点吉利，增添光辉。杨状元一改素往不轻易留墨的脾气，毫不推辞，提起笔就写。当他在纸上写下第一句"屋大好停丧"时，观众哗然，主人也怀疑是不是自己看眼花了。停了一下，杨状元又写了第二句"门大好出棺"。这下把来贺喜的亲朋好友都吓坏了，主人的脸青一阵、白一阵，看他那气愤的样子，真像要和杨状元拼命。但大家还是屏住呼吸，在静等杨状元的后面三、四句。而杨状元对大家的神色却满不在乎，他停顿一下后，蘸一笔浓墨，写出了"百年死一个，千年死一双"两句。他停笔了，而周围还是静悄悄的，好似还在梦中。不知过了多少时候，大家才如梦初醒，突然爆发出一阵激烈的掌声，还夹杂着连连叫好声。主人忙来到杨状元面前，忙不迭地向杨状元连连作揖道谢。

七简半

杨状元虽然才智过人，但也有被人愚弄之时。因他写得一手好字，加上状元身份，因此，敬才的、趋势的，各种人物都要钻头觅缝请他写帖字，得他一条屏，以作至宝珍藏、炫耀。因而，杨状元轻易不为人写东西，尤其是对那些士绅、显贵，杨状元就更苛刻了。当时蒙化有一姓孟的士绅，想请杨状元写八简碑，但又碍于杨状元的脾气，始终不敢提这事。有次，姓孟的士绅打听到杨状元要在范家寺盘桓几日，读几本书。因孟氏的祖坟就在范家寺旁边，姓孟的士绅觉得机会来了，经过苦思冥想后，设了一计。

这一天，姓孟的士绅备了几挑伙食担子，大叫大喊地来到了范家寺，有意在杨状元面前扬言要恭候左先生来为他写碑心。谁知等到太阳快落，未见左先生来，姓孟的士绅只好摆开酒席，请了杨状元一同入席。酒足饭饱，摸黑而回。到了第二天，姓孟的士绅又备了伙食挑子来到范家寺，专候左先生。并扬言：左先生是当今名士，请他写碑要礼尽心诚，所以今天又来恭候等。杨状元听了,有点不平,但觉得事不关己,何必管它。谁知等呀等,又等到太阳挨山,还是不见那个左先生的影子,姓孟的士绅又只好把酒席摆开,恭恭敬敬地请杨状元入席共饮,然后归去。到了第三天,姓孟的士绅来得更早,伙食办得更丰富,但是还是等了个空。到了太阳快落山时,又摆开酒席来恭请杨状元入席。杨状元目睹这三天情景,早已按捺不住胸中的怒火,对姓孟的士绅高声叫道:"什么混账的左先生,好大的架子!来,我为你写。"姓孟的士绅听了,暗暗叫好。马上叫人端过早已备好的笔砚,抬来碑心,就请杨状元快写。杨状元饱蘸珍墨,一挥而就。写好一筒,侍候的人抬过一筒,不一会就写好了七筒。当杨状元把第八筒碑心写了一半时,突然醒悟,马上丢笔,连叫"中计!"连酒都未饮就走了。

姓孟的士绅把这七筒半碑心竖在祖坟上,像对珍宝一样世代保护。这七筒半碑心直到文化大革命前还完整无缺。经过十年动乱,听说已破坏得所剩无几了,但关于七筒半的故事,依然在巍山民间作为一段佳话流传着。

思川

采录:杨平侠

杨状元的妻子黄娥,是一位颇有名气的女中才子。她善于诗词歌赋,特别是抒情诗词,更是写得神情俱茂,如她寄给贬戍在云南的丈夫杨慎的诗中一首:"修书啼血到滇东,安得夫君觌面逢;蜀中杜鹃声声怨,吴西祖宗一场空。"

杨状元流放云南十多年了,总没有机会回故乡四川新都与妻子相见一面,由于交通闭塞,书信来往也少。而妻子黄娥何尝不思念远隔千里在云南的丈夫呢!但两地相隔,如同生死永别,要想相见,只在梦中而已。

一天,杨状元突然收到一封妻子辗转千里的来信,杨状元喜出望外,但拆开书信一看,信封里除了装有一根针、一根红丝线外,无妻子的半个字。"这是何意?"杨状元思来想去,猜不透妻子的含义。时至半夜了,杨状元一手拿着针,一手拿着红丝线,还在灯下反反复复地琢磨着……

一股寒风从窗子的破缝中袭了进来,扑在杨状元的脸上,"好冷!"杨状元不由得打了个寒战,起身拿了件外衣,披在身上。这件外衣的袖口烂了,两只破袖在身前身后甩着。这不由得使杨状元想到是不是夫人因自己流落异乡,衣服破了无人补,而寄来针线作补衣用?即刻,他又为自己的想法好笑。夫人自来聪慧敏锐，绝不会干出这种傻事。他想呀想呀，总想不出个所以然来，不由得信手又拿起针线，对着摇曳的烛光，无聊地穿起线来……

猛然，一个念头涌上心头：丝线穿针，丝穿？思（丝）川（穿）？不是明明含蓄着"思川"二字吗？哦，夫人是为我离家太久，提醒我不要流连忘归，忘却家乡的山水，篱下的亲人啊！好有才智的夫人，你怎知身在异乡的杨慎的心啊！

杨慎拿过文房四宝，穿好外衣，提笔写道：

谢卿寄柬到滇东，
十年离索难相逢。
山茶未老容颜老，
两地相思一样同。

王皮也

采录：柯楚凡
1978年10月采录于巍山城

在解放前，蒙化街市上皮匠铺都贴有"金殿声传学士履，玉波池点状元春"的对联。这副对联是有来历的：

相传明朝时候，四川新都人杨慎（字用修，一字升庵），在正德年间中过状元。嘉靖时，因议礼制，杖谪戍永昌（今保山）。杨慎三次来游蒙化。当时有一个姓王的四川人，在蒙化街市上开着一间铺子做皮匠手艺。杨升庵来游蒙化时，由于和王皮匠是同乡，曾光临过他家几次。王皮匠夫妇知道杨升庵是状元公，非常尊敬他，每次到来，都要备美酒佳肴，设宴恭请。王皮匠的老婆还特意做给杨升庵一双鞋子，用上等布料，做得非常工整，细针密线的，杨升庵很感激，乐意地收下了。

当时大家都知道杨升庵写的字很好，有许多人都想方设法，想请他写帖字作为至宝珍藏，但杨升庵才高气傲，从来不轻易替人写字。而王皮匠以为和杨升庵很熟悉，因此不揣冒昧，开口请杨升庵写给他一帖字，以作纪念，留传后代。由于他俩是同乡在异地相逢，杨升庵又来过王皮匠家几次，备受欢迎，并且看到他诚挚老实，也就慨然允诺。过了两天叫人送来给王皮匠一帖字，王皮匠不禁喜出望外，打开一看，却写着"王皮也"三个大字，并且王皮也三字下面还泼墨似的点了七点。顿时气恼已极,认为是杨升庵有意挖苦他,愤然把字帖揉作一团,塞在墙洞眼里去了。

不知过了多少年,皇帝要在御花园里修砌一个池塘,命名"玉波池",点缀风景,并要在池边挂一块匾额,知道杨升庵写的字很好,就下旨命云南总督派人到杨升庵到过的地方,搜寻他写下的字,并谕谁能献出杨升庵的字,就点谁为状元。总督派去的人,到过好几处地方,都没有找到杨升庵写下的字,后来到了蒙化,听说杨升庵以前曾写给过王皮匠一帖字,因此就到王皮匠家探问。那时王皮匠夫妇都已死了多年,只有一个儿子仍继父业,幼时也曾听他父母讲过请杨状元写字帖这件事,因为写的口气不好,所以塞在墙洞眼里。随即找出,交给来人,转交总督转呈皇帝。皇帝一见大喜,因为王皮也三个字加上那泼墨似的七点,就成了"玉波池"三字了,恰合需要。皇帝立即命人刻制,并即钦点王皮匠的儿子为状元。

后来有才学的文人,根据这个故事,撰了一副皮匠铺子的对联:"金殿声传学士履,玉波池点状元春。"从此,家家皮匠铺子每年贴春联,都要贴上这副对联。后世传为佳话。

担当和尚

讲述:赵葵一
记录:段有鉴
1981年4月采录

在蒙化县城西大约五里的地方,有一寺院叫作圆觉寺。圆觉寺中有一位老和尚,这老和尚因清高慈善,博通经文,因此人们都很尊敬他,都称他长老。

这年五月里的一天,长老在寺里觉得烦躁,便一个人独自走到一条河边,看见河里的水清清的,便洗洗手,抬头一看,见水中冲下一个白点,这白点漂至长老身边,他一把抓起看时,却是一个大鸡蛋。他想:出家人哪能随便杀生,就决定拿到孵抱小鸡的人家户里去。他来到一户人家,这户人家和他早就相熟,便走了进去。这户人家的大嫂也认得他,就问长老有何事来到寒舍?这长老便问妇人是否有正在抱小鸡的母鸡。说来也凑巧,这家人有一母鸡正在抱着一窝鸡蛋,于是,长老便说道:"我把这蛋并拢你家一起抱,若是抱出母鸡来,就算你家的,若是抱出公鸡来,贫僧将它拿到寺里去做报晓鸡吧！"双方说定后，这长老就告辞回圆觉寺中去了。

过了二十天左右，长老又下山来走进这大嫂家，大嫂就领他到鸡窝边去看。只见长老送来的鸡蛋刚才还是一动不动的，转眼间便"叭"的一声从鸡蛋内闪出一道白光，接着滚出一个娃娃来，把个长老和大嫂吓了一跳。这时大嫂朝长老嘟嚷道："你这是哪来的妖蛋，还想拖累我家。"边说边把那娃娃塞到长老怀里，推推搡搡将长老推出了门。

这长老被推出门后，不知所措。他一时想不出什么好办法来，只好一咬牙，将这娃娃埋在寺中的后花园里，紧紧锁了后花园门，不让任何人进去一步。

过了七八天，这长老独自一人又走进花园去看个动静。当他走到埋娃娃处一看，却是一个空坑。他四处张望，却见一棵桃树上有一个四五岁般大的男孩在摘桃子吃。这孩子见长老进来，便跳下树来拉住长老的衣袖不肯离去。长老又一狠心将这娃娃抱起扔进坑内，并在上面压上一块大石头。过了六七天，正当长老独自在房里做功时，一个六七岁的小孩不知从哪里钻了出来站在他身旁，那长相和埋掉的那个孩子一模一样，只是长高了些。这长老想：这娃娃连埋两次都不死，可见天意不绝他，不知如何是好。突然他一拍脑袋有了主意：我寺里的长工李狗儿不是无妻无子吗？何不叫他认个干儿子？于是他便牵着这孩儿找到了李狗儿说："今天我给你送来个小孩，叫他拜你为义父，你看怎么样？"李狗儿看了看长老身边的这小孩，连说："好！好！"长老想这小孩有了父亲也该有个名字呀，因为他是蛋抱的就叫"蛋蛋"，但出家人戒律严，就以谐音"担当"为他的名字吧。从此大家就都叫他"担当"和尚了。

担当生性好动，聪明过人。他除了自己在暗地里学习使枪弄棒外，还逼着长老教他读书识字。等他懂事时，更喜欢打抱不平，见到不守寺规的和尚或者是以强称霸的游客，他定要出来教训一番，因此也惹恼了许多人。这些人背地里在长老跟前告他的黑状，所以长老对他是又爱又恨，总担心担当这样下去难免要被人暗算。

转眼担当已长成一个壮实的小伙子，不幸他的义父李狗儿也在这一年死去了。一天担当在寺里觉得无事可做，便一个人来到城里闲逛。他来到一条比较僻静的街上时，忽然听到"叮当、叮当"的打铁声，担当便走进铁匠铺，请师傅给他打一把七八十斤重的禅杖。等铁匠师傅答应后，他放下定钱才独自一人回到寺院。

李狗儿死后满一年的那天,担当特意到城里买了一篮祭品提回寺中,下午他煮好祭品恭恭敬敬地摆在李狗儿的坟前,正准备跪下去磕头,忽然想起忘了带纸钱,只好又返回寺里去拿。当他拿着纸钱来到坟地时,只见一条狗正吞咽着摆在坟前的祭品。担当赶忙把狗赶开,但祭品已被弄得乱七八糟,不巧寺里的几个和尚从这里经过,看到担当这副狼狈相,就讥笑道:"狗吃,李狗儿吃,都吃,不要伤心了。"说着几个和尚大笑着走了。

担当回到自己的房间后,平日受过的那些嘲笑、侮辱、欺骗、诬告的事都一齐涌上了心头,他决定离开这是非之地远走他乡,于是他便收拾好包袱来向长老告别。长老一听十分难过,说道:"出家人四海为家,你到外面去见见世面也好,但要处处多加小心,免我焦虑……"担当听着只一个劲儿地点头,当即师徒俩洒泪而别。

担当来到城里向铁匠取了禅杖,付了钱,离开蒙化云游四海去了。后来他为黎民百姓做了不少好事,至今还流传着关于他的不少故事呢。

童适公

讲述:赵葵一 90 岁
记录:宗师纪
1982 年采录

清朝时期,巍山城内的四街叫作总宪坊。据说在这条街上有一间破烂不堪的小楼房,房里住着姓童的母子俩。儿子童适公生得聪明伶俐、性情温和,可惜三岁时死了父亲。母子俩相依为命,靠纺线度日。

这童适公自幼十分勤快,无比孝顺。他五岁时就懂得体贴母亲。他看到母亲每日天不亮就起床纺线,深更半夜了还不歇息,这样劳累还不算,一日三餐还要母亲把饭煮熟了端在自己的手里,他心里就懂得过意不去。于是从那时起,他每天早上就和母亲同时起床,烧火、劈柴、学着煮饭。晚上硬是要陪着母亲纺线,帮着母亲撕棉花,一定要等着母亲一起睡觉。

一晃八年过去了。就在童适公十四岁的那年,蒙化县闹了一场饥荒。街市上买卖冷落,往年十个线能换到一升米,可今年用三十个也难以换到。母子俩的生活就更加艰难了。童适公虽然还有个舅舅,家庭也十分富足,可是舅舅嘴甜心苦、刻薄吝啬。与其向他求救,不如去当叫花子。于是母子俩只好加倍劳累来维持生活。俗话说福无双降，祸不单行。偏在这样艰难的年成里，老母亲突然病倒了。开初只是上吐下泻、腹痛不止；没有几天却卧床不起，饮食不进。这下可把这童适公急得呼天天不应，叫地地无声，不知如何是好。他四处给母亲求医找药，精心侍候。端尿倒屎、洗衣晒被，日夜守候在母亲身旁，巴不得母亲的病早日好起来。谁知半月过去了，母亲的病不仅没有丝毫的好转，反而更加沉重。这天上午，童适公等母亲服了药后，准备把自己的一件新衣服拿去当了，再请医生来给母亲看病。他正要出门，舅舅忽然来了，大骂道："这童氏门中的人都死绝了，人病成这样都没有谁来问一问。"再问童适公："这几天有没有请医生来给你母亲看病？"童适公便把这半个月中为了给母亲医病，把家里能卖钱的东西都卖光了，医生也都请了，但母亲的病却一点效验也没有的话向舅舅叙说了一遍。舅舅听了心里暗想：说七说八还是离不开钱字。自己既然来了，多少总得破费点。于是他忽然想道：刚才不是在街上看见一个道人摆着个草药摊子吗？那草药总不会有医生的药贵吧。我何不去把他叫来给姐姐看看病，要是碰上好运气，一服药医好了，也好在童氏门中耍耍我的威风。想到这里，他便对童适公说道："你烧一壶开水，我去请医生来。"说罢他便出门去了。不多时，只见他领着一个老道人来到家中。这道人长相十分丑陋，在满是麻子的脸上，一双半睁半闭的三角眼深深地陷了进去，仿佛一泓深潭里浑浊的死水。在那沾满污垢的道袍上，红一块、绿一块地补着不少补丁。他手里提着个鼓鼓囊囊的药包，一进门便把药包往桌子上一放，走到童适公母亲的床前看了看，也不号脉就说道："这女人的病情十分严重。她一得病时吐泻就不止，腹痛难忍。如今已是阴阳不分，饮食不进，命在旦夕了。"童适公听罢感到十分惊奇。这老道怎么不号脉就能知道病情呢？于是连忙答道："我母亲的病情确是这样，请仙师快给下药吧！这药钱请你放心，我就是脱衣当裤也绝不会短少半文。"老道看了童适公一眼说道："一服药钱倒无所谓，只是这服药的引子十分奇怪，怕你们舍不得用上！"童适公的舅舅马上接口道："一点药引子有多稀奇，再贵也不会用到十两银子，就包在我身上了。"老道人听了眯起眼睛对着他神秘地一笑，也不再说什么，就打开药包，把大大小小的药袋拿出来摆了一地。只见那些药袋里装满了毛毛草草、奇形怪状的药。老道叫童适公把药罐找来，放在面前。然后从每个药袋里抓出一小撮药放进药罐里，叫童适公把开水倒在里面，将药拿到火炉上煨起。老道又拿出一小包药面，把它放在一个碗里，用冷水调匀后放在桌子上。又从腰间抽出一把一尺来长、锋利雪亮的牛耳尖刀，对童适公的舅舅说道："我这服药非得用病人亲戚左手臂上的肉一两作引子，服后方可生效。你是病人的弟弟吧？好在这药引子是你包下了的，就把你的左手伸过来吧！"老道严肃地说完这席话后，把手里的尖刀晃了晃。童适公的舅舅看着老道手中那寒光闪闪的尖刀不觉打了个寒战，结结巴巴地说道："她确是我的姐姐，只是，唉，这……"他把手臂藏在身后，生怕老道一刀砍来。只见他将那双绿豆眼骨碌碌转了转，向老道恳求道："仙师，我愿出二十两银子给你，请你想办法改一改这药引子吧。我马上去把银子拿来。"他不等老道答应，就像老鼠一样地溜出门去了。老道看着他这个狼狈相，不觉哈哈大笑起来。他对童适公说道："没有药引子你母亲的命难保呀！"说着，就收拾好药包，背在肩上，往外就走。童适公心里想到，母亲从小把我一口汤、一口饭，一把尿、一把屎地养大，没有母亲我从哪里来呀。如今母亲命在旦夕，只要母亲病好，莫说是割手臂上的肉，就是掏出心肝也情愿。于是童适公急忙上前拦住老道说道："我是母亲身上掉下来的一块肉，难道还不亲吗？请仙师就割我的肉吧！"说罢呜呜地哭了起来。他边哭边说道："要是母亲有个三长两短叫我……"童适公再也说不下去了，他拉着老道扯心揪肝地大哭起来。老道看这孩子如此孝顺，便默默地点了点头，把童适公拉到一把椅子上坐好，放下肩上的药包对童适公说道："我看你还有点孝心，那就把衣服脱去吧。"童适公高兴地脱去了衣服，只等老道动手，脸上并无半点害怕的神情。老道从腰间拿出两条布带，用一条扎住童适公左手臂上半截，然后叫童适公把左手叉在腰间，让手臂上的肌肉凸了起来。老道左手提起肌肉，右手拿起刀子，"嚓"的一声，割下一块肉来，随手把肉放进了药罐里。童适公只觉得一阵钻心的疼痛，慢慢地失去了知觉，倒在椅子上。老道速将调好的药面，涂在童适公的手臂伤口上，然后用另一条布带紧紧地把伤口包扎好。转眼，童适公便苏醒过来了。他睁开眼睛四下看看，仿佛刚才是做了一个梦。手臂上的伤口也感觉不到一点疼痛。这时只见一个人走进屋来，对老道说道："我家主人打发我送二十两银子来，请你代他买点药引子，他今天有急事，不再来了。"说完便从怀中掏出二十两白银，递与老道，就告辞走了。老道将银子放在桌子上，收拾好药包用具后，便对童适公说道："这服药要吃三天，共二十一次，你母亲的病就自然好了。手臂上的布条三天以后再拿掉，到那时伤口自然康复了。这二十两银子是买药引子用的，理应归你。我就在这条街上卖药，我的药钱十天后你再送来。"说罢，道人就跨出门外去了。童适公急忙站起来追出门外想留住老道，可这老道一出门便无影无踪不知到哪里去了。童适公无奈，只好回来为母亲煨药。他看看母亲的药罐里，药液在里面沸腾着，装进去的那块肉不知到哪里去了。于是他便拿了一个碗，将药液滗在碗中，送到母亲床前。

说也奇怪，这老人家服了一次药后，就感到腹中疼痛全无。第二次药吃下时神志就很清醒。第三道药吃过后，觉得就有点力气了。隔了三天以后，童母的病真的全部退去了，并能下地慢慢地走动几步。童适公的手臂也全好了。

这天早饭后，童适公和母亲便拿着十两银子去街上酬谢那卖药的老道。可是母子俩找遍了蒙化城的大街小巷也不见这老道的踪影，母子俩只好拿着银子闷闷不乐地回了家。

冬去春来，转眼就到了第二年的冬天。童适公为了让母亲能安安静静地休息，就一个人搬到楼上去住。他把铺盖抱到楼上，将小楼打扫得干干净净。只是这小楼因多年失修，十分破烂。尤其是南端与隔壁邻居隔着的那堵篾笆已通了好几个窟窿。寒风不时地从窟窿中灌进小楼里来，并通过各种缝隙钻进母亲的房里。童适公心想：母亲体弱病多，经不住寒冷，我何不重新把篾笆拆下来用纸糊一糊。于是他就动手去拆那堵篾笆。当他用手将篾笆轻轻一拽，只听"咚"的一声，不知什么东西从楼上掉了下去。他拽下篾笆一看，原来这篾笆和隔壁邻居的后墙之间还有一个两头封闭了的夹道。童适公把头伸出去一看，不觉大吃一惊，只见这夹道中的地上，铺满了一层白花花的银子。他三脚两步跑下楼来，把这件事告诉了正在纺线的母亲。母亲哪里肯信，因为她自来到童氏门中，从来也不知道有这样一个夹道。于是就和儿子上楼来看个究竟。当她看到夹道中真有银子时，母子俩又惊又喜，急忙找来一根麻绳拴在一个小斗箩上。母亲在楼上拉，儿子下到夹道中去装，一箩一箩将银子全部拉到了楼上，足足装了四大箱子。

不久，母子俩请来木工泥匠盖起了两间漂亮的新房子。四箱银子仅仅用去了半箱。虽然母子俩还有那么多银子，但从来也不敢乱花一钱一分。这年正遇修理巍宝山的寺院，母亲和儿子商量后，便把那三箱半银子全部送到了修寺院处。主持修寺院的人，便用这些银子买了很多黄铜，在玉皇阁里铸造了一尊二丈多高的玉皇大帝铜像。还铸了很多香炉、铜花瓶，并给不少佛像贴了金。人们为了纪念童适公母子的慷慨行为，在每座铜像、香炉和铜瓶上都镌上"童适公"三个字。

李大儒拳打白教席

采录：张雄
1984年采录于巍山庙街
流传地区：巍山、大理

民国时候，在蒙化县瓜江上游有一个后庄村，村里有一个大力士，叫李大儒，民间流传着他拳打白教席的故事。

当时军阀混战，民不聊生，穷苦农民的日子十分难过。李大儒有一个八十多岁的老母亲突然身患重病起不了床，这可急坏了"活孝子"李大儒。他天天靠赶马驮炭卖，为老母亲请医看病，给老母亲端尿倒屎，日夜侍候着老母亲。

大年三十这天，有钱的人家点起灯笼，放起鞭炮，猜拳行令，正在过年。李大儒被母亲叫到床前说："大儒呀，村里都说你力大无比，叫你大力士，可是你力再大，气再大，已经苦了半辈子，苦来的钱还不够我母子俩糊口。明天，是大年初一，你就在家闲一天算了。"李大儒说："妈呀，今年天气很冷，下关的炭价明天会更高，我一年三百六十天苦惯了，你就让我去吧！"他妈觉得有道理，便让去了，并告诉他早去早回，不要惹是生非。

大年初一这天早上，公鸡刚叫头遍，李大儒就翻身起床，烧火做饭，天刚蒙蒙亮，就赶着马到下关卖炭去了。一路上，寒风刺骨，李大儒身穿破烂单衣，光着头，赤着脚，太阳冒山就赶到了下关卖炭处。刚把炭驮子抬下来，就见一个年近四十多岁，肥头大耳，身穿长袍，满嘴金牙，手里拄着文明棍的人朝他走来。这人摇头晃脑地吼道："白教席家里要买炭，三两银子一百斤，谁人卖就驮起走。"李大儒听了这个价非常高兴，就驮起炭，赶着马到了白教席家大院。大儒把他的炭称了以后，到账房跟掌柜拿钱。白家掌柜露着满嘴金牙吼道："今天白教席不在家，到大理府办事去了，钱没有，明天来拿。"说着，就扬长而去。这下可激怒了李大儒，他想：家里老母亲正等着买药治病，明天拿钱怎么行。他忙上前拉住掌柜的手苦苦哀求说："先生，请你高抬贵手，把炭钱付给我，家里等着用钱。"这时，掌柜说道："小伙子，你瞎了狗眼，这里是白教席的家，你文要还是武要？"说着拿起文明棍就向李大儒劈头打来。只见李大儒眼疾手快，一个鹞子翻身跳到堂屋里的八仙桌上，拿起花瓶就丢，端起供品就砸，这可急坏了白教席家里的掌柜这个看家狗。他平时狗仗人势，在下关耀武扬威，欺压百姓，无恶不作。大家敢怒不敢言，从心底里恨透了他。但谁人也不敢惹他。掌柜见李大儒胆敢在家里造起反来，就叫家里的人和家丁把他抓起来。掌柜一声令下，堂屋里打得叮当乱响，十多个家丁把李大儒团团围住。只见李大儒飞身下来，一脚把一条黄栗板凳踩断。左手提一截，右手提一截，打得白教席的家丁人仰马翻，头破血流。白家掌柜忙派人去大理府禀报白教席。李大儒见把人打翻了六七个，时间也不早了，打开一条血路，双手抱起马，逃出了大门，从蒙化小路回家去了。

白教席听说蒙化县的一个小伙子打伤了他家的人，大怒，骑着马飞跑回家。到家就见家丁们个个血流满面，一片呻吟声，家具什物砸得遍地都是。他越想越生气，说："我是下关有名有势的教席，武术高超，力大无比，要让这个小子尝尝我的厉害。"他命家丁抬来二百多斤重的两盘小石磨，拴上两盘牛皮架皮，嘴里叼着五斤多重的一支大铜烟锅，他把两盘小石磨甩得嗡嗡作响，去追赶李大儒。当李大儒刚来到三台坡时，听见后面追来一个六十多岁的老头，手里各提着一盘小石磨，他那灵敏轻便的动作，甩得石磨嗡嗡作响，声声震耳，朝他追来。李大儒不由得把步子迈得更大了。

"站住"，听见一声吼叫，白教席站在了李大儒身后。大儒转身一看，这老头手提两盘小石磨，嘴里叼着一支大铜烟锅，样子确实叫人害怕。李大儒将计就计说："大爹，给个火。"说着伸手就去拿铜烟锅头，只轻轻一捏，白教席的大铜烟锅头就被捏扁了。李大儒接着又说："大爹，你玩的石头响嗡借我玩一下。"白教席心想，这小子真是可笑，这一百多斤的石磨谅他也拿不起来，便把石磨拿给了李大儒。李大儒就顺手一丢，"嗖"的一声，两盘小石磨从三台坡甩到了"七五村"河里，打得水花乱飞。吓得赫赫有名、武术高强的白教席目瞪口呆。白教席想，我是下关一带有名的武术教官，怎能被他煞住威风呢？必须拿出几套武术教训他一下。只见白教席一个燕子腾空，转身朝李大儒飞来一脚，李大儒就势把白教席的左脚一抬，就地一拖，把精通七十二套武术的白教席仰面朝天地甩在地上。白教席猛翻身起来，一个猛虎下山，只朝李大儒扑来，李大儒一闪身,朝后面就势给白教席重重一拳,打得白教席"一佛出世,二佛升天",跌在地上,好半天也起不来……

李大儒拳打白教席的事很快在下关、大理、蒙化等地传开了,广大贫穷百姓拍手称快,编写了一首歌谣:

> 蒙化出个李大儒,
> 力大无比胜猛虎。
> 铁拳怒打白教席,
> 威震蒙化传千古。

生活故事

天理和良心（彝族）

采录：左桂云 女 彝族
1986年采录于巍山庙街

很久以前，有个叫天理的小伙子。有一天，他上长虫村赶街，心想：大路上人多不好走，小路上人少好走。他背起一个箩就往小路走去。

走了一阵，他忽然发现路边草丛里有一样亮堂堂的东西。他好奇地走过去一看，是三十七块银圆，上面刻有"良心"二字，银圆怎么会有这两个字？他想了好一阵，突然一下子明白了：银圆上的字意思是要我找到一个名叫良心的人，两人平分后才可以使用这钱。不管是男人还是女人，我一定要找到这个人把钱还给他。想到这，他转身回到家里把所攒的钱拿出来装进一个包袱里做盘缠，装上点干粮带上几件旧衣服出发了。

他不知走了多少路程，更不知问了多少个过路人，但都使他失望了。盘缠用完了，干粮也吃完了，他成了叫花子。他继续过一个村，讨一个村，问一个村，但他从未动过装在贴身衣袋里的三十七块银圆。他走遍了半个坝子，熬过了三个冬天才在一个偏僻的山村里找到了名叫良心的小伙子。

天理把来意说明了以后，良心听了心疼地说："天理哥，你在路上，不知受了多少苦啊！"两人相互安慰了一阵子就到草坪上去分钱。天理说："良心弟，你拿十九块，我要十八块。"良心忙说："天理哥，这钱是你发现的，应该你要，但你为了银圆上的'良心'二字，还千里迢迢来找我分钱，我只要一块就够了。"天理忙说："瞧你说的什么话，钱一定要平分。"闹了一阵，良心也同意平分，但天理一定要把多着的那一块分给良心，两个又扯个不停。最后良心说："你也不肯要，我也不肯要，那么，唯一的办法只好把这一块钱砍开一人一半了。"天理同意了，良心跑回家拿来一把砍刀，把钱放在一块石头上砍：砍了四五下都没有留下一丝痕迹，第六刀砍下时，钱从石头上掉下来，一眨眼工夫就不见了。两个人找遍了草坪都没有找到。良心说："难道这钱会飞走不成，我挖也要把它挖出来。"他又跑回家里抬来两把锄头，两人就在石头周围挖起来。两人挖了一阵子，还是找不到，累得他俩汗流浃背。良心抬起锄头使劲挖了一锄，只听锄下发出"丁零当啷"的响声，锄头陷进了一个洞里。两人急忙蹲下，把盖在锄头上面的土全部拿掉，只见一坑黄灿灿的金子，刚才打失掉的那块钱端端正正地躺在金子上面。这下更难办了，两人把金子全部拿出来放在地上，天理说："良心弟，这坑金子是你挖到的，你拿回去卖了修补一下家吧！"良心忙说："不得不得，我们应该平分。"两人又为那些金子吵起来了，天理说："我家路远，拿着不方便，还是你要。我只要路上花一点盘缠就够了。"一个又要叫他拿，一个又死抵着不要，最后只好扯到衙门请老爷评理。良心把事情的经过有根有苗地讲了一遍，老爷听了激动地说："为了钱上的两个字，你这个名叫天理的小后生千里迢迢地来找良心分钱，为这块钱你们又发现了一坑金子，但你们谁也不肯多要，那干脆就结为弟兄吧！两人共同享受这份钱财。"两人听后，谢过老爷就回良心家去了。

在家里两兄弟一边煮饭一边商量：把金子分给附近几个村的人，大家一起使用这份钱财。吃过饭，两人各背一箩金子，分送给村里的人。从此，天理和良心成了穷人心中的丰碑，只要谁做了亏心事，人们就会用敌意的眼光看着他，还要说："你心中有没有天理良心？"

摇钱树

采录：罗云仙
1986年采录于巍山庙街

从前，在蒙化西河一带的一个小村子里，住着一个年过半百的老人，老伴早已过世，身旁只有两个儿子，大的叫艾强，小的叫强顺，都已长大成人。老人是种庄稼的好手，一生勤劳，又善于勤俭持家，因此，生活还过得去，房子有三方一厦，水田有四亩左右，也算是一笔小小的财产了。老人疼爱儿子，一应庄稼活计，都由自己一人承担。谁知两个儿子并不怜惜老人的苦心，一味游手好闲，时常三朋四友，喝酒赌钱。后来，老人终于身衰力竭，卧床不起了，他把两个儿子叫到跟前，说道："眼看我不行了，我死后，你们只要勤劳，世上有摇钱树。"

老人死后，这兄弟俩却整天跟那些酒鬼赌棍混在一起，吃酒赌钱，终于把所有的财产花个精光，成了叫花子。平时享受惯了，当然受不了现在的苦楚，强顺对艾强说："父亲在世时说过，世上有摇钱树，我们找摇钱树去吧。"艾强当然也巴不得，弟兄俩都想着很快找到摇钱树，过上安乐无忧的生活。于是，他们流浪着，到处寻找，逢人便问："这里有摇钱树吗？"人们听了哈哈大笑，都说："摇钱树？你自己栽去吧！"就这样，这弟兄俩走呀，找呀，沿途乞讨，半饥半饱，尝尽了人间的苦楚。

后来，他们饿着肚子回到了村里，白天出外讨饭，夜里就住在一间破烂的草棚里。一天晚上，弟兄俩又冷又饿，思前想后，又恨父亲溺爱他们，又悔自己好逸恶劳。商量着说，"父亲临死时说过，世上有摇钱树，但我俩无福分找到，现在没法子，还是把田租回来种吧。"于是兄弟俩请了一位村里的老人租回了一些田地，从此，勤勤恳恳一心种田，终于用劳动的汗水换来了幸福生活。

兄弟俩到这时才终于明白，父亲说的世上的摇钱树就是劳动。

乞丐与神仙

采录：熊光华 彝族
2004年3月10日采录于巍山

在很久以前，有一个孤儿，从小以讨饭为生，因此人们都叫他小乞丐。他白天到村里讨饭填饱肚子，晚上就住在村头的一个破庙里。

日子一天一天过去了，小乞丐已经十六岁了，他除了自己身上单薄的衣服外一无所有，便决定到神仙那里问清为什么自己的祖孙三代都当上叫花子，第二天他就启程了。

小乞丐在途中遇到一对夫妇，老妇人询问小乞丐要去何方，为何而去。小乞丐向这一对夫妇讲述了爷爷、父亲到他三代都是当叫花子，想到神仙那里请教祖孙三代为何当叫花子的缘故。老妇人哭着向小乞丐讲述自己家的遭遇，她们老两口一生只有一个女儿，美若天仙，老两口把她看成掌上明珠，但从生下来到现在已经十五岁了，父母从来没有听她说过一句话，老妇人委托小乞丐请教神仙，小女子为何成为哑巴。

小乞丐向神仙所在的方向继续行走，突然，一条大江拦住了他的去路，小乞丐十分着急，心想到神仙那里算命已经不可能了。正在这时，一条大金鱼从水里露出头来，询问小乞丐为什么那么着急。小乞丐把自己的伤心事和此行的目的向金鱼讲述，然而，这一条大江要拦住他的去路，心里非常难受。眼睛鼓鼓的金鱼对小乞丐说："只要你能答应我一个条件，我就送你过这条大江。"小乞丐答应了金鱼的条件。条件是金鱼在这条江里生活了七七四十九年了，别的同伴已上天成仙了，而它自己不知为何不能成仙，金鱼委托小乞丐向神仙询问原因。小乞丐骑在金鱼背上渡过这条大江。

小乞丐走了两年以后，终于来到神仙所在的地方。他向神仙讲述了老妇人的女儿不会说话，父母都希望自己的女儿正常地说话。神仙闭着眼睛算了算说："不见亲人不说话。"小乞丐又把金鱼委托的问题向神仙讲述。神仙算了算说："喉中含珠难成仙。"神仙还特别嘱咐："等金鱼送你过江后再告诉它这句话。"小乞丐生怕忘了这两句，拼命地返回家。

小乞丐来到金鱼所在的那条江边，金鱼早就等候着小乞丐回来，金鱼看见小乞丐，问他是否把自己无法上天成仙的问题向神仙请教清楚，小乞丐说："问清楚了，等你送我过完这条江后告诉你。"小乞丐骑着金鱼过完这条江后告诉它："神仙说'喉中含珠难成仙'。"金鱼就把口中含的宝珠吐到小乞丐的手里，并说："宝珠给你，作为以后的生活所用。"说完后金鱼真的飞天成仙了。

小乞丐拿着金鱼所赐的宝珠返回来村里，来到老妇人家里，奇怪的是姑娘看见小乞丐后真的说起话来，小乞丐告诉老妇人，姑娘不会说的原因是"不见亲人不说话"，老妇人就把自己的姑娘许配给小乞丐，并说："你就是她的亲人，从小长到十八岁，从来没有说过一句话，看见你后真的说起话来。"

小乞丐和老妇人的姑娘结为夫妻，把金鱼所赐的宝珠换得许许多多的银子，日子过得非常富裕。小乞丐虽然没有向神仙问清自己为何祖孙三代都当乞丐，但是现在他已经不需要讨饭为生了。

也有今日

采录：罗怀奇
1985年采录于巍山庙街

据说，过去在北门城楼上塑着一尊高大的泥像。他怒目而视，一看就给人感到他有满腔怒火没有喷发，满腹冤屈不得倾诉。这是北门城楼监造官的塑像，他刚监造好北门小月城回京不到几个时辰，就被奸臣陷害身亡了。

相传明朝嘉靖年间，朝廷派四个官员来蒙化监造县城。四个监官到达蒙化后，选定造城地址，决定各自负责监造一座城楼和其中的一面城墙，按所监造的城墙平均分派工匠、役夫、银两及米粮，并约期三年完工，回京交令。

监造东南西三面城墙的官员都是急功近利之人。当晚，才分定监造地段，第二天一早就下令所属工匠、役夫，停止盖建工棚，全力以赴挖土造墙，弄得民夫缺吃少住，劳累不堪。三位监官每日各带一班心腹，在工地上巡来游去，吆喝打骂，民夫们怨声载道。

却说监造北门城楼的监官姓范，在工部多年，曾监造过几座城池。这时，他并未立即动工造城，只一面催促民夫起盖工棚，安排吃住，一面写得榜文一张，派人逐村张贴。榜文要求蒙化父老和工匠、民夫，但有造城上方良策，赐教于他，定有重赏。榜文贴出三五日内，来北监官住宅献方献策者，迎来送往，络绎不绝。

一日早饭后，北监官还在中厅里与工匠谈论，只见一弓腰驼背的乡下老者，也不通报，径自跨进门来。监官立即起身下阶，扶住老者走上中厅。老者坐定后，北监官欠身问道："老者到来必有良言赐教。"

老者答道："我家四代做泥匠，和泥土石头打交道，对这方圆十几里的泥土性质略知一二，前日见到榜文，知大人对造城精益求精，所以从十里外前来献计。"

"有劳老人指教。"北监官欠身道。

老者说："过去我曾祖父曾经教人筑过炮台，传下一法……"

北监官一听喜出望外："哦，原来城外炮台是老人曾祖父所筑，前久清基拆除时，费了不少工夫，那炮台上的土锄挖不进，锹扎不动，最后只好拿火药炸掉，若不因造城所炸，我看可千秋万代。但不知老人可学得筑造之法？"

"筑炮台的土，是用土窑蒸过的泥土，可永久不变，小人自幼便学用此法，筑造房屋。此次筑城，不妨试用看看。"

从此，老者被北监官留在身旁，指点蒸土筑城。

三年限期将近，一座宏伟的府城在蒙化坝子的南端屹立起来。合城之日，崭新的蒙化城内张灯结彩。蒙化府官以及四个监造官率领府中文武官吏，地方豪绅，陪着刚到的验收大员，步行绕城一周。布置得富丽堂皇的府衙大厅里，满堂官吏豪绅，拱手相贺。东南西三位监造官，自恃大功告成，个个形色皆喜，围在验收大员身旁敬烟敬茶，百般吹捧。言谈中，不时夸耀自己劳苦功高，建城有功。只有北门监造官默默无语。

酒过三巡，府官派四个托大红木盘的兵丁送来赏品。满盘金光闪闪，琳琅满目的金银锦帛送到了四位监官面前。东南西三位监官虽满口推辞着说："不敢当，不敢当。"却转身示意随从收了。唯有北监造官起身拱手谢绝道："下官既为工部侍郎，造城就是本分，蒙化城府建成，绝非我等之功，实是凭靠万民之力。请将此金银锦帛用来抚恤造城伤亡的工匠役夫，才合天理。"说完，坚决不收。

这时，北门监造官又起身拱手说道："下官监造北门城楼，尚余白银千两，米粮百担，请府台明日召集有关人事，清查本官账目，使下官能清白回京。"

府官接上说："正是，造城所用银两、粮食，虽国库支付一部分，但其中大部分是由地方绅民募集而来，若能将账目结算清楚，公之于世，自然最好，否则，难以说服民众。"其他三位监造官一听清查账目，吓了一跳，原来这三位在监造东南西三座城楼时，偷工减料，克扣银粮，各自捞了一大笔银钱。如真清查账目，岂不要露马脚？三人心急如焚，恨透了北监造官。

宴席后，府官见北监造官忠厚、老实、清白廉洁，一心为民，请求验收大员留下北监造官，为蒙化再建一座小月城。其他三位监造官，也一旁竭力怂恿，验收大员便答应了。

验收大员离开蒙化的第三天，东南西三位监官，因贪污银两，心中有鬼，带着所属逃了。

蒙化父老知道后，人人义愤填膺，但又想到三位监造官的靠山毅忠王权高势大，只好罢了。

且不说三个监造官到京后，不惜金银四处活动，一心要陷害北监造官。却说北监造官留在蒙化不足两月，就监造好了紧连北门城楼的小月城。蒙化老幼无不感谢，人人称赞北监造官。

算算归期已近，于是，北监造官交清钱粮账目，拱手告别了摆着香案送行的蒙化父老，带着所属人员，晓行夜宿，赶回京都去了。

不想，北监造官刚回到京都，就被毅忠王抓捕入狱，残杀在狱中。原来，三个监造官到京城后，买通了验收大员，诬告北监造官"拉拢边民，诽谤皇上，故意延误期限，图谋造反。"于是，皇上命毅忠王查审北监造官，毅忠王趁机命人在狱中杀死北监造官，并诈称他"畏罪自杀"。可怜北监造官一生清白、廉正，忠心为民，倒落得如此下场。

消息传到蒙化，蒙化百姓再也忍耐不住心头的怒火和悲愤，大家自动凑集银两，推举胆大、才高，能说会辩之士，背上万民签名的控告书，上京告御状。谁知，连续告了几状，都未告通，不能为屈死的北监造官昭雪。

后来，一些佛家的善男信女传说出一个令人惊喜的消息。消息说北监造官生前清白、正直、爱民如子，不幸惨遭奸臣陷害，死后玉帝封他当了蒙化城城隍，大年初三要到蒙化上任。人们听到后又惊又喜，不少人忙着为北监造官设庙宇，塑泥像，并准备着大年初三到北门城外迎接城隍上任。

恰在这个时候，京城派人送来为北监造官昭雪的告示。告示说：过去因朝中奸臣当权，致使忠君爱民、办事清廉公正的北监造官被害身死。今皇上明察，奸臣已除，大冤得申，特行告示为北监造官昭雪。原验收大员及东南西三个监造官已捕捉法办。

告示一贴出，万民欢呼，人人拍手称快。就在大年初三，蒙化民众云集城中，欢庆北监造官塑像成功。人们迎着新城隍到了新建的城隍庙前，忽然看到一块崭新的字匾挂在城隍庙的大门上面，上书四个泥金大字："也有今日"。这四个大字，一直保留下来，成为万民的心愿。

亡羊山

采录：李建国
1986年采录于巍山

旧时，在蒙化和云州交界处的亡羊山寨子边上，开着一个黑店，这黑店虽不像在闹市中那样兴旺，可收入还不少呢。南来的马帮，北往的生意人，都要在这里打个尖、歇歇脚，住上一夜。可到这里来歇店的除有钱的远商外客，大多数头天进去，第二天便无缘无故地失踪了。

有一天，有十八个外地的生意人来到了亡羊山，被这店老板一步一点头地让进了店子里。生意人刚放下担子，老板就忙着吩咐店中的伙计传烟倒茶，烧火做饭，十分殷勤。

晚饭后，老板喊来一个帮工，当着这些生意人的面吩咐道："鸡，我已把它罩在笼子里了，住店的都喜欢早走路，你通知弟兄们早点动手。"这伙生意人听了，都感激地说："老板费心了，何必这样客气。"这时店中的伙计端来了洗脚水，这伙生意人洗了脚后就上楼睡觉去了。他们赶了一天的路实在辛苦，才倒在铺上，一个个便进入了梦乡。其中有个叫李伙计的却翻来覆去地睡不着觉。白天来歇店时，他对老板的过分殷勤起了疑心，但当着众人的面不好说破，而今睡下后总是翻来覆去地睡不着。过了些时候，他用两个手指戳了戳睡在身旁的两个伙计，轻声对二人说道："别看这店老板嬉皮笑脸的，我看他可能存心不良，你们可要清醒一点。"两个伙计听了不以为然地说道："我说李哥，你就别多心了，睡前你不是听老板对帮工说了吗：生意人喜欢早走路，叫弟兄早点动手，给咱杀鸡送行吗？我们住了多少店子，也没碰上过这样的好老板。"两个伙计说完，拉了拉被子，没多时便又鼾声如雷了。

李伙计再找不到更多的理由来说服他们，也只好钻进被窝里睡了一会儿，可他还是睡不着。不久忽然有几声黑话传上楼来，他懂得一些黑话，立即警惕地轻轻爬起，爬上了月台向院子里看去。透过朦胧的月光，只见院子里站着几个彪形大汉，每人手里提着一把大刀。店老板那副笑模样已一扫而空，满脸杀气地正用黑话对那伙人讲道："弟兄们，嚓，什么手软，人无横财不富，我的这点家当就是凭着心狠搞起来的。干完这回我请客。"

李伙计看到此情景，吓得身子抖得像筛糠一样，差点儿滚到了院子里。但他毕竟是个久闯江湖，见多识广的生意人，他马上镇静下来，想到应该赶快去叫醒伙计们。可是只见那伙人一个个手提大刀跑上楼来了，要叫醒伙计们已是来不及了，他只好躲在避风板的后面。可怜睡在楼上的伙计们，还没弄清楚是怎么回事，就被这伙人像砍老南瓜一样地砍成了肉块。然后用粪箕将肉块挑到离村一里多路的蝙蝠洞内藏了起来。躲在避风板后面的李伙计，趁大砍大杀的混乱之际，轻轻翻墙出院，跑出了亡羊山，连夜到蒙化知府那里报案去了。

却说亡羊山本属云州所管，李伙计理应到云州呈报此案。但他想：蒙化的夏大老爷素来判案公道，为官清正。所以他就来到蒙化府，将案情呈报给了夏大老爷。当日,夏府闻报后,立即传令升堂。左右官吏好心劝他说:"亡羊山并非蒙化所管,依我们所见,不如在家安歇,何必多管闲事。"但夏大老爷坚定地说:"我身为四品府官,怎能望着贼盗伤害良民?百姓的安乐就是我的安乐,此案重大,需速即捉拿贼盗归案。"于是他便命令兵分两路,当晚就包围了亡羊山,把店老板和贼人拿到衙内关押起来。

亡羊山的店老板和众贼人被关押起来后,夏大老爷又派人到了亡羊山,找到了藏着死尸的蝙蝠洞,把里边的人骨头驮了十驮前往省城验证。这事很快传到了蒙化那几个和亡羊山贼人有勾结的绅士耳朵里,这些绅士长期和亡羊山贼人互相勾结,他们做贼无名,分赃有份。这次亡羊山的贼人已被关押,眼看证据确凿,如果被关押的同伙供出实情,他们岂能逃脱法网?于是众绅士经过周密策划后,决定派两个得力亲信,带上重金,跟踪夏府的人骨驮子。这天晚上,驮着人骨的马帮来到了一个偏僻的地方,住进了一家小店内。这小店终年专卖牛肉马肉,店子背后的空地上堆满了牛马的骨头。马帮歇稳后,绅士们派来跟踪的两个亲信也住进了这个小店,到了夜深人静的时候,两个亲信便用重金买通了店家,悄悄地将十驮人骨头换成了十驮牛马的骨头。

几天以后,夏府的人马到达省城,夏府也坐着大轿随后赶到,即向按察司奏明了案情,然后请他验证。按察司细看了十驮白骨,结果全是牛马的骨头,当堂就说夏府伪造事端,诬陷良民。但看在他多年为官清廉的面上,只把他削职为民,不再重处。

夏大老爷回到蒙化后,成天心里闷闷不乐。他想,自己苦读寒窗数十年,才得了个府官,正好为民做事,而今反被贼人暗算削职为民。但一想到亡羊山一案时,一种要为民除害的信念,又在他心头萦绕。他下定决心,无论赴汤蹈火也要查清亡羊山这个案子。这时一些下属对他说:"你家田多地广,牛马成群,不愁吃穿,如今既被削职,就回家去育花种柳,栽桑种田,好不逍遥自在,何必硬要去挡风冒险,自找苦吃。"但尽管他们怎样好心劝说,始终没有动摇他为民除害的决心。这天,他穿上羊皮裘,戴了顶破草帽,脚蹬草鞋,扮成个放羊人模样,去约了李伙计,直奔亡羊山寨,他要亲自去弄个水落石出。

却说黑店老板勾结坝子里的绅士,用重金买通店主,把人骨头换成了牛马的骨头,弄得夏大老爷丢了乌纱回乡务农。为此,这黑店老板更加得意忘形了。他逢人便讲:"夏算老几?我开我的店,他做他的官,可偏要来老子头上打主意。咳！结果怎样？……"暗地一些同伙提醒他道："我看此事并未了结，还是多加小心的好！"

店老板不以为然地"哈哈"大笑说："夏府虽然厉害，如今他已是掉了毛的凤凰，难道还怕他么！放心吧，通知弟兄，明天我请客，让弟兄们痛痛快快地喝上一天。"

第二天，夏府和李伙计趁着黑店老板和贼人们划拳猜令、饮酒作乐之际，悄悄来到蝙蝠洞。只见在两堵如刀砍斧劈般的崖石中间，有一个深约五丈，宽丈余的石洞。他们爬下石洞一看，石洞里已堆积了一尺多厚的一层人骨头。夏大老爷惊叹道："此乃羚羊难寻、神仙不知之地也。难怪此贼能长期隐藏罪证无人知晓。"两人拿了一些白骨，趁贼人酒醉如泥的时候，顺着崎岖小路摸出了亡羊山，星夜直奔省城而来。

夏府和李伙计一路晓行夜宿，拼命赶路，不几日便到了省城。夏府将人骨又呈报给了按察司，按察司验证后，还不放心，暗中又秘密派人到了亡羊山的蝙蝠洞，作了认真验证，确定洞内白骨实属人的骨头。便派兵把个亡羊山包围得水泄不通，不费吹灰之力就将店老板和同伙一举剿灭了。然后他写了一奏章，奏明天子。将夏老大人官复原职，并请令嘉奖。

吊草村（彝族）

讲述：瞿文汉 彝族
记录：杨美清　李荣
1982年采录于巍山城北

据说很早的时候，哀牢山西南面有座山峰，人们叫它三台坡山。山上有一个小村子，名叫大麦地。村里有个娃瞿的人家，兄弟三人，父母都不在世了，三兄弟就跟着老大过日子。可是，由于大麦地这地方是在山顶上，肥沃的土地少，水更少，日子越过越穷，每年收的粮食，都是不够吃的。老大想了想，就对两个兄弟说："这个地方倒是好，只是土地太少，我们弟兄三人，很快都要成家立业，全都在这里是不行了，得另找个新地方才行。"

老二老三听了，就说道："大哥说得有理，我们兄弟三个人，得搬出去两个才好。"

老大说："二弟最爱大麦地这地方，就留在这里，我同三弟另找住处吧。"

老二听了老大的话就说道:"大哥,你不但有了嫂嫂,还有侄儿子,搬家不容易,就留在这里吧,还是让我同三弟搬出去。"

兄弟三人商量的结果,由老二和老三搬出去,回大麦地的老家去。

大哥心好,他想,老三年纪轻,一心想给老三寻个好地方,可是,老三却指着连绵起伏的哀牢山说:

"大哥,你用不着为我担心,我常听人说,苍山脚下住着九十九个白族的村子,哀牢山上住着六十六个彝族寨,哪里能没有我一个人的住处呀?"

老二听了,心里倒是很高兴,不像自己一心舍不得离开老家。老大却想着,老三最小,又没媳妇,心里很难过,就对他说:

"三弟,你的话倒也是了,但是,你不论搬到哪里,总得找个好的在处,做哥哥的也才会放心。"

老三却回答道:"大哥二哥尽管放心,天底下总会有好在处的。"

老大想了想,就对他说:"三弟,这样吧,我明天就出去走访走访,找了一个好的地方,再来同你商量,你看这样好吗?"

老二觉得大哥这个办法好,老三也同意了。于是,老三就出门访了三天,直到第四天才回来。老大刚进门,老二就问道:

"大哥,可给三弟找到一个好的地方了?"

老大叹了一口气说:"找是找到了,就是怕他不愿去。"

老三听了,说:"大哥,你说吧,你给我找的,我是一定会去的。"

可是,老大还是不愿一下说出来,只是低头在那里发愁,双手抓住三兄弟的手膀,什么话也不肯说出来。老二是个软心肠的人,一见这情景,早已淌下泪来了,问道:

"大哥,你给三弟找的地方,是不是一个好的在处呀?要不是一个好的地方就不要去。"

老大叹了一口气说:"在处倒是好在处,一去就会有家的,那地方有田有地,比这里可要好多啦。"

老三听了说:"既是个好地方,放心让我去就行了,你为何这么愁眉苦脸的呀?"

老大说:"三弟,你不知道,那里是汉人住的村子,你愿意去吗?"

老三听了,却高兴地说:"汉人是我们彝族的老大哥,到那里有什么不好呀?"

"哎呀,三弟,"老二说,"你到汉人住的村子,话听不懂,他们又不跳歌，你怎么过日子呀？"

"不，二哥，"老三天真地说，"话听不懂学学就会了，跳歌嘛，到近处彝族寨子里跳跳就是了。"

老大对他说："三弟，你要知道，我们彝族人习惯是不同别的民族通婚的，你到那里是要到一个汉人家里做儿子，以后会变成汉人的。"

"这有什么呀！"老三不把它看成一回事，只是问，"大哥，你说到汉人家里做儿子，是不是去上这汉人家的门呀？"

"哦，"老二又问道，"那家汉人的姑娘长得好不好呀？"

老大说："那家姑娘我见到了，长得又结实又好看，就像山茶花一样，比我们村子里的姑娘还要好看呢。"

老三听了，更是高兴了，就说："大哥，二哥，既然是这样，那就再好也没有了，让我去吧。"

老大却迟疑地说："你去上门，成了汉人，不怕别人说你变了吗？"

老三反而笑笑说："这我倒不怕，变来变去还不是一个人？"

老二听到这里，就对老大说："大哥，三弟既然高兴，就让他去吧。"

老三见二哥答应他去了，就高兴地问道："大哥，你说的这汉人家是在哪里呀？"

老大说："就在哀牢山的北边，离这儿只有半天路，那里叫大破箐。"

于是，老大就领着老三到大破箐上门去了。

老大安顿了老三，老二和他刚结婚不久的媳妇又要离开这里了，兄弟俩难舍难分。老二一向热爱家乡，但更爱他的哥哥，要他哥哥留下来，他就领着妻子走了，向着北边翻过三台坡山梁，看到苍山的积雪了。他就从那里向着北边的山下走去，这一路都是很陡的下坡路，山上到处都是葱郁的树林。他走不远，就看不见原来住的大麦地村子了，他害怕以后回去找不到来时走的路，就一路走，一路在路边的树枝上吊着草，作为记号。他就这样向着山下走去，一直走到牛颈山麓，他同妻子停住脚，看了看这地方，后面有牛颈山，前面有金星河，土地肥沃。夫妻俩就在这里盖起屋子住下来，在山坡上开地耕种。由于老二一路来时，在树枝上吊着草，就把这叫作吊草村。

吊草村每年农历二月十五日这一天，是他们全村最欢乐的本主节。吊草村的本主就是老二，据说二月十五日这一天是老二的生日。直到今天，吊草这个村子，每到这一天，附近大麦地等一二十里路内的彝族村寨的青年男女，都到这里来跳歌，吹着芦笙，尽情欢乐！

吸烟的来由

讲述：罗显奇
记录：罗映奇
1985年采录于巍山巍宝

传说诸夷作乱，进攻大唐。皮罗阁得知唐军被诸夷包围，就亲自率领人马援救。诸夷头目都大骂皮罗阁内外不分，反助汉人。皮罗阁道："大唐不曾亏待我们，为什么要攻打人家呢？我们夷家也要讲点义气才好，不然会被人笑的。"

诸夷大怒，一齐来战皮罗阁。但他们都不是皮罗阁的对手，全被皮罗阁杀得大败。在这次战斗中，皮罗阁为了救一个被诸夷围困的唐朝大将，不幸中箭，时常疼痛。

唐天子很关心皮罗阁的健康，就派身边最得力的太医来给皮罗阁医治。

大唐太医为表示对皮罗阁的敬重，就从长安挑选最漂亮的彩绸来给皮罗阁包扎伤口，用最有效的名贵药品来给皮罗阁治伤。由于大唐太医的精心治疗，皮罗阁的伤很快好了。

皮罗阁恢复了健康，就请求大唐和他一齐进军，终于统一了六诏。

皮罗阁对大唐太医十分感激，他对太医说道："若没有太医，我早归天了，哪还会有今天。"大唐太医不但医术高明，而且为人十分和气。他不但给皮罗阁和大臣们治病，还给军民医治。他不但是皮罗阁的恩人，而且成了所有军民的好友。

后来大唐太医要回去了。皮罗阁哪里舍得，硬把他锁在院子里，不准他回去。可大唐太医不知什么时候不见了。

皮罗阁十分想念大唐太医，后来想病了，起不了床。一天夜里，皮罗阁梦见大唐太医告诉他说："我因想家，已经回到长安了，你不要想我了。不要误了大事。你如果还在想我，就到我住过的地方，那里长着一棵草，你把它的叶子拿一点来当烟吸了，就会不想了。"

皮罗阁醒来，走到大唐太医住过的地方，那里果然长出了一棵草，皮罗阁教人把叶子摘来，当烟吸了几口，病果然好了。

据说后来南诏的人都喜欢吸烟，就是为了纪念这个大唐太医。

鲁班与众木神

采录：范建伟
1984年采录于巍山庙街

　　传说鲁班爷做活时常有一群木神帮助。说来也真奇怪，那群木神的衣着相貌、言谈举止，处处同鲁班一样。鲁班和众木神做活时，鲁班的妻子就在家中做饭。一天，妻子送饭到工地，每人分了一份。可巧，独独少了鲁班的。妻子回家后，不好意思再上工地，打发孩子给他父亲送饭。孩子说："妈妈，孩儿非常乐意去见父亲，可是听说父亲和众木神长相一样，如果送错了，岂不让人笑话。"母亲笑笑说："孩儿不必担心。记住，在做活的一群人中只有一人流着大汗，那就是你父亲。"孩子照着母亲的吩咐，在一群人中找到了父亲。孩子高兴万分，鲁班却大为惊诧。忙不迭地盘问孩子，孩子把母亲说的话一五一十地说了，鲁班一听，十分泄气，不由叹道："罢了，罢了！原只想有众木神相助，干一番大事。不料吾妻就能识破，不如早早散了。"

　　众木神离别鲁班，返回天庭。当时，有两个木神恰巧出去解大便，对此事一无所知。直到回来看见鲁班一人在那儿发呆时才大吃一惊，追问其中缘故。鲁班把情由又说了一遍，并告诉了二木神决定散伙之事。不料，二木神坚决不从，口口声声说自己多年身在凡地，早已习惯人间生活，再返天庭恐难以生活。说来说去，鲁班看二木神主意已定，只好依从。并且提出要二木神凭着高超的手艺，云游四方，造宫殿，盖民房，给人类造福。

　　二木神在人间游来游去，走遍东南西北，天涯海角。

　　这一年，他们云游到了云南，看到的是山高林密，坡陡地险。尽管二人手艺高超，但这里的住房极其简单，大多是自己修建。活计一少，连吃饱肚子都成问题。走来走去，走到蒙化（今巍山县），看到这里古树参天，层林叠嶂，就向一老人诉说苦衷，要求老人给找个徒弟进深山解板子，解决吃饭问题。老人把自己的儿子送给他们做了徒弟。

　　师徒三人进山一住就是几天，徒弟发现两个师傅解板子的方法不同一般。只见师傅左眼一眯，墨线用力一弹，板子就一块连一块地解开，真是神力所为。不几天，板子就堆积如山。师傅看到徒弟一天到晚忙来忙去，大汗淋漓，非常卖力，且为人又忠厚老实，就想把技术传给他。徒弟知道师傅有这个心，自然欣喜万分，更加卖力，巴不得师傅马上传授技术。

这天，师傅要传授技术了。不巧，墨斗干了。清水要到很远的地方才有，并且沿途虎狼成群。徒弟求师心切，抓起墨斗就上路。一路上吹着他的镇兽乐器——芦笙。说也奇怪，那些豺狼虎豹一听芦笙声就远远躲开了。走啊，走啊！终于看到了一个清清的水塘，徒弟心里先是一阵喜悦，很快内心又是从未有过的恐惧。原来，一只龇嘴獠牙、凶神恶煞般的狮子正站在水塘边恶狠狠地瞅着他。怪事，此时芦笙吹得再响，那狮子也不跑不躲了。小徒弟越看越急，仓皇回逃。跑啊，跑啊，不知跑了多少路，听听后面没有动静，小徒弟的心才稍安。一想，啊呀，师傅吩咐要的水呢？哦，有了。小徒弟猛然灵机一动，提起裤腿冲泡尿进墨斗。回去后，师傅接过墨斗一看，气黄了脸。无奈，只好从小徒弟芦笙的主管上取下一簧做墨签。古代芦笙有六簧，而今天的芦笙才有五簧就是这个原因，因此镇兽也失灵了。后来，二木神又把墨签失落在剑川，这就是今天剑川木匠多、手艺高超的缘故。

阿依布玛（彝族）

采录：杨绍兴
1984 年采录于巍山

阿依布玛是一个美丽、聪明的姑娘。有钱有势的王子少爷们，对阿依布玛的美貌早已垂涎三尺。阿依布玛用尖刻的话语赶跑了一个个饶舌的媒婆。阿依布玛只喜欢英俊的猎人阿丹。结婚后，他俩过着美满幸福的生活。阿丹上山打猎，阿依布玛在家纺麻。

阿依布玛非常喜爱鸟儿美丽的翅膀，渴望有一件像孔雀一样漂亮的衣裳。阿丹每次猎取到各种鸟儿，都要把最鲜艳的羽毛保存下来。越积越多的羽毛，经过阿依布玛精心编织，织成了五彩缤纷的披褂。每当吉庆的日子，她便穿上羽毛衣翩翩起舞。

阿丹有个弟弟叫阿福，是个哑巴。自从父母早年双亡后，阿福一直由哥哥抚养。他敦厚纯朴，勤劳勇敢。他要么跟随哥哥上山打猎，要么留在家里帮助嫂嫂做事。

阿福的确有福。贤惠的嫂嫂对他体贴入微，常常使他感动地流泪。

阿福家门前有一大片竹林，地边藤蔓上挂满了葫芦，阿福看着一个个葫芦出神。后来他摸索着在葫芦上接上几根竹管，想以此代替他说话，但吹不出什么名堂，他很苦恼。阿依布玛看出了阿福的心思，用烧红的火筷替他在葫芦上烙上几个小眼，做成芦笙，手把手地教阿福吹。

哑巴是说不出话来的。他觉得怎样才能表达自己想要说的话，他就怎样吹。久而久之，哥哥嫂嫂从他吹出的那抑扬顿挫的声音中，能判断出他心中的喜怒哀乐。

一天，阿丹和阿福兄弟俩上山去砍柴，砍着，砍着，突然从密林深处闯出一只猛虎。阿丹眼疾手快，敏捷地爬到一棵大松树上，老虎绕着树张牙舞爪咆哮着。在不远处的阿福看见了，悄悄退出树林跑回家中，拿起芦笙在嫂嫂面前吹出急促的声音。阿依布玛得知阿丹在山上遇到了危险，马上邀约众乡亲，拿上猎枪飞奔而去。人们一边跑一边大声呼喊："阿丹！阿丹！"老虎听到很多人的喊声，骇得向密林深处逃跑了。阿丹得救了，乡亲们一个个伸出拇指，称赞阿福的信息报得及时。

善于搜刮民脂的国王，拥有万贯家产，事事称心如意，唯恐独子不成器。他眼看年过七旬，身体日渐亏虚，常常为此唉声叹气。王子一味贪图享乐，招蜂惹蝶成性。国王想，这都是大树底下好乘凉，娇惯的，不如自己暂避一时，让小子试理朝政，即使有什么差错，回来收拾也不迟。否则，一旦自己一命升天，祖业势必葬送在儿子手里。于是，他和王后商议，把儿子叫到身边，说父母有要事外出数天，要儿子代理国事。接着，教他怎样管教黎民百姓，如何使唤仆人家丁。王子在父王面前唯唯诺诺，心中却为自己可以自由行事而暗暗高兴。

次日，王爷和王后带上一帮侍从、坐着轿子，到侄子统治的国土去了。

等父王一走，王子才不管国事不国事、朝政不朝政，首先要实现自己的欲望，把美人儿阿依布玛弄到手。

王子过去遇见阿依布玛后，被阿依布玛的美貌弄得神魂颠倒，坐立不安。有几次企图去调戏都碰了壁。他要父王派人去抢，父王担心民反，王位坐不稳，只好安抚儿子暂为忍耐。现在，王子可以为所欲为了，此时不下手又待何时？等父王回来，生米已经煮成熟饭，不怕他不依。

一日，阿丹上山打猎去了，阿依布玛在家缝补衣服，阿福在门外搓草绳。突然，官府里的武官带领兵丁恶狗般地闯进门来。阿福料定这帮家伙是来抢阿依布玛的，奋不顾身地去阻挡他们。他们将阿福推倒在地，闯进房里，不问青红皂白，架起阿依布玛，塞住她的嘴，蒙住她的眼睛，生拉活扯拖出门外。尽管阿依布玛奋力抵抗，终因女子身单力薄，被暴徒们抢走了。

哥哥不在家，嫂嫂被人抢走，急得阿福不知如何是好。他要尽快找到哥哥去营救阿依布玛。他依然拿起芦笙，跑到哥哥常去打猎的山上吹起来。阿丹忽听得一阵阵急促的芦笙音传来，阿丹想："那不是阿福在吹芦笙吗！"他从声音判断，知道家中出事了。阿丹在密林中找到了阿福。阿福用手势比画着阿依布玛被抢走的情形。阿丹飞也似的一口气跑回家中。

看到家里冷清清的，不见了自己心爱的人儿，阿丹失声痛哭了，不断地叫道："阿依布玛，我的阿依布玛！你在哪里啊？"

一阵抽泣后，阿丹抬头看见板壁上挂着的那把长刀。他要取下长刀去跟官府拼个死活，救出阿依布玛。他握刀的手被一双粗壮而有力的大手紧紧抓住了。他转过身来，只见达旺爷爷和众乡亲们站在面前。阿丹立刻跪倒在达旺爷爷膝下，问道："达旺爷爷，你说，我该怎么办呀？"老人扶起他说："孩子，急也没用，硬拼不行，大伙儿在一起合计合计，想一个办法。"

阿依布玛是怎么被抢进王宫的，连她自己也不清楚。当时她和那些狗腿们拼搏了一阵之后，已经精疲力竭，不一会儿就迷迷糊糊了。加上双眼被蒙住，只觉得到处一片黑咕隆咚，犹如被抛进了万丈深渊。

不知过了多久，阿依布玛渐渐苏醒过来了。她睁开眼睛一看，惊恐地从睡床上猛坐起来。那绫罗绸缎的垫盖，层层叠叠的帷幔，使她意识到已经落进了王子的魔网。她甩掉被子，扯开帷幔，冲出卧房。

处处红柱绿窗，一片金碧辉煌，使她眼花缭乱。她却感到阴森恐怖，想夺门逃跑，但每道门都紧紧锁着。正在踌躇之时，从一个阴暗的角落里走出衣冠楚楚的王子来。阿依布玛瞪了他一眼，一动不动地站在那里。王子认为现在接近她还不是时候，只好退了回去。

阿依布玛日日夜夜思念着恩爱的丈夫，一连数日愁眉不展。丫鬟每次端来饭菜，总要把上一顿摆着的原封不动收回厨房。

王子在阿依布玛面前千般讨好，万般炫耀。但是，能装满一宫殿的甜言蜜语，没有换得阿依布玛的一丝笑容；那终生享受不尽的荣华富贵的引诱，未能买动阿依布玛的半点心肠。

王子的邪念有增无减，嬉皮笑脸掩盖着险恶的用心。他步步逼近阿依布玛，妄图奸污她。阿依布玛恨得咬牙切齿，使足平生力气，狠狠赏给王子一记耳光，打得他耳朵嗡嗡叫。他恼羞成怒，嘴里嘀咕着："软的你不吃，老子叫你尝尝硬的味道，哪怕你是铁打的，也要叫你熔化。"他刚要喊人，忽听得大街上传来一阵嘈杂声。他跑到走廊里，只见家人们涌向月台和窗口向下观望。他一边摸着刚才被阿依布玛打得辣乎乎的脸，一边也挤到窗前扒开人群向大街上看去。

阿依布玛余怒未息，胸脯还在上下起伏，猛听得远处人们的嬉笑声，其中掺和着隐隐约约的芦笙吹奏声。声音越来越清晰了，多么熟悉、多么亲切的声音啊！那是亲人在寻找她的声音。

阿依布玛凭窗看去，惊讶地发现人群中自己那件漂亮的羽毛衣，在阳光照射下，五光十色，耀人眼目。再细看，那身披羽毛的人不就是她心上人阿丹吗！她一时感到喜出望外，她想大声呼喊他。当她意识到自己是关在王宫里时，她把刚要出口的声音咽了回去，只在心里轻轻呼唤他。从那密密麻麻围观的人群中，她还看见了弟弟阿福，看见了达旺爷爷和乡亲们。

阿丹身披羽毛衣，双手握芦笙，在大街上跳着，吹着，这使阿依布玛一时不得其意。想着，想着，阿依布玛会心地笑了，笑得那样甜蜜。

王子看了一会儿后，鼻子哼着说："我还以为是什么西湖景哩，原来是个疯子。"然后对着那些看得入神的仆人侍从吼："有什么好看的，还不赶快做事去！"等家人散去，王子转过身来看阿依布玛，他第一次看到阿依布玛的笑脸。他发现她微笑时比平时美十倍。

阿依布玛表情的变化，王子感到莫名其妙。他说："你对我这样一个堂堂正正的王子如此冷淡，对那个疯子你却看得津津有味，如痴如迷，我看你也可能是疯子。"阿依布玛想到王子的可笑，情不自禁地大声笑了起来。这笑声，吓得王子哆哆嗦嗦往后退，结结巴巴地说："你，你，你真的疯了？"

阿依布玛为了应和阿丹披羽毛衣的用意，一反往常，用和蔼的口气说："王子，你知道我为什么喜欢那个'疯子'吗？"王子首次听到阿依布玛这样温和地对他讲话，认为是她开始回心转意了，加上阿依布玛提出的问题也正是他想得到的秘密，于是他顺水推舟地答道："我不知道，我不知道，快请娘子讲来。""呸！谁是你的娘子？""不是娘子，不是娘子，请你快讲！"

"那好吧，我就告诉你。"阿依布玛一本正经地说，"我爱看他那艳丽的羽毛衣，我爱听他那悠扬动听的芦笙曲，我喜欢他能歌善舞的本领。"

"如果我也像他一样，你喜欢吗？"

"……"阿依布玛默默不语。

"一言为定！"王子一拍大腿说。

阿丹按照达旺爷爷和乡亲们出的计策，那天到王宫门前"表演"一番以后，一直等待着信息，盼望能尽早同妻子见面。他既相信聪明的阿依布玛能领会这一计策，又担心他的良好愿望不能如意实现。正在他心神不定、焦急等待时，王子派人来叫阿丹进王宫去，并令他带上羽毛衣和芦笙。

阿丹来到王宫门前，王子早在那里等待。王子把他领到一间房里，说："我需要你的羽毛衣和芦笙，你把它放下，我给你几钱碎银，你赶快回去。"

"羽毛衣是我打猎多年所得，芦笙是我弟弟表达心声的工具。我怎能把心爱之物换你的几个臭钱？"阿丹说。

"别不识抬举，"王子火起来了，"要在过去，我还怕它玷污了朝服呢。"

阿丹拿起羽毛衣和芦笙就要走，王子动手就抢这两件东西。

"王子休要鲁莽行事，"阿丹急中生智说，"我把丑话说在前，这两件宝物是吉祥的象征，你若把它硬抢去，它会给你报应，你将会大祸临头。到那时你可不要埋怨我。"

"那你说，你要我用什么跟你换？"

"用你的帽子和衣服换。"

"那还了得，不行，不行！"

"不行就拉倒。不是我求你，而是你求我。"阿丹说着就要走。

"唉唉唉，你莫走，我是怕父王回来，他，他……"

"这有什么可担心的，你的帽子和衣服我不带出去，我就在宫内等你，你什么时候把羽毛衣和芦笙还给我，我就什么时候把帽子和衣服还你。这样你该放心了吧？"阿丹接着说，"不过，穿羽毛衣还有个规矩，要在外面穿好才能进家门。"

王子为了试一试阿依布玛说的话，看他穿上羽毛衣和吹起芦笙是否取得她的欢心，于是答应把自己的帽子和衣服脱下来给阿丹。他想，只要阿依布玛爱他，一件衣裳和一顶帽子又算得了什么。

王子带着羽毛衣和芦笙出去装扮去了。阿丹马上戴上王子的帽子，穿上王子的衣裳，朝着宫内大摇大摆地走去。

平时在王子面前低着头、弓着腰的官员、侍从们，从不敢和主子面面相觑，谁也认不准主子面目特征。再说，谁要是怀疑主子半点不是，轻者打得遍体鳞伤，重者处死。

阿丹那风度，比起王子来更像王子。王府里谁也没有发现破绽，阿丹在宫内畅通无阻。

阿丹进到内宫到处呼唤阿依布玛。阿依布玛听到亲人的声音,起初不敢相信,后来越听越真,她在心里说:"不错,就是他。"于是,她拉开卧室门,轻轻地应道:"阿丹,我在这儿。"当阿丹出现在眼前时,看他一身王子打扮,使她一时感到惊奇,但那双方交换心声的目光碰到一起,她就明白了这样做的目的。接着,他俩关上房门,悄悄地研究下一步的行动。

不一会儿,一个官员慌慌张张地边跑边叫道:"小王爷!小王爷!那天你说的那个披着羽毛衣的疯子闯进宫里来了。"阿依布玛和阿丹听到叫喊声,知道一贯狡猾的王子果然已经钻入了他们设下的圈套。他俩欢喜地交换了一下眼色后,阿丹大步迈出来。

"来人哪!"阿丹召集武官大臣们命令道:"那个疯子今天闯进王宫来,这是不吉利的征兆。如果不把他除掉,王宫将有祸降临。父王的脾气你们是知道的,等他从国外回来,大家都要受到惩罚。命你们把他推出去斩了,谁敢违抗我的旨意就先处死谁!"

"是,遵命!"一个个战战兢兢地应道。

王子满以为这回可以讨得阿依布玛的喜欢了,她可以温温顺顺地变成自己的玩物了。于是紧紧地把羽毛衣的绳子拴在脖子上,胡乱地吹着芦笙,颠颠簸簸地跳进宫里来。他见武官们拥过来捆绑他,便大声骂道:"你们都眼瞎了?我是王子。"然后指着阿丹:"他才是真正的疯子。"官员们看看这个,瞧瞧那个,一时弄糊涂了。有的低声说:"王子和疯子,分明就是那天那个样子。"因为双方都竭力打扮成对方的模样,也难怪奴仆分不清楚。阿丹见众武官迟疑不决,大声说道:"如果他不乱咬人怎么叫疯子?谁不遵令我要问罪了。"

武官们不敢再犹豫,七手八脚把王子绑了起来,拖了出去。王子有嘴分辩不清,听到要处死他,早已吓得像一摊稀泥。阿丹亲自监督把王子铡了才回宫里来。

一贯骑在人民头上作威作福的王子被处死以后,阿丹当了国王,阿依布玛当了王后,阿福也进宫享了清福。

老国王出走异国以后,常常指使随从悄悄回宫探听,得知王子将闯入王宫的疯子斩杀一事,老国王心安理得地自我宽慰:"吾虽老矣,儿子有望。"不料,第二天随从又回禀道:"陛下,斩掉的疯子原来是王子。如今阿依布玛和阿丹进宫掌了朝廷大权,他们正在发疯似的庆祝胜利。"

噩耗如雷击,老国王一气之下,老命归天。

从那以后,黎民百姓安居乐业,万众一心抵御外患。每当农牧丰收或打仗胜利,人们就用通宵达旦的打歌表示庆贺。

阿依布玛和阿丹恩恩爱爱,白头到老,一直活到七八十岁。老百姓也平平安安地生活了五六十年。阿依布玛离开人间那一年,男女老少无不悲痛欲绝。人们把她生前喜爱的羽毛衣盖在她身上,愿她变成美丽的天仙。像往常一样,人们又在广场上烧起红彤彤的大火,围在火堆旁,吹起芦笙打起歌,悼念阿依布玛。

每年农历二月初八这一天,彝家人去往阿依布玛坟墓的方向,杀鸡宰羊祭奠她。各家还用竹片做成方形的一块篾笆,用通草做成月牙和火镰镶在中间,四周挂上一串串青干树红叶,两边插上各种颜色的竹鸡毛。把这块篾笆挂在主房里,每年届时更新一次,年复一年,用它象征阿依布玛永远活在人间。

来顺除蟒

采录:左桂云
1985年采录于巍山庙街

很久以前,在蒙化西边有座虎头山,山上有个石洞,人们叫它"仙人洞"。

有一年,这地方闹干旱,别说种庄稼,就连吃水都十分困难。村子里的山官急红了眼,他们请来当地的巫婆,对她说:"你平时很会在神面前说好话,现在我们连吃水都困难,就请你去帮我们求一求龙王爷,快点降雨吧!如果你能把黄龙请下来,那么你要多少钱都行。"巫婆听后忙说:"老爷,我一定把黄龙请来。"于是她在佛桌前供"三牲",烧起香烛,拿着一叠黄钱跪在佛桌前焚烧起来。她另外拿来几张黄钱在佛灯上空烧了绕,翻了翻黄钱说:"老爷,天家不让黄龙下界行雨,天家说必须每年的五月十六这一天,把十二个姑娘送到'仙人洞'去修行成仙,这样,天家才允许黄龙给你们行雨。"山官觉得这正是自己发财的好机会,就说:"既然是神仙的话,就一切照办。"

五月十六日这天,山官、巫婆坐着滑竿领着十二个美丽的姑娘,后面还跟着一些看热闹的人，到了"仙人洞"。巫婆叫十二个姑娘围坐在洞口边上，她穿上绿绸衣，红马褂，头顶红巾，跳起神来。她扭动着癞蛤蟆似的身子，跌着麻秆脚边跳边唱道："好神仙来好神仙，天不下雨凡间干。今日送来好修女，明日凡间更新鲜。"她唱完后又拿起七炷香、纸钱拜天地，领着十二个姑娘在洞口绕了两圈，让姑娘们到洞口前的一棵大树下等着。不一会儿一阵大风把十二个姑娘吹进洞里去了。巫婆高兴地大叫："她们修行去了，老天要下雨了！"山官看了，急忙朝着洞口跪下，连连磕头祷告后，坐着滑竿走了。看热闹的人们看着这十二个美丽的姑娘飞进洞后就再也没有出来，迷惑不解地回家了。

第二天碰巧下了一场大雨。就这个偶然的机会，使巫婆得到了人们的信任。山官也趁机向每户人家摊派银两来酬谢巫婆，他把敲诈来的钱财绝大部分归为己有，只给了巫婆二十两银子。从此，山官、巫婆都红起来了。

转眼三年过去了，这地方的雨水也不见得比往年好了些。可是黑心的山官，为了进一步敲诈穷人，每年都利用巫婆，把十二个姑娘送进了"仙人洞"。这一年的五月，巫婆又为选姑娘的事张罗着。恰巧有一天，有个名叫来顺的青年猎手打猎回来，正走在"仙人洞"下边的一条小路上。这时正是吃午饭的时候，他放下猎物走下箐里去吃水。突然一阵怪风刮来，他急忙爬上坡来，从坡上传来一阵"唰唰"的响声，他抬头看去，只见"仙人洞"口里有一条乌黑发亮，白肚皮的东西在向上移动，来顺急忙爬上一棵老松树仔细辨认那东西。只见它有一围多粗，头有大锅盖大，瞪着眼睛，张着血盆大嘴露出那像尖刀一样的巨牙。来顺吓得大叫一声："啊，是巨蟒！"他紧抱树身，喘着粗气，呆呆地望着巨蟒。只见它把头伸出一截，瞪着眼睛左右望了望，又缩回洞里去了。来顺这才定了神，从树上滑下来，抬起猎物急忙往家里走去。回到家里，他把见到巨蟒的事讲给了好友阿圆和阿卫。三人商量决定要制服这条巨蟒。

五月十五这天下午，三个人把准备好制服巨蟒的东西藏在"仙人洞"下的箐沟里，然后又在"仙人洞"上安上了一排锋利的溜刀，再用些碎草把刀子遮住。第二天，三人和看热闹的人们一起来到了"仙人洞"。只见巫婆穿好衣裳，摸了摸头发又跳起神来。她边跳边唱着："好神仙来好神仙，凡人送来小姑娘，十炷香来一箩钱，请你快来接娘娘。"她唱完后在洞口点着十炷香，烧了一箩纸钱，磕了几个头，叫那十二个姑娘坐在洞口边等着。太阳晒得她们大汗直淌，等了半天，却不见"神仙"来接姑娘们。来顺即走出人群对巫婆说："好心的巫婆，请你去催一下神仙吧！"巫婆忙说："何必我去呢，到时候，神仙自然会来。"太阳已经当顶了，还不见"神仙"出来，来顺暗示阿圆和阿卫把准备好的东西拿出来，他又去催巫婆。巫婆说："你们这些年轻人怎么这样性急？"来顺又对山官说："老爷，巫婆可能是在什么地方得罪了神，我也许能把神请来。"他不等山官回答，就叫那些姑娘让开，当着众人的面扒去了盖在刀上的碎草。把羊肉、鸡肉插在拴着篾索的钢叉上，把钢叉放在刀上烧起来。他叫观看的人们离得远一些，叫阿圆和阿卫紧紧拉住篾索。他翻了翻羊肉，一会儿，一股烧肉的香味扑鼻而来。

　　洞里的巨蟒嗅到烧肉的香味，就慢慢地把头从洞里伸了出来，只见它瞪着那双露出凶光的大眼睛，向钢叉上的食物爬去，来顺他们紧拉着索子紧张地跑了起来。跑了一截，只见那巨蟒像根糟木头似的有两丈余长，在刀上翻滚着，把洞口边的杂树丛压得倒在地上。它摆动着大尾巴，把周围的树枝噼噼啪啪打落在地。它在血泊中翻来滚去，瞪着一双凶恶的大眼睛。看热闹的人被吓得魂不附体，四散奔逃。山官吓得瘫在轿子里。巫婆更吓得变了形，像牛屎一堆瘫在地上。人们见巨蟒动作渐渐缓慢下来了，才拿出长刀，拾起被巨蟒刷落的树枝和巨蟒搏斗起来。巨蟒见有人拢来又摆动起大尾巴来刷他们。来顺他们躲过。经过一番搏斗，巨蟒终于被打死了。人们的脸上、身上溅满了大蟒的血。这时，人们也陆续围过来了。只见巨蟒的肚皮已经被溜刀划烂，满身都是刀砍棒打的伤痕。来顺他们把巨蟒肚子剖开，一些金、银、玉等首饰就从里面滚了出来。等把巨蟒肚子全部剖完时，还看到不少的指甲壳和人发挂在它的肠膜上。大家倒吸了一口冷气。来顺对人们说："大爹，大妈，大哥，大嫂们！这就是巫婆和山官几年来用来欺哄我们的'神仙'。这条凶恶的黄蟒，不知残害了我们多少彝家人啊！我们每年送来的那十二个姑娘就是被它吃掉的，哪里是什么修行成仙，祈龙求雨呀！"

　　真相大白了，人们愤怒地瞪着山官和巫婆。他们在人们的逼视下吓得不敢抬起头来，趁人们认领东西的时候偷偷溜走。从此，这个"仙人洞"就再也没有人来烧香许愿了。

茶将军

采录：毛家莲
1989 年采录于巍山小河

在巍山坝子西边的万山丛中，有一个彝族大山寨，叫阿嘎。村里有口将军井，一座将军庙，这就是清朝将军茶阿六的故居。

茶阿六不识字，也没学过武艺。传说他这个将军是两石头打来的。茶阿六家没田没地，六岁起就一直帮村里一户有钱人家放羊。放羊并不是件轻巧的活计，羊一到山坡就四处乱跑，寻找山草和树叶吃，喜欢往树丛里钻。茶阿六生怕羊跑远了被狼吃掉，总是想法把羊圈在自己身边。一见羊跑远了，他就用石头去冲，把羊堵回来。一群羊这只堵回来，那只又跑远了，只得不住地摔石头去，就这样，羊群一天到晚乱钻乱跑，茶阿六也一天到晚靠摔石头过日子。几年过后，茶阿六的石头摔得又准又远，十几丈之内差不多百发百中。从此，茶阿六放羊再也不用随时跟着羊群转了，只是把羊赶到山坡上，自己找个高一点的地方坐着，身边拣好一堆石头，羊跑远了，只需用石头一冲，跑开的羊又转回来了。茶阿六随身背个羊皮口袋，里面总是装着一袋石头，有时，在村头箐边看见一个斑鸠或麻鸡，他随手摔去，就打来烧吃。

茶阿六帮财主家放了十三年的羊，过了十三年的摔石头生涯，已经十九岁了。一天早饭后，他把羊群赶到山坡上，自己在离羊群较远的一棵松树下坐着，眼睛望着羊群，身边照例放着一堆石头。忽然，他抬起头来往远处一看，只见两个身挂大刀的衙役从远处走来。这两个衙役本来是要到山背后的白泥村去的，只因迷了路，准备来问问放羊的小伙子。茶阿六望着这两个挂大刀的人，以为是强盗，警惕地抓起石头，眼睛紧盯着来人。再说，这两个来问路的衙役来到羊群旁，见一对出生不久的小羊，看着很好玩，其中一个衙役伸手就去拉，谁知，手还没有拉着小羊，只听"嗖"的一声，一个碗大的石头正好打在他的手上，直痛得他抱着手怪叫。另一个衙役很快抽出大刀，就向那放羊的茶阿六冲去，刚只迈了一步，又是"嗖"的一声，一个碗大的石头打到了他的胸膛上，把他打得在山坡上滚了几滚，幸好被一丛小树挡住，才没滚到大箐沟里。衙役从地上爬起来，又痛又羞。两个同时拔出大刀，要去找茶阿六算账。他俩刚跨出第一步，又是两石头，先后打在两个衙役的肩胛上，两把大刀随即落地。两个衙役痛得"哇哇"怪叫，跌在地上再也不敢站起来。过了好一阵，才慢慢地爬下山坡，回衙门报告老爷去了。

这时正是多事之秋，他到处察访能人，想找个保镖，一直没有找到，不想西边山上还有这样的能人，今后一定设法把他弄到身边，做个保镖。知县天天巴不得把茶阿六弄到身边，后来，用五十两银子买通了茶阿六的东家，趁他睡着了的时候，把他捆起来送进衙门。知县一见茶阿六送来了，急忙去给他松绑，又用丰盛的宴席招待了他。经知县好言相劝，茶阿六才归顺了知县。从此，十九岁的茶阿六便成了知县的一名得力保镖。知县又请武师教了他一身武艺。后来，在战争中茶阿六屡建奇功，步步高升，成了个有名的大将军。

弟兄俩

采录：李建周
1985年采录于巍山庙街

很早以前，在蒙化的西边山上住着弟兄俩。哥哥叫李大，弟弟叫李二。父母双亡后，弟兄俩便分了家。奸诈的哥哥把好田好地分给自己，老实的弟弟只分到了几块旱田瘦地。

分家后，李大有好田肥地，又会做生意，抓、拿、骗、吃样样行，还学了一套偷人的本领，日子过得火热。李二没有其他出路，整天老老实实地守着几块旱田瘦地过日子，尽管两口子起早摸黑，勤劳苦作，但收成还是一年不如一年，日子过得一天不如一天。

碰巧李二的岳父是个富户，看到姑爷穷下来，觉得有失自己的面子，应当提拔提拔这个穷女婿才是。他拿出本钱，叫姑爷跟他哥哥李大去学做点生意。

李大帮助李二买了些假的追风跌打丸，两人挑着到外地去卖。到了集市，熟练的李大凭着一张巧嘴，不多时就把假药卖得一干二净。数一数钱，除了本获利一半还多。回头看看李二，生意还没开张。出于弟兄之情，李大来帮李二招揽买主："喂，跌打丸，追风除湿止腰痛、脚痛、瘫痪不起，药到病除，有病治病，无病壮精，不信你们可当场试试。价钱便宜，五文钱一丸。"李大这一叫唤还真灵，引来了不少买主。其中有一个衣裤破烂的中年汉子，挤拢来把药看了又看，又往羊皮口袋里摸了半天，拿出一文铜钱来向李大买药。李大见了，傲慢地说："你这一文毛丁钱，拿去买包冷水吃吧。"

那汉子央求道："二位别见怪，只因家里有个七十老母患有风湿病，三年整没下床了，这一文钱是我几天来砍柴卖，除过生活外省下来的，你就行行好，多少卖给我一丸，我拿回去给我妈吃吃看。"

李大听了更加不耐烦地说："牛皮不是吹的，我这药敢包你治好病。但你舍不得添钱就算了吧，别在这里啰哩啰唆，影响我做生意。再说我们是小买卖，没有给人送人的。"那汉子听后，失望地转身就走。刚走出几步，李二又把他叫了回来，心想：这人和自己一样受穷，平时我也有过不去的时候，也曾有一些好心的人周济过自己。李二把那汉子叫到一边，把卖剩的一些药全送给了他，还给他几文钱，吩咐道："这药是假的，吃了只能暂时止疼，你妈的病，你还是去药铺给她拿药吃。"大汉感激不尽，高兴地回家去了。李大责怪李二："像他这样的人，还不正好敲竹杠，你还送药、给钱，向他道真情，傻瓜，十足的傻瓜。"

回到家，岳父知道后，也骂姑爷是扶不起的吊桶绳，对李二说："世上哪有像你这样做生意的，不说挣钱，把我的老本都贴进去了。我再给你三吊，拿去再做。"

可李二却对岳父说："我四肢齐全，何必要你老人家一次又一次地施舍。再说人们都讲，贴本的生意不做可以，贴本的庄稼不得不盘。我还是回去盘我的旱地好了。你要是嫌弃我这个穷女婿有失你的面子，你就别认我。"李二诚诚恳恳拒绝了岳父对他的关心。回家继续种起了他那几块旱地。

两口子披星星戴月亮，拼命苦做，可老天爷却偏偏和他俩作对。种包麦，要水时，没有雨，包麦叶子全卷起了纸筒筒；种几山坡，只收到一箩箩。种谷子，本来就是雷响田，山坡地，一阵雨过，望雨望水水不留，秧苗干得掉进裂缝。到秋收时，头顶三颗籽，种子都没收回。妻子也埋怨起李二来："跟着你活受罪一辈子，你看人家大哥多神气，吃不愁、穿不愁，比不得我们连谷种都没有。"

"这能怪我？还不是老天爷整的事。"李二垂头丧气地对妻子说。

"别怪天怪地了，还是跟大哥去偷人吧，你看大哥家，偷来的东西都装不下了，你就去和他偷点谷种回来吧！"老婆向李二请求说。

　　李二耐心地劝说老婆："我们穷死饿死，也不能昧着良心去拿别人的东西。"

　　老婆打滚耍赖地说："良心、良心，你有良心，老天怎么不照看你，到时候拿良心去做谷种吧！"

　　李大也来约兄弟了："走吧，人无外财不富，马无夜草不肥。今天我望好了一丘上好的谷子，正合做种。"

　　李二无奈，又想不出其他办法，只好跟着李大一起去偷谷子。

　　一天夜里弟兄俩借着月光找到了那块好谷子。李大机警地看了看四周，熟练地"嚓、嚓"往口袋里勒谷子。李二却拿着空口袋在目不转睛地望着明亮的天空发呆。他见天上的小星星在忽闪忽闪地向他挤眼睛。还有下边箐沟里的石蛙（蛙类之一）"不盾、不盾"地叫。好像在说："不要，不要！"不多时李大勒满一大口袋谷子，抬着回家了，李二还在看着星星发呆，听着石蛙的叫声在想：这田主子在这样的大旱年，种出这样的谷子，不知流了多少汗呀。再说要是我的被人偷了，我心里又如何？怪不得小星星在向我挤眉弄眼，石蛙在向我招呼"要不得，要不得"。良心在责备着他，李二提着空口袋往家走。来到一条小河边，他又想：我这样空着手回去，岂不又要被老婆数落，不如抬上些石头，回去遮遮她的眼睛。李二拾了半口袋小碎石头，抬回家，悄悄地往栏柜里一放，神秘地对老婆说："是好种子，快盖上柜盖，锁上锁。"可老婆还要看看是什么种子。李二急了，忙按住柜盖，碰巧村外的野狗咬了两声。李二急忙说："你听，是有人追上来了，还不快锁上，等下种时再打开。"

　　布谷鸟叫了，老婆催李二该整田下种了。这可急坏了李二，生怕老婆去开柜门，就推说庄稼不用忙，迟早还是一起黄嘛。排秧花开了又谢，布谷鸟叫哑了脖子。李大的秧都快栽得了，可李二还不提排秧下种的事。日子一天一天过去了，老婆也生了疑。一天，她趁李二不在家，上楼打开柜门，开了锁。打开口袋一看，果真是一袋黄澄澄的上好谷种。李二回家看见了，又惊又喜，忙跪下磕起头来。老婆还蒙在鼓里，差点笑出来，道："你疯了吧，怎么对着一袋谷子磕起头来。"

　　李二说："你不知道，这可是件奇事哩。"接着李二把那晚他和李大去偷谷子的经过，一五一十地讲给了老婆。老婆听了，也受感动，说："一个人做事，是要有良心，那天晚上是我不对。"

李二精心地把谷子种在旱地里，勤薅、勤锄，认真管理。这谷种不怕旱，不怕涝，雨打不掉，风吹不落，就是栽在青石板上也可收几箩。李大看在眼里，热在心头，感到奇怪，便悄悄地问兄弟："那晚，不是我俩同偷一丘谷子，怎么你拿回来的有这样的好收成。"李二把那晚弟兄俩偷谷子，他拾石头回家的事讲给了李大。到了第二年开春，李大照兄弟说的那样，到那条河里背回石头。下种开柜那天他还选了吉日，请了几桌客，可贪财如命、做事丧尽天良的李大哪里知道，谷种只能从劳动中来，即使是老天爷赏赐，也只是赏赐给那些心地正直的人。到了开柜的时刻，李大点上香，化了纸，对天磕了一阵头，才上楼小心地把柜打开。不料却从柜里喷出了熊熊大火，火苗一下子蹿到房顶，把李大的家业全烧光了。

　　李二自从得了那袋谷种，年年丰收，衣食不愁，还盖了新房，日子过得一年胜一年。他还把种子送给一些人家，不几年就传遍了东山、西山。因为这种子耐寒、耐旱，所以人们就叫它"旱谷"。至今还在山上种植。

幻想故事

人心不足蛇吞象

采录：王典
1982年采录于巍山巍宝山
流传地区：巍山、云龙

  从前，巍宝山里有一小孩，名叫象儿，自幼常跟父亲去打柴。象儿十二岁那年，父亲染病无钱医治死了，象儿小小年纪就要挑起家庭重担。有一天象儿独自上山打柴，砍了一挑往回走，路过一小山凹，忽然看见路旁草地上有一条五寸长的小花蛇，非常美丽，象儿放下柴挑，轻轻地把小花蛇捉到手里玩了起来。说也奇怪，小花蛇并不想逃走，在象儿的手上、身上爬来爬去，最后爬在象儿的衣袋里闭上眼睛睡起觉来了。象儿也就由它睡，挑起柴担回家。回到家里，他把小花蛇放在龙竹枕头里藏起来，不让母亲知道。象儿上山砍柴或下地干活，就把小花蛇放在衣袋里带到野外，休息时捉些小虫喂小花蛇，并叫它"小花！小花！"冬去春来，小花渐渐长大了，象儿原来的龙竹枕头已装不下小花了，象儿只好换更粗的龙竹做枕头，让小花能钻进去，象儿也不再带小花出门，因为小花已长到了五尺长，五斤重。捉来的活食慢慢不够小花吃了，象儿只好拿些苞谷粑粑、饭团等给小花吃。象儿的母亲以为象儿食量大，也不介意。年复一年，象儿有二十岁了，小花也长得更大了，大龙竹枕头无法容纳小花的躯体，象儿只好做了一个大木箱放在床底下，白天小花在那木箱里安身，晚上爬上床与象儿同眠。

  小花和象儿生活了十年，能听懂象儿的话，理解象儿的意思，共同生活得很好。

就在象儿二十二岁这年，象儿的母亲给象儿娶亲了。结婚的那晚上，象儿和新媳妇睡得正熟，忽然小花爬上床铺，把新媳妇惊醒，吓得新媳妇魂不附体，怪叫怪喊跑回娘家，不敢回来。象儿母亲再三追问象儿，象儿才把实情告诉母亲，母亲叫象儿杀死小花，象儿不忍心杀死小花，无奈只好把两丈长，百十斤重的小花用背篓背了，来到捉住小花的地方把小花放了。象儿流着泪与小花告别，小花恋恋不舍象儿，围着象儿转了三圈，朝象儿昂起头点了三下，转身到森林里去了。

象儿回家后，把新媳妇接回来，小两口日子过得还算好，生了个小孩，加上连年风调雨顺，象儿全家过了几年称心日子。

谁料好景不长，这年春旱，森林火灾不断，大火烧了两月才熄灭。从这以后，却惹恼了森林中的一条大蟒蛇，到各村骚扰，吞猪食羊，并且到山地里打滚，大春作物全被压坏，弄得各村人心惶惶。由于山地庄稼颗粒无收，各村酋长急把蟒患灾情上报到蒙舍诏主那里。诏主颁发诏书，悬赏千金平息蟒患。诏内猎户纷纷出动前往巍宝山打蟒。但是，前往打蟒的猎户未曾接近巨蟒，就被巨蟒吸入口中，有的被吞入腹内，有的被咬死弃尸山林。死里逃生的猎户禀报诏主说："那是一条大蟒，有囤箩粗，只要蟒一张口，一箭之地内的人或牲畜就被吸入口中。"从此再无人敢去玩命了。

蟒患未除，诏主又下诏：如果有人消除蟒患，重金封赏。这消息传到象儿那里，象儿想这条害人的巨蟒极大可能就是小花，悔当初不听母亲劝告杀死它，使它现在危害地方。他想如果自己去制服小花，小花可能不至于伤害他。象儿打好主意后，去求见诏主，说明自己知蟒语，可以制服巨蟒，使它不危害地方，如果巨蟒不听劝告就杀死巨蟒，为地方除害。诏主大喜，赐给象儿宝剑一口，象儿领旨，带着宝剑回家，洒泪告别母亲、妻子，就上山了。他来到过去捉放小花的地方，向着森林高叫"小花"，喊了几声后，只见远处草丛摇动，一条巨蟒摇头摆尾蠕动着巨大躯体飞快地奔到象儿身边，围着象儿转，像过去小的时候一样爬上象儿肩头，巨大的躯体压在象儿身上。人怎能撑得住，象儿一下子就被压翻在地。象儿连呼："小花，压死我了，快放开！"小花听见，才从象儿身上移开，围着象儿，昂起头，在象儿胸前摆来摆去。如果像儿这时挥动宝剑，轻而易举就会使小花头身分家，但小花对象儿那样亲密，象儿怎忍下手杀死小花。于是象儿劝告小花：不要滚压庄稼，不要吞食牲畜，不要伤害人。小花听了连连点头，依然围着象儿转三圈，点头三下，折回森林去了。从此蟒患解除。

象儿到诏主那里领了赏，还当了大官。往后几年风调雨顺，国泰民安，百姓及诏主都认为象儿有神力，于是象儿名声大振。但却引起了诏内左相的嫉恨，要寻机把象儿打下去。一天，诏主爱妃病重，左相和医官事先密谋好，命医生开药方时写上龙肝二两做药引。这剂药引可难坏了诏主，问众大臣何处取龙肝？左相趁机向诏主禀奏："龙肝就是大蟒的肝，象大臣通蛇语，一定能取到龙肝。"诏主听了，就命象儿去取龙肝。象儿领命带领随从来到村上驻扎，独自一人上山，到了老地方又高声叫小花。小花听见，摇头摆尾来到象儿身旁。象儿说明来意，小花毫不迟疑，马上张开大口，象儿走进蛇腹，在肝尖上割了一小块蛇肝。象儿出来，与小花告别回宫复命。王妃服了龙肝配的药后病情果然好转。诏主大喜，重赏象儿。隔了几天，诏主母亲病重，左相又暗地命太医开龙肝药引，诏主又命象儿去取。象儿领命又到老地方高叫小花，小花也来到象儿面前，象儿告诉小花诏主母亲病了，仍需龙肝做药引，小花立刻张开大口，象儿二次进入蛇腹，在另一叶肝上又割了一小块下来，回来与诏主母亲服用。病又痊愈。诏主大喜，又重赏象儿。

话说左相两次都害不死象儿，反而象儿得了两次重赏，忽又心生一计，向诏主说人吃了龙肝能长生不老。诏主大喜，命象儿三取龙肝。并说，如果像儿取来龙肝即封象儿为并肩王，与诏主同起同坐，治理国家。象儿领命带着并肩王的美梦来到老地方呼唤小花。叫了好半天，才见小花慢慢地来到象儿身旁，象儿大喜。他告诉小花如果让他再取一点肝回去，就可以成为并肩王享不尽荣华富贵，希望小花能再让他割一小块肝。小花听他说完，慢慢地张开口，象儿走进腹内一看，满腹血水，被割的伤口还在滴血，他有点不忍再割，但一想到并肩王的荣华富贵，再说自己也趁此吃一点龙肝，也能长生不老。于是他心黑手狠一刀下去，这刀割得太深，顷刻血流如注，小花痛得失去知觉，张开的大嘴马上闭拢，滚了几滚，全身痉挛一阵，就不动了。象儿也随之闷死在小花腹中。后人叹道："真是人心不足蛇吞象啊！"

仙草

采录：罗云仙
1984 年采录
流传地区：巍山巍宝山

很久以前，在蒙化县的一座小山寨里有母子俩：儿子年纪小，不能劳动,母亲已年过半百。

有一天,母亲去割草,走遍了四山五岭也没有割满一筐草。她想:割不到草这日子怎么过呢?我饿死了倒不要紧,可是我那儿子还小,往后的日子叫他怎么过呀!她越想越难过,便拖着沉重的步子,不由自主地走进了一条山箐。走着走着,突然在她前面出现了一个浅塘,塘里长满了绿油油的青草。她向周围看看,四周光秃秃的。心想:难道这是老天爷来搭救我吗?她又奇怪,又高兴,急忙拿起镰刀飞快地割起草来。不一会儿就把这塘草割完了,不多不少刚好一筐,她笑眯眯地背起草筐往街上走去。到了街上,她刚放下草筐,就被买草的人围了起来,大家都争着买她的草。她卖掉了草,买上盐和米,高高兴兴地回了家。

第二天,她又背上草筐照样去割草,只见在昨天割光了的浅塘里,又长出了半腰高的青草。她又惊又喜,又割了一筐青草到街上卖了,买回了油和菜。从此,天天这样。

日子过得很快,一晃三年过去了,儿子已有七岁。这天儿子眨巴着大眼睛说:"妈妈,我能帮助你干活了,你就告诉我吧,你每天都到哪里去割草,我知道了割草的地方,就能像你一样每天都能割回很好的草。"母亲抚摸着儿子的头,心疼地说:"宝宝,你小小年纪,让你一个人去割草,妈怎么放心得下,你还是在家里好好看家吧。"说完她便背起草筐往门外走去。她刚走出大门,又转念一想,如今自己年老多病,眼力也大大不如以前了,万一哪一天有个三长两短,不能上山割草,这宝贝儿子怎么能找到割草的地方呢,今天就带他去认识认识吧!于是她便领着儿子走进了那条山箐。母子俩来到浅塘边一看,绿茵茵的青草不见了,却睡着个木盆大的大螺蛳。母子俩看了很奇怪,母亲便抱起了大螺蛳仔细地看了看,这螺蛳和平常的螺蛳一模一样。心想:我何不把它背回去好好地吃一顿螺蛳肉。于是她便把螺蛳放在草筐里,领着儿子返回了家。

母子俩回到家里,把大螺蛳放在大锅里,装上水,盖上锅盖"咕咚咕咚"地煮起来。大约煮了两顿饭的工夫,母子俩想看看螺蛳壳煮软了没有,能不能控出螺蛳肉来?儿子就去掀锅盖。他左掀右掀,使尽了平生力气也没有把锅盖掀开。于是他找来一根撬杆,站在锅旁边一撬,只听"砰"的一声,锅盖被撬开了,一道白光从锅里射了出来,把母子俩的眼睛都刺花了。过了片刻,他们瞪大眼睛往锅里看去,锅里哪有什么大螺蛳,全是一锅白花花的银子。母子俩惊喜万分,把锅里的银子全部拿出来,把一半拿去救济穷乡亲;另一半拿来买了几亩田地,盖了几间房子。从此,母子俩过上了幸福的生活。

好白花

采录：李永美 女
1984年采录
流传地区：巍山巍宝山

从前有姐妹俩，父母双亡。姐妹俩都生得鲜花一样好看。有一天，一只小蜂子来他们家里说媳妇。它先到大姐跟前说："嗡嗡嗡、嗡嗡嗡，一飞飞到大姐房门中。问你大姐肯不肯，马驮胭脂象驮粉。马驮胭脂十八驮，象驮胭脂十八捆。"大姐正在纳鞋底，拿着大鞋底说："你再叫，我用针戳你。"把蜂子吓跑了。

蜂子又飞到小妹跟前说："嗡嗡嗡、嗡嗡嗡，一飞飞到小妹房门中。问你小妹肯不肯，马驮胭脂象驮粉。马驮胭脂十八驮，象驮胭脂十八捆。"小妹看看这可爱的小蜂子，点点头笑了。

蜂子把小妹讨到家里后，就变成了一位英俊的小伙子，和小妹相亲相爱，人们就把这个蜂郎叫作好白。

有一天，大姐到妹夫家来。看到妹夫家里前厅后楼扎实好住，又见妹夫生得一表人才，心不死，她趁妹夫不在，就对小妹说："人要衣裳，马要鞍装，小妹你穿着的衣服太好看了，来，我们把衣服换了到井上去照照看。"小妹把衣服换给大姐，和她一起到井上去照。大姐趁小妹不注意，从背后一推就把小妹推进井里淹死了。大姐便装成小妹的样子和妹夫住在了一起。

小妹死后就变成一个雀到花园里来叫道："啊丢丢，阿姐配妹夫，略害羞？"好白梳头，小雀飞到窗口上说："象牙梳子滑滑溜。"好白的头发就越梳越光滑。大姐梳头，小雀又落在窗口上说："象牙梳子扯马鬃，扯马鬃……"大姐的头发就越梳越乱。

大姐就拿起梳子朝小雀的头上砸去，把小雀砸死，用油把它炸熟吃了。大姐吃了小雀的肉后，就变成了一个毛驴，"嗷嗷"地叫着跑到箐里去了。

一天，好白到井上打水，见井里泡着一个死人。捞起来一看，见是自己的媳妇小妹，他伤心极了，就把小妹的尸体埋在山坡上，天天到那里去哭。后来在好白掉眼泪的地方长出了一棵树。三天后，这棵小树就开出了白色的小花朵。好白就重新变成了蜂子住了上去，一直没有离开过。后来人们就把这种花叫作好白花，把这种蜂叫作好白蜂。好白蜂比蜜蜂还小，不叮人，蜜可以吃。

一到春天，山坡上到处都有好白花开放。在好白花树上时常可以找到好白蜂和好白蜂的蜜。

箐鸡和乌鸦

讲述：左琴芝 女 彝族
记录：左青能 彝族
2004 年采录于巍山五印

箐鸡和乌鸦相互绘画羽毛，先由乌鸦给箐鸡画，箐鸡乖乖地蹲着让乌鸦画，不出声气。结果画得很美丽。当箐鸡给乌鸦画时，乌鸦却指手画脚，左一声"好好地画"，右一声"好好地画"，这样画不满意，那样画也不满意。全身羽毛画得比箐鸡都好看，可乌鸦仍责怪箐鸡画不好，箐鸡按捺不住，发起火来，把一盆黑色的水劈头盖脑地泼在乌鸦身上，拔腿就跑。乌鸦口口声声要报复箐鸡，箐鸡生怕乌鸦报复，就一直躲在箐边不敢出来，故名叫箐鸡。而乌鸦成了一身黑，洗也洗不掉，再画什么颜色都画不上，只好忍气吞声，叫道："阿了了！阿了了！"

一对山鸟

采录：艾汝龙
1974 年采录于巍山五印

巍山县五印公社的新民、鼠街、白乃等一带山区，天空里经常飞翔着一对对一大一小的黑色山鸟。大的形似喜鹊，羽毛黑亮；小的类似"铁灵哥"，羽毛也是黑色的。这一对山鸟的特点是形影不离。大的向高空钻飞，小的也向高空钻飞；大的向下飞落，小的也向下飞落；大的"嘎！嘎！嘎！"鸣叫，小的一只也"汪！汪！汪！"鸣叫。这一对山鸟为什么这样形影不离呢？彝家人中流传着一个故事。

很久很久以前，一对彝家夫妻生了兄妹两个，大的是哥哥，小的为妹妹。日子过得很快，儿女一年年长大了，夫妻俩一年年老了。到儿女长大的时候，老头子已经去世了，剩下了老妈妈和兄妹二人。这个小伙子爱上了村里一个美丽善良的姑娘，就请求他母亲准许他们结婚。这个心肠不好的老妈妈只好同意了儿子的请求，给儿子办了婚礼，把新娘子娶进家来。这个新娘子很勤快，也很孝顺，来到婆家，天天起早睡晚，操持家务，服侍婆婆。小两口互敬互爱，相处得很好。新嫂子和小姑也处得像亲姊妹一样。但是，不管儿媳妇怎样孝顺、勤劳，这个老婆婆总是不称心，总是想找茬子咒骂儿媳妇。为人正直的小姑看到妈妈刻薄嫂子，常常顶撞妈妈为嫂子说话。就因为这样，婆婆更恨儿子媳妇，总是在盘算用什么毒计把儿媳妇害死。一天，老婆婆把儿媳妇和姑娘叫到身边，每人发给一碗麻子籽种，叫她们两个人上高山去种麻子，并规定，要等到麻子出土的时候才准回家，如果谁种下的不出苗就永远不准回家。老妈妈在发给她两人麻子籽种之前，就把要发给儿媳妇的这一碗麻子偷偷地在小锅里煮过。老妈妈以为，这回一定可以把儿媳妇害死了，她再也回不来了。

姑嫂两人带上伙食、行李，扛上锄头，拿上麻子籽种，准备出发上山的时候，妹妹看到了嫂嫂的麻子籽种特别饱满，又明又亮，以为这份籽种更容易出苗些，她很想早一点回家，就提出跟嫂嫂换，嫂嫂同意了，她们就互换籽种，一同向高山出发。而且妹妹还把她最心爱的一只小黑狗也带了去。到了高山搭棚住下后，她们两人开垦了荒地，撒下了麻子籽种，等候着麻子幼芽出土。不久，嫂嫂种的那块山地，麻子幼苗出得绿油油的。而妹妹种的这块麻地，她天天看呀，等呀！老是一片红土，一棵麻子苗也不出。嫂嫂留在山地上等小姑，等了十天、半月，还不见小姑的地上出苗，她还要等下去，小姑不忍，硬催嫂子回家了。这个可怜的姑娘就这样留在深山里，永远不得回家！她天天想家，天天在哭喊"狠心的妈妈！你为什么坑人！为什么把我丢在山里！"身边的那只小黑狗也跟着主人"汪，汪，汪！"吠叫不停。姑娘和小黑狗天天在哭喊，哭去哭来，喊去喊来变成了一对飞鸟，姑娘变成了大的一只，小黑狗变成了小的一只。她俩飞上天空，形影不离地飞着，叫着。

歹毒的婆婆见媳妇回来了，女儿却没有回来，心里又气又恨。她盼女儿快点回家，盼了一天又一天，一月又一月，总不见女儿的身影。儿子、媳妇多次提出要去接妹妹回家，婆婆嘴上还硬，说："我有言在先，麻子不出苗，永远不准回家。叫她死在山地上吧！"有一天，婆婆实在等不得了，一个人偷偷地爬到山地上，一眼望去，一边是寸草不生的红土，另一边是一片青油油的麻子树，满身爬满籽籽。哪里见女儿的影子。她急了，拼命地喊着女儿的名字，但除了四山的回应以外，哪有女儿的回音。她伤心地坐在土坡上痛哭，心里懊悔万分。这时，只见两只山鸟，一大一小，从山那边飞来。这两只山鸟飞到老太婆坐处上空，久久盘旋。大的那只口中"嘎嘎嘎！"地叫着！小的那只"汪汪汪！"地叫着，一直叫唤到老太婆离开山坡才飞去。

天绵羊

采录：刘喜树
1987年采录于巍山西山

传说很久以前，在巍山西山脚有一个村子叫沙锅村。在这个村子后面，有一条箐被当地人称为梅子箐。每天，太阳刚刚升起的时候，一大群雪白的天绵羊就从这条梅子箐的源头奔出来，欢乐地奔跑着。每当天旱的时候，这群绵羊就发出"咩咩"的叫声，清清的泉水就会从箐的源头"哗哗"流出，这里的人就用这条箐里的水浇灌庄稼。雨水过多的季节，这群天绵羊就悄悄地把田里的水"咕咕"地喝到肚里，积蓄起来，因此，这里的粮食作物比别的地方好。真是：粮食装满仓，花果四季香。桃梨更是年年果实累累，皮薄肉香，名扬四方。这里的人，年年过着丰衣足食、幸福美满的日子。

可是，这样的好景并不长。当地有个贪心的被人们称为"阿五八"的财主，他看到这群天绵羊有这样大的神力，日思夜想计算着如何把这些天绵羊占为己有，以便剥削这里的农民，发更大的财。他思谋好以后，便叫了一个家人，带上干粮，背上箭，偷偷摸摸地来到梅子箐的边上藏了起来。不知过了多少个日日夜夜，仍然不见这群天绵羊的影子，这个被当地人们恨之入骨的阿五八生气了，他在心里暗暗想道："我不如用箭向着天绵羊经常出没的地方，射上一箭看看如何。"这个狠毒的阿五八便吩咐家人对准这条箐的源头射了一箭。不射不打紧，这箭头不偏不斜，正好射中了在箐的源头滩边吃草的一只天绵羊。这只天绵羊痛苦地大吼一声，冲出了箐的源头，另外的天绵羊也跟着冲了出来，跑进了这条箐旁的一座山里，再也没有回来。这惊天动地的吼声给当地农民带来了严重的灾难。当这群天绵羊从箐源头奔出来的同时，一股箐水像决堤的大海奔泻出来，怒涛滚滚，一眨眼工夫，肥沃的田地被冲毁了，茂盛的果木树被连根拔起，许许多多的农民也被冲走了。从这以后，富有的山乡变成了一个个沙土堆，箐里没有水，坡上没有草，地里不长庄稼。而恶贯满盈的阿五八和家人呢，也被这突然出现的天绵羊惊死了。在这场灾祸中，只留下了两个聪明的小伙子，他俩翻山越岭，找啊，找啊，一直找了七七四十九天，终于找到了一只死绵羊。他俩看着这雪白的死绵羊，越看越觉得心酸，两人抱着这被狠毒的阿五八害死的天绵羊，泪流满面。这两个小伙子把死了的这只天绵羊抱回家里，给这只绵羊洗了澡，然后把它埋在箐边的一座山上。从此，两个小伙子又在冲毁的沙土上辛勤劳作，重建家园。不几年，山坡上草木又茂盛了，树上又结了累累果实，地里又长起了一片片绿油油的庄稼，不过，比起天绵羊在的时候，还差得远呢。过了几年，两个小伙子都娶了媳妇，两对青年夫妇勤劳耕作，子孙逐渐增多。不知过了多少年，这里便成了一个村子，就是现在的沙锅村。

如今，遇干旱，每当人们在埋绵羊的这座山上，看到成群的天绵羊时，人们就会说，天绵羊回来了，我们的庄稼又要丰收了。

漏

采录：朱海旭
1984 年采录
流传地区：巍山、云龙、洱源

从前，巍山有一支马帮，到山里去驮货，半路上下起大雨，赶马的人只好在树林里搭个棚子避雨。这时有一个贼尾随着马帮，要偷骡马中毛色又好体魄又健壮的那匹"头骡"。那些赶马人在棚子里便摆起了"龙门阵"，有一个说："我是什么都不怕，就怕老虎，那个贼东西实在是太凶猛，"又一个接着说："我是老虎倒不怕，就是怕漏……"说到这里，恰巧有一只老虎经过帐篷，听到了这句话，老虎心里嘀咕道："哦，'漏'是什么东西，比我还厉害呢，以后遇着要小心点呢！"待到天黑时，这只老虎想去偷吃那些骡子，而那个一直尾随马帮的贼也去偷那只头骡，不想被老虎先了一步。那贼去偷头骡，不敢点灯，只好用手一匹一匹地摸，摸着，摸着，摸到了去偷吃骡子的老虎。那贼一摸，感觉毛色光滑，非常壮实，说时迟，那时快，那贼也确实有两下子，一把揪住虎上颈的毛便骑了上去。那老虎刚感觉有什么东西摸着自己一下便被骑住了，不禁大惊失色，以为是"漏"来了，便撒开四肢便溜。那贼内心窃喜，认为这匹"头骡"果然不错，溜得飞快。

　　跑着，跑着，渐渐东方泛白，有了些光亮，那贼才发觉自己骑了只老虎，心里愈来愈急，而愈急那双手便抓得更紧，抓得更紧那老虎愈害怕，以为天要亮了，"漏"要吃自己了。此时，那老虎看见前面有棵弯腰树，就想把那"漏"往那弯腰树上蹭。而那贼也看到了那棵弯腰树，也想往那棵弯腰树上跳，离开老虎。于是待跑到那棵弯腰树旁时，老虎一蹭，贼一跳，那贼便爬到了树上，老虎松了一口气，也不敢停留继续往前跑。老虎碰到了一只猴子，猴子问老虎："虎大哥，你跑什么？怎么跑得满头大汗？"老虎答道："'漏'来了，赶快跑，差点把我吃了，还好，我把它擦到树上去了。"猴子一听，也不知道"漏"是什么东西，只觉得老虎都害怕，肯定比老虎还凶猛，也跟着跑了起来。跑着，跑着，猴子也好奇起来，对老虎说："虎大哥，我们别跑了，你领我去看看那漏是什么样子，你可看清楚了？"老虎说："看什么看，它把我紧紧地骑着，就要吃我了，我哪还敢看！"猴子更加奇怪，愈奇怪，愈想去看个究竟，便对老虎说："虎大哥，不怕得，走，我们去看看，也许是个弱小动物，还可饱餐一顿呢。"老虎想想猴子说得也对，而且猴子生性聪明，跟着它不会有什么危险。于是老虎与猴子又往回走，走到一棵鸡屎藤树面前，老虎对猴子说："猴兄弟，你是爬树厉害，又灵巧，假如那'漏'厉害无比，你倒是一下子就跑了，我怎么办？"猴子看了看面前的那棵鸡屎藤，灵机一动对老虎说："不怕得，这里有棵鸡屎藤，一头拴住我的腰节股，一头你用嘴含着，我爬到树上去看，如果那'漏'确实害怕，我就挤挤眼睛，你就跑；如果是别的，我就提来，我两个吃。"老虎说："好，好，好，就这样，就这样。"于是猴子老虎一前一后向那棵弯腰树走去。

　　那个贼爬到了树上，长长地松了口气，心想："今天冒失了，怎么偷骡子会偷着一只老虎，我做贼这半辈子还没有遇到过这种怪事呢！"一时也不敢从树上下来，凭着那茂盛的树叶观看了半天不见动静，才慢慢从树上爬下来，可刚要落地，忽然看见老虎又回来了，还领着一只猴子，心里大惊，连忙又爬回树上，心想："这回嘛，死定了，死定了。"正想着，那猴子从树上爬了上来，眼看就要靠近自己了，那贼又急又怕，那尿就被这样吓了出来。那猴子看见是个人，心里非常高兴，想："这回嘛可以美美地吃一顿了。"不曾想，被那贼的尿滴入了眼睛，猴子忍不住使劲地挤了挤眼睛，老虎在下面，眼睁睁地看着猴子使劲挤眼睛，以为那"漏"果然厉害，回头咬紧鸡屎藤便跑，那猴子便从树上被拉了下来，在地上拖得个稀巴烂，跑了一阵，那老虎回头看见猴子的模样，心里更是惊骇不已，说："这'漏'果然厉害，一下子就把猴子吃了只剩一张皮了，还是我明智，跑得快。"

走马皇帝

讲述：杨国佐
记录：谢兴基
1986年采录于巍山庙街

据说古时候，出了一个走马皇帝。他是个半老头子，有一嘴短短的黑胡子，穿着农民一样布衣，头戴一顶黑色的毛头套。他骑一匹白马，手中拿着马鞭，成年累月在各地周游着。他聪明过人，又有仙术妙法，能识透山水风物和人情世故。他开口说过什么，封赠过什么，那事物就立刻改变成什么。但在当时人们并不认识他，只把他当作一个无事可做的游客罢了。

起先，这世界上的人是不分等级的，没有贫富，人人完全平等，也没有金钱这东西。人人都劳动，人人都有饭吃。有一天，走马皇帝在路上走着，马跑得快了些，马鞭杆被路旁的树枝挂掉了。当时路上正有人走过。走马皇帝骑在马上说："大哥，请你把我那马鞭捡起来吧！"那人却一声不吭走过去了。等了一会又来了一人。走马皇帝说："大爹，请把那马鞭捡起来给我！"不料那老者却说："我还想使人呢，你却来使我！你是什么人呀！"等了一会儿，又来了一个小姑娘，走马皇帝说："小妹子，把那根鞭子捡来给我吧！"小姑娘说："没工夫，你就自己捡吧，我还要赶着回家煮饭呢！"

走马皇帝只好自己下马捡起马鞭。

走马皇帝想，世道间完全平等也不是好事，完全平等了人就使不动人了，做不了的事就不会得到别人的帮助，还是应该把人分成若干等级。有富有穷，并且使用金钱货币，用金钱来做交换，许多事才会办得好。于是走马皇帝作了法，就使社会变成了后来的样子。

一天，走马皇帝来到水磨房里。他详细地观察了磨房里的一切，询问粮食状况和磨面情况。主人很客气地接待他，做了白面粑粑请他吃。临走的时候，走马皇帝说："水磨嗡隆转，一斗麦子一斗面，还有麸子二面都不算。"他走了，又来到水碓房里。他向碓房主人问长问短。那主人嫌这人太啰唆，也不认真回答问话，表现了不大高兴的样子。在了半天，连一顿饭一口水也没请他吃。走马皇帝走了，顺口说道："水碓高高起，一斗谷子五升米。"一直到现在，一斗麦子能磨出一斗面来，而一斗谷子却只能舂出五升米。

传说古时候，人的头盖骨是活动的，可以随时取下来。一天，走马皇帝从秧田边经过，看见一群妇女坐在田埂上，把头盖端下来掐虱子。她们你帮我掐，我帮你掐，叽叽喳喳乱嚷着。走马皇帝问道："大嫂，为什么你们不到田里薅秧，却在田埂上掐虱子？"妇女们回答道："大哥，田里什么草也没有，根本没什么薅的嘛！"走马皇帝向田中认真看了一下，果然没有什么草。他便走到树边，顺手采了一把柳叶往田里一丢，说："怎么没有草？你们看！"大家往田里一看，怎么田里都长满了牙齿草！赶快把头盖安上去钻到田里薅秧去了。走马皇帝还采了大大小小的树叶撒在田里，于是田里就有了渣草、慈姑草、红格草等。走马皇帝拿出一把锁说："就把这把锁送给你们吧！"说着往人头旁一扣，那锁就安稳在人头上，变成了耳朵，把头盖骨紧紧锁住，再也拿不下来了。

下雨了，走马皇帝来到一处旷野路边，没有村庄房舍，没个躲雨的地方。走马皇帝便到一棵树下去避雨。雨很大，雨水从树叶之间滴滴答答往下落，淋湿了他的全身。走马皇帝随口骂道："怎么这么不顶用，让你挨一千刀！"这种树就是棕树。直到现在，人们每年都要在棕树上用刀子剥下棕皮，用来缝制蓑衣，确实挨了不少刀子。

一天，走马皇帝看见一个农夫在犁田。他上了马问道："犁田的大哥，你一天犁田能犁几转？"这农夫张口结舌回答不上来，走马皇帝说："犁田的大哥，回答不出来没关系，你回去好好想想，明天再告诉我，我还在这里等你好吗？"

收工回到家里，农夫愁眉不展的。媳妇问道："今天遇到什么不高兴的事了？"农夫把遇到一个骑马人的事说了一遍。他又说："你想想，这怎么回答呢？一天能犁几转田，谁去注意数呀！即使认真地数了，每一天犁的转数也不会一样,今天多点明天又会少点,又该以哪天为准呢?所以我没答上他的问话,实在害羞呀!"媳妇说:"这当然是没法说清楚的,假编一套也不中用。你可以反过来问他,他每天骑马走几步,让他也回答不上来,你不就胜利了。"农夫说:"他明天还要来,让我回答这问题呢。"媳妇说:"好极了,你就这么去反问他吧。"

第二天,走马皇帝又来了。"喂,犁田的大哥,你一天犁田犁几转,昨晚上想了一夜该想好了吧?现在就回答我嘛!""骑马的大哥,一天犁田犁几转,我实在说不上来。那么请问,你一天骑马能走几步,你一定能准确地回答我了!"走马皇帝嘿嘿一笑说:"阿呀呀,你这个大哥怎么突然聪明起来了,将了我这么一军!不过,这恐怕不是出自你的肚才吧。你告诉我,这是谁教给你的?"农夫直率地回答说:"这是我媳妇教给的。"走马皇帝说:"好聪明的女子!我要见见她。你回去告诉你媳妇,明天我要到你家去吃饭,要她亲手下厨做饭。要吃不动刀的丸子,要吃九十九样菜,要用百个碗,七十七双筷,要摆在四只眼的桌子上吃。"

晚上,农夫向媳妇转达骑马大哥的话以后说:"你瞧,这个骑马的大哥好不奇怪,吃一顿饭还要玩许多花样,出这么多难题,我们怎么应付得了!"媳妇说:"你不用操心,明天你只管把他请来就是了,我一定会叫他吃得满意的。"

第二天,农夫媳妇煮了一大甑子米饭,炒了一盘韭菜,煎了一碗豌豆盐豆。农夫把骑马大哥请进来了。他把白马拴在大门口的槐树上。农夫媳妇还在厨房里忙着,从厨房门里看进去,只见她拉起围裙去揩干了碗上盘子上的水,然后再去舀菜。农夫媳妇走出来了,向走马皇帝道声"万福",请他坐了,又传了烟茶。她拿了一把筛子,放上一个白瓷碗,一双黑漆筷子,又把那盘韭菜和豌豆盐豆摆上去。最后端来了一大甑米饭,说道:"骑马大哥,请用饭吧!"走马皇帝暗暗佩服,就动手吃起饭来。农夫媳妇走到隔壁房间里,从板壁缝里偷看他吃饭。只见他吃得很高兴,吃了一碗又一碗,把一大甑米饭全吃光了,把菜也完全吃光,还端起盘子来舔了又舔。吃完,走马皇帝告辞要走,说道:"多谢裙边嫂!"农夫媳妇回答道:"怠慢舔盘哥!"走马皇帝感到有点害羞。走出门来,从树上解下白马,他又说:"大嫂,我是上马好还是下马好?"农夫媳妇说:"大哥,我是出门好还是进门好?"走马皇帝用了好多办法都难不倒她,于是想:女人真太聪明了,以后男人怎么对付得了她们。于是取出一件东西来,说:"打扰你们了,无物可赠,只有这件东西送与你。"农夫媳妇接在手里,展开来,是一块围裙,上面绣着一大棵牡丹花,钉着银福字,系着银链子,系两根白带子,比她的围裙漂亮许多。农夫媳妇很高兴,就把它系在了胸前。不料,从此以后,那块围裙蒙住了女人的心,以后的女子再也没有前人那样聪明了。

  那时候,田里的谷子都是从根结到梢。粮食产得很多,种一季可以吃两三年。种的都是黄皮谷,要把谷子割倒在田里晒干,捆成捆挑回来堆成谷堆,捂上一段时间翻开来铺在场上打,不像麻线谷可以用木缸或海簸抖下来。谷秸比人还旺,谷子又多,两捆谷子至少也有一百二三十斤。收挑谷子叫作跑谷捆,挑着不是慢慢地走而是要小跑着。这当然是年轻力壮的人才能干得动。这一年,正在收谷子的时候,走马皇帝从田间经过。只见许多人正挑着谷捆在路上跑着,一个跟着一个,像是在赛跑一般。忽然,只见一个人把谷捆"嘭"一声丢在路边,坐在地上呜呜哭了起来。走马皇帝下马走过来问道:"小兄弟,你为什么哭呀?"那人回答道:"这谷子结得这么多,他们又捆了这么大捆子,快把人给整死了呀!"走马皇帝看了看说:"原来你个子小,力气不足,所以就挑不动了。来来,我给你帮个忙,让你不太吃力就把谷子挑回去。"那人答道:"那就感谢先生了!"走马皇帝拿起了马鞭,在谷捆上轻轻敲了几下,立刻,谷子减少了许多。走马皇帝说:"你试试吧,看还挑得动不。"那人挑起试了试说:"轻一些了,可还是吃力呢。"走马皇帝又用马鞭敲了几下,最后只剩尖子上有一串谷子了。那人说:"刚好,刚好,挑着不吃力了。"那人谢了谢先生就挑起谷子跑起来。可奇怪的是,敲掉的谷子到哪里去了呢?地上也找不到谷粒!而且自此以后,种出来的谷子总只是尖子上结一串,再也找不到从根结到梢的谷子了。

中国民间故事丛书

云南 大理

巍山卷 笑话

满门生无底　一家午出头

采录：胡有亮
1984年采录于巍山庙街

　　传说，蒙化有个财主，一贯专横，媚富欺穷。即使是很有学问的人，只要穷，他也不放在眼里。可是他全家，包括他自己，却是扁担大的字都不识一个。

　　这财主有两个儿子。他一心指望着他们读书做官，便请了个有学问的先生来家里教书。每年给先生纹银二十两作学薪。这先生是个穷秀才，家里有老有小，就指望这点钱过生活，生活十分窘困。可是半年过去了，财东连一两银子也不付给。先生又不好意思开口讨要。又过了些日子，家里的人都找上门来要钱用了，先生只好硬着头皮去跟财东拿学薪。谁知这财东却蛮横地说："钱？嗨，学都还没教完嘛，就想要钱！年底再说。"先生料不到这财东会如此苛刻，只好怨自己事先没讲好条件。他虽然十分气愤，但为了生活，也只好忍气吞声混下去。钱呢，只能让家里先向别处借了用。

　　就这样，先生一直在财东家里教书。到了大年三十这天，先生一大早就准备回家了。他想：日子过到今天，该早早把钱送来了吧！一年都穷到头了，今天把学薪一笔拿回家，还清了欠债，一家人也该欢欢喜喜过个年，要早些回去才是。可是，左等右等都不见送钱来。正想去问问，只见财东家的一个帮工送来了几张红纸，要先生给财东家里写完年对再回去。先生真正气冲脑门了。为啥不在昨天前天送来写？是诚心不让回去还是怎的？他真想一甩手走了，可又怎么能这样做呢？家里需要钱呀！特别是在这个时候。他按捺不住心头的怒火，挥笔给财东写下了这样一副大门对联："满门生无底，一家午出头。"

　　大年初一这天，财东家里请宾客。来贺春喜的客人里，有懂得些文字的。一个个看了大门上刚贴上的新对联，都忍不住要"嘿嘿"发笑。财东每到门外迎接客人，看到客人看了自家的对联总是笑，以为一定是这对联写得很好，也就很高兴地告诉客人说："这是家里的先生写的。这先生呀，真有点学问呢！"客人们当然不愿当面说破，就忍着笑奉承说："写得好，写得好，是写得好！"

　　可是这谜到底被人说破了。正在财东家里敬酒划拳的时候，门外忽然有人大叫："噫，这对子实在妙，生无底是牛，午出头也是牛，全家都是牛呢！"这一叫不要紧，把酒意正浓的客人们引得一阵阵哗然大笑。再看主人时，早已躲得不敢露面了。

阿连登的故事

采录：王丽珠
1981年采录于巍山马鞍山

巧吃糍粑

阿连登因为力气大，土官常雇他打短工。有一天，土官雇他犁田，他吆着牛来到田里后，就东犁一下，西犁一下。土官的狗腿子阿发走过来催工，见他这样犁田，就骂道："哪里见过你这样犁田法，搞什么鬼？"阿连登不慌不忙地答道："这是歪村神匠教给我的神仙犁田法，你敢说是搞鬼，晚上我去老爷那里告你。"歪村神匠是土官的干亲家，阿发半信半疑，不敢发作，只好走了。

阿发回到家，对土官说阿连登今日犁田如此如此，土官听了半信半疑，但为了不让阿连登占便宜，就吩咐阿发："早些关起厨房门，不给阿连登吃饭。"

太阳落山，阿连登吆着牛回来了，到厨房一看，关门闭锁。阿发在一旁说："煮饭的人病了，今天谁也没有吃饭，你也早早睡了吧。"阿连登知道这是土官和狗腿子在骗人。于是他就不去睡，趁阿发不注意溜到了土官屋子的墙脚下。到掌灯时分，他看见阿发端了一盆东西急匆匆地进了土官的屋子，约一袋烟工夫，他站了起来，三步两步迈进了土官屋子。土官和阿发见阿连登进来，手忙脚乱地用火钳在火塘里乱扒动。原来是阿发端了一盆糍粑进来，这时，土官和阿发正在烧糍粑吃，看见阿连登忽然进来，急忙用灰把糍粑盖住，阿连登挨着火塘边坐下后，对土官说道："老爷，歪村神匠教给我的神仙犁田法妙极了，一丘大田一下子就犁完了。你看，我是这样犁过来，又那样犁过去。"边说就边拿起火钳，在火塘灰堆里东一下西一下地比画起来。这一比画，把灰堆里的糍粑全都扒了出来，还不等土官和狗腿子反应过来，连阿登又说道："哟！老爷烧好了这么多糍粑，这是我的运气好，谢谢老爷了。"说着就拿起烤得正香的糍粑拍拍灰吃起来。这土官本性对穷人十分刻薄，但表面上又装出和善，这时只好皮笑肉不笑地说道："吃吧！吃吧！"阿连登趁势吃光了烤好的糍粑，扬长而去。

智取水田

有一年，阿连登租种土官的一丘大田，秋收后，他没有向土官交租子，他把田里收得的粮食全部送给了村子中的孤儿寡母。土官久不见阿连登来交租子，就叫狗腿子阿发去把阿连登抓来问罪，阿连登来后对土官说："老爷，你年纪不大，忘性大，我什么时候租种着你的田？我种的是自己的田。"土官一听，气得吹胡子瞪眼睛，马上带阿连登去见县官，见了县官，土官说田是他租给阿连登的，阿连登说田是自己祖父留下的，弄得县官难分难辨。后来阿连登对县官说："请县官大老爷问他，他的田是什么样子，如说合了，田是他的；如说不合，田就是我的。"县官也认为只有这样做，就问土官道："你的田是什么样子？"土官答："是一丘大田，水口子朝上，请老爷去看。"县官又问阿连登："你的田又是什么样子？"阿连登答道："我的田是四丘小田，水口子在左右两边，田中间还埋着我家的石碑，也请县老爷去看。"县官于是打发人跟着土官和阿连登去田里看，一看没有大田而是四丘小田，水口子也不是朝上，而是在左右两边。再到田中间一看，果然埋着一块石碑，上刻阿连登祖父的名字。土官惊得目瞪口呆，莫名其妙，但因说不合田的样子，田就归了阿连登。原来阿连登在半年前就把一丘田改成了四丘小田，把水口子改成左右两边各一个，又在田中间埋上了刻着自己祖父名字的石碑，就这样，土官的一丘大田就成了阿连登的了。

拉猪尾巴

土官的一头肥猪，有一天跑上山没有回来，土官打发阿连登去找。阿连登背了一把弯刀上了山，很快就在山凹子里把肥猪找到了，但他不把肥猪朝土官家里吆，却把肥猪吆到一个山洞里，他用弯刀把肥猪砍了，把肉分给了附近的穷人，自己留下了猪尾巴。到太阳落山的时候，他爬到山岩壁上把猪尾巴紧紧地夹在岩缝里，然后下山对土官说："老爷，肥猪找到了，只是它不愿出来，请老爷去看看。"土官听说肥猪找到了，很高兴，就跟着阿连登上了山。阿连登把土官领到夹着猪尾巴的岩缝前，指着猪尾巴说："老爷你看，猪的头和身子都钻进去了，只剩下尾巴没有进去，赶快抓住尾巴往外拖。"土官忙双手捏紧尾巴使劲拉，拉着拉着，"哗啦"一声巨响，猪尾巴连同周围的岩石一起掉了下来，朝土官劈头盖脸地打去，打得土官喊爹叫娘，阿连登拣起猪尾巴扶起土官说："老爷，拉不得了！你看猪尾巴都让你拉断了。"土官上气不接下气地应道："不拉了，不拉了……你背我回去……回去。"阿连登把土官背回了家，从此土官一看见猪尾巴就害怕起来。

打赌

土官家养了一条大黑狗，白天一见衣服破烂的人就咬，晚上一听到响动就叫，土官自以为是一条很牢靠的看家狗。这一天是旧历七月半祭祖节，土官喝醉了，当着众人的面与阿连登打赌，土官说："阿连登，今晚上如果能偷走我的一只羊，我就倒赏你二两银子。"阿连登说："老爷，我还要敲锣打鼓地来偷呢！你等着好了。"

晚上，阿连登做了一个包子，用花椒面做心子，把包子烧黄后悄悄摸进土官家，见狗正睡在墙根脚下，忙把包子丢过去，狗刚要出声，闻到包子香气，一口咬去，被花椒面麻住了嘴，一时叫不出声来，阿连登就趁机拉出了土官的一只羊宰了，把羊头放在厨房里的大锅底下；把羊皮铺在土官住的楼梯上；把羊肉全部背回家。一切安排妥当，又敲锣打鼓地进了土官家。土官在睡梦中被锣鼓声惊醒，知道阿连登来偷羊了，竖起耳朵听，却怎么也听不见狗叫，急忙起身下楼看，刚走到楼梯口，头上碰到滑腻腻、软绵绵的东西，下完楼梯，又一脚踩在羊皮上，重重地摔了一跤。爬起来到处找狗时，又怎样也找不到。找到厨房，见大锅底下露出个黑头，以为是大黑狗了，忙操起一根棍子打下去，边打边骂："阿连登来偷羊了，你还躲在这里！"不见狗出来，再使劲打去，"咚"的一声，锅被打破了，土官这才看清楚，锅底下原来是死羊头。土官又气又恨，骂骂咧咧地把所有的人都喊起来，这时大黑狗也才"汪汪汪"地叫着从墙根脚下跑来，但阿连登早已走了。

第二天，阿连登当着众人的面，向土官索取赌银二两，土官无可奈何地拿给了阿连登二两银子。

招待狗腿子吃饭

狗腿子阿发贪吃又贪财，阿连登早就想收拾他。这天，阿发来到阿连登住的村子监工，按老习惯，这一天要由村人招待阿发吃饭，阿连登自告奋勇说由他招待。

下午，阿连登上山砍来了一截水东瓜树、一截红栗木树，找来一些锯末。然后，把水东瓜树切成片放在碗里做"肥肉"；把红栗木树切成片放在碗里做"瘦肉"；用米汤把锯末捏起来做成"苞谷饭团"。再找来两只酒杯，一杯装着羊尿放在阿发座位前面，一杯装上白酒放在自己面前。一切安排就绪，就去喊阿发来吃饭。

阿发一见有酒有肉，高兴地眯着眼睛咂着嘴，还不待坐下来就端起酒杯来喝，喝了一嘴羊尿，感觉到臭烘烘，又忙去吃"瘦肉"，这"瘦肉"嚼不动，又去吃"肥肉"，"肥肉"也嚼不动。见桌子上还摆着几个"苞谷饭团"，又抓起一个吃起来，不料这"苞谷饭团"更是嚼不烂，咽不下。这时阿发才明白这桌酒席全是假的，气得大骂道："阿连登，你等着，老子去告你，非打你个五十大板不饶你。"边骂边走。这边阿连登喝完了白酒，笑嘻嘻应道："阿发，走好！走好！你羊尿喝多了，当心跌倒。"

比二指

狗腿子阿发吃了阿连登的假酒席，本要去土官那里去告状，又怕土官反过来骂他无能，只好暗忍暗受，但对阿连登一直怀恨在心。这天他想了一条计，要叫阿连登吃点苦。他先把土官的一条牛赶上山，然后对土官说："阿连登偷走了一条牛。"土官到牛圈一看，牛果真少了一条，就一边打发人去找牛，一边叫阿发带两个人去把阿连登抓来。阿连登来后，土官不由分说地叫阿发打阿连登五十大板，阿发一心想报仇，拿起木板高高地举起，准备重重地打下去。忽然他看见阿连登抬起手来向他比二指，他心又一动，认为阿连登许给他二两银子，叫他打轻些，就又把木板轻轻地打下去。五十大板打完了，阿连登才擦破了一点皮。这时出外找牛的回来了，牛找到了，阿连登也免了再问罪。事后，阿发找阿连登要二两银子，说阿连登比给他二指，阿连登大笑起来道："老子哪有银子，老子是说不要打着老子的两个腰子。"

智取白马

土官外出骑一匹白马，这匹白马经常践踏庄稼，佃户们敢怒不敢言。这天阿连登看见土官在山脚下歇凉，白马在山脚下的田里吃庄稼，他拿一张豹子皮，披在自己的狗身上装成豹子，从对面山顶放下来，"豹子"前面跑，他跟在后面大喊："豹子下山吃人了！豹子下山吃人了！"正在歇凉的土官听见喊声，抬头一看，只见一只花豹子从对面山坡上蹿下来，吓得急忙爬到一棵大树上，白马也惊得往山上跑去。

阿连登随着"豹子"，也往白马的方向跑，一会儿就追到了白马，他把白马拴在一棵大树上后，拿下了豹子皮又从山顶上走下来，见了土官，对土官说："老爷，豹子已经被我打死了，你放心回家吧！"土官开始看见"豹子"时，是爬到一棵大树上，不料脚踏不稳掉了下来，又刚好掉到一棚棘刺上，这时要下来也下不来，忙对阿连登："你背我下来，我的白马你去找到后归你。"阿连登笑嘻嘻地说："谢谢老爷了！"把土官从棘刺上背下来后，去牵了大白马，大摇大摆地回了家。

债换千里马

阿连登向土官借了点钱，每逢土官来找他赔钱时，他就拉出他的一只绵羊，对土官说："你拍拍羊，问它什么时候赔。"土官去拍羊时，羊总是"咩咩"地叫，阿连登就对土官道："明天，羊说明天可以赔。"回回如此，这一天，土官等得不耐烦了，硬逼着阿连登马上赔钱，阿连登就提出和土官打赌爬山头，由阿发作证人。说定：土官骑马，阿连登骑羊，要是土官先爬到，阿连登就用骑着的羊来抵债；要是阿连登先爬到，土官就把自己骑着的马输给阿连登。土官以为先到山顶的一定是自己，因为自己骑的是千里马，于是一口答应下来。爬山开始了，土官和阿连登各从山的一边往上爬。这边土官骑着马，山坡陡峭，碎石滚脚，马爬得很吃力；那边阿连登把绵羊扛在肩上，行走自如，步步登高。结果是阿连登先爬到了山顶，土官不但要不来欠债，还输了一匹马。

慌张三的故事

采录：胡有亮
1984 年采录

慌张三其人

相传，巍山有个聪明人，大家叫他"慌张三"。

这慌张三小时候，家里颇有些地产，父母很早就给他订了亲。不料，父母命薄，年轻轻就一命归天，只丢下无依无靠的慌张三。族里人欺负慌张三年幼无知，唆使他在办理父母丧事时花费了不少冤枉钱，慌张三的家境便败落下来了。

慌张三的岳父家业虽然富足，却是一个贪财如命之人。慌张三的家庭败落后，他想反悔亲事，就变着法儿，从彩礼到待客的排场上提出了很多苛刻条件，为难慌张三。不料慌张三咬咬牙，什么都应承了。就这样，慌张三在娶过媳妇之后，家里便几乎是一无所有了。

殊不知，慌张三是个聪明过人的人，后来他也和岳父玩了不少游戏，从而弄回了不少东西。

衣服不见了

慌张三的衣服穿烂了，想添换新的，可是没有钱。

有一天晚上，慌张三来到岳父家。岳父家还在吃晚饭，慌张三只在灶房门外给他们打了个招呼，便直接到客房里去了。两个姨妹来喊姐夫吃晚饭，他却已经在铺上睡了。

慌张三一睡就睡到第二天早上，岳父岳母都起床了，他还在睡；早饭煮熟了，他仍然还在睡。岳父只得打发二姨妹去叫他，他回答说："就起来了。"过了好一会儿，仍然不见慌张三起来，岳父生气了，又打发三姨妹去叫他："去，叫你姐夫起来，给他说，饭都好了。"三姨妹照着父亲的话去喊姐夫，慌张三还是回答说："就起来，就起来。"可是，左等右等都不见他起来，岳父十分生气，气冲冲地亲自去叫他："她姐夫，饭都摆冷了，你拿哪样架子嘛！"慌张三连忙抱着被子坐起来，恭恭敬敬地回答说："爹，不是我不起来，是我的衣服不见了；是不是两个妹子给藏了！请你老人家帮说说还给我。"岳父一听，冲着两个女儿就喊："哪个藏了？还不快送去。"两个姨妹你望望我，我望望你，都说："没有藏。"岳父气急了，大声吼叫着："放屁！不藏，是他光着身子来？还不去找来。"两个姨妹你望我，我望你，谁也不动。岳父没得办法，只得拿出自己的一套衣服向姑爷甩去。慌张三也不客气，拿了便穿起来。

吃过早饭，慌张三要回去了。临走的时候，慌张三说："爹，这衣服我就先穿了去；等我的找到了，再来换。"

鬼知道，原来慌张三昨晚穿来的是一套纸做的衣服，睡起后，他一个烟火便把它烧成灰了。

鸡死了

慌张三又来到了岳父家里。岳父一家要去做客,正好没有人看家。慌张三自告奋勇:"我给你们看家。"岳父想了想,答应了。临走时,岳母把慌张三做饭吃的柴米油盐都一一做了安排。慌张三答应着:"放心去吧,我自然会料理的。"

岳父一家走后,慌张三往院子里一看,见有五六只又肥又嫩的大公鸡、大母鸡,便眉头一皱,计上心来。他跑到楼上找出半升多黄豆,半斤左右香油。把黄豆放在锅里用香油炒得黄黄的、香香的,然后倒在盆里往院子里一放,那些大公鸡、大母鸡立刻乱啄起来,不多一会儿便抢吃光了。慌张三又去给他们端来半盆水。直到那些鸡吃饱喝饱,一个个抬着脖子,拍着翅膀,伸着懒腰,各自找安静处歇息去了,慌张三这才慢慢准备自己的饭吃。

下午,岳父一家做客回来了。慌张三忽然像发现什么似的惊叫起来:"噫,你们看,你们看,这鸡怎么死了?啊呀,你看,你看,那里又死了一只。"岳父、岳母,两个姨妹,全家都跑来一看,啊呀,一只、两只、三只、一个角落一只,六只鸡全都死光了。慌张三不等一家人细看,就一面叫喊着:"不好了,不好了,这是得鸡瘟了,要是给牛马猪羊都染上才不得了呢!"一面找出一只早准备好的篮子,把六只死鸡装了进去,"让我远远地送了出去吧!"

岳父一家稀里糊涂连什么都还没有弄明白,慌张三早已背着死鸡跑得远远的了。过了好一会儿,慌张三把鸡藏好在回家去的路上了,才背着空篮子转回来。岳父家里个个唉声叹气,慌张三管不了这么多,放下篮子说:"爹,我回去了,要不天就黑了呢。"也不管岳父答应不答应,自个儿走了。

要稻草

腊月二十九日,慌张三岳父家里杀了年猪。褪了毛,开剥了肠肚,姑娘便跑来说:"姐夫来了。"老倌一听,就在心里骂开了:"穷鬼!不知又来搞什么名堂。"一边心里骂,一边立即指挥众人,七手八脚地藏肉。刚把肉藏在后房的草堆里,慌张三已经进门了。

"啊,啊,你来了。什么事呀?"岳父迎上去,想尽快把姑爷打发走。

慌张三是个聪明人，一看便什么都明白了，就说："爹，我刚买了一条牛，没得草喂，跟你老人家要点稻草。"

"哦，是这样啊。你就自己挑一挑去。"

慌张三坐也没坐，直接到后房挑稻草去了。岳父一家忙着藏肉，没有藏好，慌张三一眼就看出了。他把一些猪肉捆进一头稻草里，一头轻一头重地挑回去了。

岳父看见姑爷被很容易地打发走了，浑身都轻松下来。可是，当他到后房找肉时，才明白是怎么回事，气得直跺脚。

会屙银子的毛驴

这一天，慌张三又来到了岳父家里。一见岳父，慌张三便从衣袋里抓出一把碎银递过去说："爹，这点碎银子，你拿去买烟吃。"

岳父一见白花花的银子，急忙伸手接了过来："啊呀，何必，何必。"老倌把银子藏好在箱子里，转念一想：这穷鬼哪来的银子？得问个明白才是呢。

"她姐夫，你这是哪来的银子？"

"爹，年前我不是和你老要草来了吗？"慌张三流露出满脸的喜色，得意地说："年前买的那头牛，我把它喂得又肥又壮，前几天赶去卖了，又买回一头毛驴子。这毛驴子看着又瘦又小，原想把它养胖些又去卖，谁知赶回家里竟会屙银锭呢。"慌张三说着又从衣袋里摸出几两银子来："这不就是它屙的？你老用着，就拿去吧；反正我那毛驴能不断地屙。"

岳父一听，简直惊呆了，哪还有心思去接那几两银子，惊叫着说："天哪，你说这话可是真的？"

"啊呀，我哪能哄你老人家嘛。你老知道我家里很穷嘛，要不这样，我哪来这么多银子。"慌张三说着，还把手里的银子往岳父眼前掂了掂。

"那你就快领我看看去吧。"岳父不由分说，拉起姑爷就走。

来到姑爷家里，果然有一头毛驴拴在屋檐下，慌张三走过去拍了拍，只见一团白花花的银子从屁眼里滚了下来。岳父急忙弯腰捧了起来，高兴地把脸都笑歪了："妈呀，天下竟有这样好的毛驴。姑爷呀，你就卖给我算了。"

"哈哈哈！"慌张三笑了起来："爹呀，看你老说哪里话。我有，还不等于你有吗？"

岳父尴尬地笑了笑:"嘿嘿,嘿嘿!你说的倒也是。不过我说,你也不常在家,难免有个照料不到处,不如还是我拉去养好。我有也就等于你有。再说,你要多少银子,我不少给你。"慌张三想了想,颇感为难地说:"让给你老人家倒也没有什么;不过,不是我说小气话,我是怕你老人家舍不得喂它。"

"什么?"岳父疑惑不解地问,"你这话咋个说?"

"爹,别看这毛驴又瘦又小,可我每天夜里都喂它两升豆子呢。人家说下老鼠还要点油渣呢,不喂饱,它哪会给你屙银子呀。"

"哈哈哈!"岳父一听,大声笑了起来,"你咋把我瞧扁了。他给我屙银子,我还舍不得几升豆子喂?别说两升,再多我也舍得。"

慌张三也笑了笑:"嘿嘿,是这样,你就拉回去养吧。银子嘛,两百,三百,随你给就是了。"

"三百两,三百两。"岳父十分爽快地说,"你这就和我拉回去,到家就称银子。"

岳父把毛驴拉回家里,高兴得了不得,直接把它拴到自己的床面前。才拴好,也学着姑爷的样子拍它的尾根。可是,一下不见银子屙下来,二下不见银子屙出来,连拍了好几下,毛驴也没有给他屙银子。岳父急了,忙问姑爷:"这,这是怎么回事?"

慌张三不慌不忙地说:"爹,母鸡下蛋也不是多会想要多会就有的。走了这半天路,它也饿了,哪里还能给你屙银子。你老不放心,我这就拉回去;要不,称了银子,我也就回去了。"

岳父一听有理,咬咬牙说:"称,称银子。"

慌张三带着三百两银子回去了。临走时,又很不放心地嘱咐了岳父一遍:"爹,你老可千万别饿坏了它呀!"

"放心,饿不了。"岳父说着,早已上楼撮豆子去了。

第二天一大早,岳父慌慌张张来到了姑爷家里,一进门便哭丧着脸说:"她姐夫,毛驴死了。"

"哎呀。"慌张三使劲跺着脚说,"我就怕你把它饿死了,你看,果然!"

"哪里哟。你不是喂两升吗?我撮了满满一撮箕,总有四五升呢。"岳父委屈极了。

"哎呀,谁叫你喂五升嘛,这不是被胀死了?"

岳父张大了嘴巴,好半天也没有咽下一口气。

二八一吊三

采录：罗杨奇
1984年采录
流传地区：巍山巍宝

　　从前蒙化县的山区有个彝家人叫阿呢。这天他背着一箩木耳到城里来卖。城里摆摊子的赵财见他那老实巴交的样子，心中暗暗想道：这人一定是个不识数的羊皮客。便来向他买木耳，想占点便宜。没几句话果真就把生意做成了：八十文铜钱一斤，共买了二十斤。

　　这赵财是一个最爱贪图小便宜的人，为人十分奸诈，平时他总是大秤入，小秤出，蒙人取利。这天赵财称过木耳后，便翘着山羊胡拨着算盘算道："二八一吊三。"说罢就拿出一千三百文铜钱递给阿呢。他还对阿呢说道："你也算算，这账算对了没有？账是姓算，钱是姓数。给了钱后我可不认账了。"阿呢说道："老阿爷是不会蒙我的。"接过钱数也不数，提起羊皮口袋就走了。赵财见他这般爽快，便笑嘻嘻地追上来说道："以后你卖木耳，不必卖给别人，就卖给我好了，有多少我要多少，不赊不欠，都给现钱。"阿呢道："木耳是有的，只是这几天家里正收苞谷，没有时间送来。"赵财一听，高兴得眼睛都眯成了一条缝，马上要阿呢今晚住下，明天赶上骡子一块儿到山里去驮木耳。

　　第二天一早，赵财将骡子喂得饱饱的，准备吃过早饭就进山去。阿呢道："我真心想请老阿爷去上顿馆子，只是怕老阿爷不肯赏脸。"赵财听了，嘴里虽然讲着客气话，心里却早就巴不得了。但他转念一想，又怕和一个破衣烂裳的山里人去上馆子，有失面子，便拿出一件崭新的黄绸衫借给阿呢穿了，这才和阿呢一起来到饭馆里坐下，阿呢便叫饭馆老板将上好的饭菜端来。

　　刚吃了两碗饭，阿呢便站起来对赵财说："来时忘了把你家的小孙子阿宝领来，请你老人家坐着等一会儿，我去把阿宝领来。"赵财见他要去领自己的小孙子来一同吃饭，更是喜欢得不得了。叫他快去快来，免得菜饭凉了。阿呢便走出馆子去了。

　　赵财等了好久，都不见阿呢转来，他到饭馆门口看了好多次，也不见阿呢的影子。这时饭馆老板算账了，他只好自己付了半吊铜钱。临出饭馆，他看着桌上只吃了三分之一的饭菜,心里比刀子戳着还疼。只好忍痛到街上到处寻找阿呢。当他来到城门口时,又见城门旁围着一大群人,在那里议论着什么。他走近人群一看,只见城门上用火炭写着几行字,有人念道:

> 二八一吊三,
> 你还嫌我傈傈憨,
> 把你赵财拿了换饭吃,
> 还落得一件黄绸衫。

金银埋在七七里

采录:杨凤洲
1984 年采录
流传地区:巍山巍城

这故事大概发生在清朝时候,一天,蒙化城内突然来了一个下江货郎。这货郎来到后,不是忙着去做买卖,而是把货物放在店子里头,就出了东城门,一直往东边去了。走了三里多路,来到了李家寺。

他走上大殿,一眼便看见了殿中间炉台上的那座大香炉。这香炉两耳对称,三足鼎立,周围一人合抱有余,浑身漆着黑黝黝的漆,炉内满炉香灰,隐隐还有香烟升起。他慢慢移动着脚步,绕到香炉的另一边看时,只见香炉的另一边上刻着一首诗:

> 金七里,银七里,
> 金银埋在七七里,
> 若有你不信,
> 问对门老李。

他看了这首诗后,心里暗喜道:"几年前我在家乡时,就听说这寺内的香炉上刻着这样的诗,幸喜今日真的见到了!说不定解开了这首诗的含义后会有一笔大财可发!"接着他又想道:"怎么解开呢?……哦,必须先弄清这首诗是什么人写的,为什么要这样写?"

他看了看四周,除塑着的佛像外,寺内别无他人,只见天井里栽着一棵李子树，这树恰好和香炉成为两对面。他想"对门老李"难道就是这棵李子树不成？于是他便走下大殿，到天井里围着李子树绕圈子，边绕边上下打量着这棵李子树。好像这棵树立即就会告诉他金银埋在什么地方似的。

他绕了几圈后，觉得扫兴。心想："我可不要被别人愚弄了！或许这诗已早被人解开，而金银也早被人取走了。"想到这里，他觉得白白跑到这里来了，打算稍休息一会儿后就走。

这时，从寺门外进来一个白发银须的老人。货郎抬头一看，好像问题得到了解答一样欢喜起来，立即迎向老人。但这货郎是个久走江湖之辈，逢事机警，不会轻易吐露真情。他便恭敬谦和地和老人寒暄起来，使老人提起了讲话的兴趣后，便慢慢地把话题转到了这香炉上。只听老人说道："据说这座寺是我们蒙化城中一家姓李的建造的。这寺建造完工后，还剩下一部分金银没有用完，李家便悄悄地将它埋藏起来。香炉上的那首诗就是暗示埋藏金银的地方。""这埋藏金银的地方想必早被人识破了？"货郎装作漫不经心的口气问道。老人接着答道："识破什么！许多年前，有人在这香炉的四面八方相距七里之处，挖了许多坑，但终归徒劳，谁也没有挖到金银，倒惹得大家耻笑。因此，现在谁也懒得去管它了。"

货郎听到这里，不由心上一喜：幸好金银还未被人取走，我这趟没白来。但他不露声色，装成毫不相干地问道："对门老李是谁呢？""那就不知道了！对门，到哪儿去找老李啊！如果说，当时埋金银时真有一个老李在场，这几十年过去了，他恐怕也不在世了。哎！香炉上的那首诗真是令蒙化人无不感到困惑啊！"老人说完上殿敬香去了。这货郎却恋恋不舍地走出寺来，把远景巡视了一周后，闷闷不乐地转回城中。

一连几个月，这下江人动尽脑子，也猜不透香炉上的诗的含义。

一天，他在街上看到一个卖土漆的人，给人称了两斤漆后，伸手去接那人的漆钱，不小心将接到的银子掉进漆桶里去了。这银子一进桶，随即就被桶里的漆淹没，顾客对卖漆的人开玩笑道："金银埋在七（漆）七（漆）里了！""只要是在漆里，反正都是我的。"卖漆人不知道顾客话里的含义，只好顺势笑着答道。

这下江货郎在一旁听了他们的对话，猛然想起香炉上的那首诗："是啊！那香炉是被漆漆着的，由此看来，金银肯定是在香炉里了，或者这香炉就是一个漆漆的金香炉。再说香炉里的里，不就是同对门老李的李同音吗？"

第二天清晨，他又惊又喜地跑到李家寺内围着大香炉再仔细地观察，并伸手拍击香炉的各个方面。他觉得手好像是拍在盛满金钱或银子的木桶上一样发出沉闷、迟钝的声音，他断定，这厚厚的炉壁是由两层构成的，金银就是夹在这两层中间；而且断定其外层不是用木头雕成，便是用指头粗细的藤葛一道一道地绕起来的。看后，环顾四周无人，便连忙走出寺门。

当晚，在夜深人静时，这货郎带上利斧、小撬，趁着天黑，摸到李家寺。来到殿上，不几斧便破了那座大香炉，果然许多金锭银锭从香炉的夹层中滚出来，被他全部拿走连夜逃跑了。

从此，"李家寺的财宝被下江人取去了"的话流传至今。

长工戏东家

采录：胡有亮
1982年采录

从前，彝家寨子里有一个机智勇敢的青年，叫字如知。因他父亲还不起财主王百万家的钱，王百万就把他抓来当长工抵债。

王百万对帮工十分虐待。字如知到了王家后，过着牛马不如的生活，但他想到的不是自己，而是和他一起给王家干活的伙伴们。

有一次，帮工们干了一天的重活，已经累得腰酸臂痛了，可王百万还要大家在月光下给他挑粪，并站在厩门前监视着。大家敢怒而不敢言，只好忍气吞声地给他挑，可他还是一个劲地催着："装满点，跑快点。"

字如知早就听得不耐烦了，他就教给了大家一个好办法。于是大家就把挑粪的团篮底翻了上来，只要在上面盖上一小点粪，看上去就好像满满的一担。这一夜，大家就用这个好办法给王百万挑粪。

王百万见大家挑得又快又满，心里就像吃了蜜一样舒服，可他还是一个劲儿地喊："装满些，挑快点……"

第二天早上，财主来到田里，见那里只放了一丁点的粪，便气得大叫："你们把我的粪挑到哪里去了？"

字如知道："你不是随时在我们跟前的吗，我们谁也没有偷懒，大概是田公地母恨你苛刻对待帮工，等我们睡去后，又把粪送回到厩里去了。"

王百万到厩里一看，里面真的还是满满的一厩粪，哭笑不得。

又有一次，大少爷病了。王百万就叫字如知把一些好吃的东西给大少爷送去。字如知想道：这些东西我的伙伴们还没有吃过呢。就把它分给大家吃了。他却去对大少爷说道："医生叫我来告诉你，你的病是因为好吃的东西吃多了，才发作的，要叫你饿两天的肚子，不然你的病就医不好了。"

大少爷饿得肚子"咕咕"直叫，可他生怕病医不好，只得忍受着。

八月十五这天，王百万家做了许多月饼，他不想给帮工们吃，但又怕背恶名，就想了一个鬼主意说："今晚的月饼要吟得出诗来的人才能吃。"他认为帮工们都是老粗，连扁担横放在地上都不知道是个什么字，如何吟得出诗来？只得看着他们父子吃月饼。

王百万叫丫头切开月饼，就牛头不对马嘴地吟道："十五月亮圆又圆，遮去一半缺半边。小星出来乱糟糟，月亮出来静悄悄。"吟罢便拿着饼子吃了起来。还故意把嘴巴咂得"吧吧"响。

大少爷也学着父亲的样子说道："一个月饼圆又圆，咬去一嘴缺半边。老鼠出来乱糟糟，小猫出来静悄悄。"说毕，伸了伸脖子，也拿着月饼吃起来。

字如知肺都要气炸了。他知道这是财主欺他们的花招，就吟道："老爷太太圆又圆，死掉一个缺半边。一家子哭得乱糟糟，全家死了静悄悄。"说罢便把月饼拿来分给伙伴们。

王百万气得发抖，从此再也不提吟诗的话了。

卖香香屁

讲述：华兴普
记录：华艳芬
1985年采录
流传地区：巍山庙街

从前有兄弟二人，父母死得早，两兄弟相依为命。等到大哥娶了媳妇后，在媳妇的教唆下，大哥也嫌弃自己的兄弟给自己添了负担，一心想独霸家业，便提出分家，弟弟比较老实善良，知道哥哥嫂子嫌弃自己，便也答应了。家中有两头牛和两只狗，一丘大田一丘小田，哥哥想霸占大田和牛，就煮了两碗热粥，对弟弟说："阿弟，为了公平起见，我俩来比赛吃粥，看谁先吃完，先吃完的要两头牛和大田，后吃完的要两只狗和小田。"弟弟答应了，便连忙吃热粥，但粥很烫，吃了一口便烫得他不敢再吃，而大哥却拿着筷子拌来拌去，口中不停地说："大牛大田我不要，大牛大田我不要。"弟弟很感动，怔怔地看着大哥，不一会儿，大哥的粥凉了，他三下五除二便将凉粥吃了个精光，然后对弟弟说："阿弟，你瞧，我并不想要大田和牛，但是我先吃完了粥，怎么办呢？"弟弟只好老实地说："哥哥，既然如此，大田和牛还是归你吧。"从此，大田和牛归了大哥，弟弟牵着两只狗离开了家，到小田边搭了个窝棚住下。

到了种田的季节，大哥得意地赶着两头牛去犁地，他把犁头架在牛身上甩着鞭子，"喔喔哩，喔喔哩"地吆喝着，但两头牛却慢条斯理地不往前走，他非常恼火。忽然他看见弟弟赶着两只黄狗在小田里犁田，那两只狗跑得飞快，不一会儿田就被犁了大半，大哥心里非常奇怪，狗怎么也能犁田？可也非常羡慕。他便计上心来，来到田头对弟弟说："阿弟，你看你的狗小又小，大哥实在不忍心，我把牛换给你吧。"不由分说把牛丢下拉起两只狗就走，小弟无奈，只得任由大哥抢走黄狗，自己赶起牛重新犁田。

大哥抢到黄狗，就连忙把狗赶起，嘴里不停地吆喝着："黄狗犁田么喔喔哩，黄狗犁田么喔喔哩。"但两只狗却怎么也不朝前走，倒朝着他乱吠，大哥一怒之下，甩起鞭子狠抽黄狗，不一会儿，两只黄狗便被他打死了，他把死狗埋在地头就回家了。兄弟看到两只狗被大哥打死了，非常伤心，便坐在埋狗的地头伤心地哭起来。忽然飞来两只小鸟，蹦来跳去，叽叽喳喳地叫道："阿弟莫哭，阿弟莫哭。"弟弟见两只鸟非常可爱，便将它们带回家，编了个笼子养起来。第二天，大哥到弟弟的窝棚里来，想要回两头牛，便对弟弟说："阿弟，你看你的两只狗已经死了，你应该把牛还给我才对。"弟弟正不知如何是好，只听两只小鸟叽叽叫道："阿哥真不要脸，阿哥真不要脸。"大哥一听非常生气，连笼带鸟扔进了正燃旺的火膛里，只见一阵浓烟，小鸟被烧死了。弟弟见小鸟烧死了，伤心地拿着火钳去扒火，大哥见状，便悄悄地牵起牛回了家。弟弟扒着扒着，从火膛里扒出了两颗黄黄的蚕豆，便剥开吃了。吃过一会儿，便觉得肚中气胀，放了一个屁，忽然觉得满屋飘香，他很奇怪，再放了一个屁，香味更浓了，弟弟满心欢喜，便决定上大街去卖香香屁。他一边走一边叫道："卖香香屁，卖香香屁。"人们都以为他是疯子。当他来到一个姓李的员外门口高声叫卖时，李员外家有位小姐非常好奇，便把他叫了进去，让他放了一个屁，果然香气满屋，便叫他把屁放到衣柜里熏衣服，并给了他好些银子。看看天色已晚，弟弟欢欢喜喜地买了一只烧鸡和一瓶酒回家，准备饱饱地吃一顿晚饭。

弟弟正在吃饭时，大哥从门口路过，闻见了烧鸡和酒的香味，便走了进来，看见弟弟有鸡有酒，非常奇怪，一向连饭都吃不饱的弟弟怎么有钱买鸡和酒？便盘问起弟弟来，弟弟便老实地一五一十地告诉了他。大哥一听，眼睛一亮，心想：你才吃两颗蚕豆就会放香屁，蚕豆我家里有的是，我要是吃上一锅，那岂不是有卖不完的香屁？大哥一琢磨，赶忙回家叫媳妇连夜炒了一锅蚕豆吃。蚕豆吃了觉得口渴，又喝了两大瓢凉水。还未天亮，他便匆忙上街，他想要赶在弟弟之前去李员外家卖香香屁。他来到李员外家门口便使劲叫道："卖香香屁，卖香香屁。"李小姐因昨天买了香屁，并对父母讲了，但父母亲怎么也不相信屁会是香的，今天一早听到叫卖声，连忙来请，想要向父母证明一番。李员外一家聚在客堂，李员外便叫大哥放个屁来看看。大哥一吸气，"嘭"地放了一个大屁，这屁却奇臭无比，把李员外的老母亲都给熏晕倒了，李员外非常生气，命人把大哥捆起来，用针线将大哥的屁眼缝起来，并把他赶出了家门。大哥因吃了很多蚕豆，又喝了许多凉水，觉得肚子一下比一下胀，便连滚带爬地赶回了家。家里媳妇还在睡懒觉，大哥使劲"嘭嘭"地敲门，大声嚷道："媳妇，快开门，屎胀肚，快开门，屎胀肚。"媳妇一听，连忙起来开门问道："可是买了十丈布？"大哥一听，非常恼火："什么十丈布，是屎胀肚，快点拿剪子来帮我拆屁眼上的线。"线刚拆开，只听"嘭"的一声，喷出了许多稀屎，把媳妇的眼睛也给迷瞎了。

两亲家

采录：李建周
1983 年 12 月采录
流传地区：巍山庙街

旧时有两亲家，李亲家老实直爽，张亲家虚伪不直爽。

一天，一大早张亲家还没吃早饭，就来到李亲家家里。吃早饭时，李亲家叫张亲家吃早饭，张亲家说："早吃过了，你们吃吧。"李亲家知道张亲家是还没吃早饭，这亲家一向就是不直爽，今天要整治他一下。这时老婆还在叫张亲家入座吃饭，李亲家说："既然亲家吃过了就算了吧。"回过头来又对张亲家说："亲家今天来得正是时候，帮我干一天活。"张亲家听了，可为难了。但又听李亲家说，是做半天歇半天，只好答应了。

李亲家吃饱了饭，就拿了两对大团篮，约张亲家一起去挑粪。这时张亲家才恍然大悟，原来李亲家说的"做半天歇半天"是挑粪呀——出去挑着，回来空身。

挑完粪，李亲家又约张亲家去锄苞谷。六月的太阳热得像个火球。张亲家空着肚子，团篮才放下，又拿起锄头，肚子饿得"咕咕"叫，可又不好直说，只是叫李亲家歇一下。李亲家却说："亲家，趁热好晒草，加把劲，锄完这块再休息。"张亲家又勉强支持着。太阳落山了，还没听到李亲家叫吃午饭。张亲家只好硬着头皮开口了："亲家，该收工了吧！"李亲家不以为然地答道："亲家，趁凉好做活，再干一会儿吧。"一直到天黑才收工。

回到家，张亲家已累得筋疲力尽了，李亲家却笑盈盈地对张亲家说："亲家，实在对不起，辛苦了！辛苦了！我俩先香香地吃点东西。"张亲家心想："这香香的，不是香肠，便是牛干巴，最起码是油炸豆米吧！"心里这样想，口水早已淌了出来。可李亲家说了半天，不见端出什么来。只见他在腰里摸了一阵，摸出一个扁不扁、圆不圆的牛皮盒来，又慢条斯理地打开盒盖，特地给张亲家大大地卷了一根草烟。张亲家饿得肠子都快贴到肚皮上了，才吸了几口草烟，便头晕起来。又歇了一会儿，李亲家便请张亲家入座吃晚饭。"亲家辛苦了，菜没有，饭要吃饱。"李亲家含蓄地说。

但是到了这个时候张亲家还撑面子："我早上在家里吃得挺多，虽干了一天苦活，但还没消化呢。"张亲家饿得要命，恨不得一口吃一碗，可他撑了嘴，只吃了一碗饭便搁下碗告坐。李亲家看在眼里，也不拘他，便端灯照张亲家去对面草楼上安睡。刚出灶房，灯被风吹熄了。张亲家又撑嘴说："亲家的楼我太熟了，就是闭上眼睛我也能摸到铺。你就别去点灯了。"李亲家听了，就也不拘他。张亲家在院子里转了半晚上才摸到楼门，爬了上去，黑洞洞的什么也看不见，左摸右摸也找不到铺。最后只好在豆渣子里睡了起来。过一会儿，看了看李亲家一家子都早已睡熟了，就悄悄地下了楼，想到灶房摸点剩饭吃。不料，刚走到灶房门边，忽然"啪"的一声，一根木棒向他迎面打来，一惊之下，他以为李亲家把他误当成了贼打，便大声喊叫："亲家，亲家！是我，别打了！"李亲家听到喊声，忙从房里出来，问他："怎么了？"张亲家便马上省悟过来，原来自己是踩中了斜竖在门前的锄头。他害羞极了，要是地下有个洞他会马上钻下去，可一向爱面子的张亲家又有了词儿："啊呀，我是生性脾胃不好，只因多吃了一口，想上厕所却摸错了路。"

第二天一早，张亲家饿得上气不接下气，冻得脸色发紫，汗毛直竖，但他还是强打精神，早早地起来。李亲家"关心"地问他："土楼上很冷，亲家白天干活又辛苦，晚上睡得舒服吧？"张亲家说："不冷，一点也不冷，还热得要命呢，只是挤一点。"心直口快的李亲家不解地问："土楼上只你一个人睡，怎么会挤呢？"张亲家只好道出了真情："是膝盖头和下巴骨挤哩！"

庸医

采录：范建伟
1983年采录于巍山城北

记不清是哪朝哪代了，蒙化城北边一个偏僻的乡村中，有一个姓王的医生，大家管他叫王先生。王先生祖辈两代行医，在附近一带村落颇有名声。待王先生长到六岁时，父亲将他送往私塾开蒙受教，一来想让他读书习文，懂些做人之道；二来想慢慢向他传授医道，日后长大成人，也有了一技之长。父亲望子成龙心切，儿子却不以为然，整日和几个顽童厮混在一起，斗鸡走狗，惹祸生事。光阴似箭，不觉十几年过去了，祖父、父亲不幸相继去世，整个家庭的担子就落到了王先生肩上。王先生混来混去，功不成，名不就，也无法养家，万般无奈，只好干起了游方郎中的行当。也是"天无绝人之路"，初次行医，竟然瞎猫碰着死老鼠，用土方子治好了几个人的小毛病。这个既不知华佗是何朝人，也没有好好读过《黄帝内经》《伤寒论》等书的王先生，弄好了几个病人的小毛病，就自以为掌握了医道中的无穷奥妙，竟在村中打出一个幌子，白布上写着黑字："扁鹊再世，华佗复生。"

王先生行医不知不觉好几年了。那几年，由于风调雨顺天时好，无瘟无疫，乡村中偶尔有几个头疼、肚泻的病人，王先生凭着平时搜集的土方子凑凑合合，也就应付过去了。由于一帆风顺，王先生飘飘然了，他叫人把招牌挂得更高，字写得更大，说话的口气更粗了。不料，一次到瓜江西畔的村庄行医，因滥用补药，使得一病人热火攻心，奄奄一息，幸亏连夜从县城请来医生，病人才得以解救。而王先生本人如果不是逃得早，会游泳的话，恐怕早被庄稼人打瘫了。

如此折腾了一场，王先生总有点心虚了，怕有一天人家会找上门来算账。想来想去，三十六计，走为上计。几天后，县城北门外一家铺子门头上挂起了一个幌子，白布上题有黑字："扁鹊再世，华佗复生。"——王先生搬到了城里行医来了。

这天，王先生铺子里来了一个人，此人年纪三十上下，中等身材，肥胖，坐下后就咳个不停，一张脸憋得通红。他告诉王先生，他也姓王，是从贵州到此地做白布生意的，几天前，全身发热、咳嗽，吃了几副中药都不见好，今天，更是浑身瘫软，连走路、说话都十分吃力了。王先生一本正经地替病人切脉，大口大气地表示：如此小病，保证药到病除。

第二天一大早，王先生的铺子门被人敲得又响又急，王先生手忙脚乱地刚把门打开，没看清来人是谁，只听得"咣啷"一阵响，就被一根凉冰冰的锁链套住了脖子。两个公差不由分说，大喝一声"走！"一扯锁链，王先生昏头涨脑地跟着公差走了。直到来到县衙的大堂之上，王先生还是丈二和尚——摸不着头脑。

原来，昨天晚上姓王的生意人吃了王先生开的鹿茸、人参一类的大补药后，未过几个时辰就七孔流血，暴病身亡。一行同伙问明事由，一张状纸递到了县太爷面前，将王先生告下。可怜王先生行医数年不明白那生意人患病只因连日赶路疲劳，内伤饮食，外感风寒所致，只要和中、解表，得到休养，症状就会解除。可他阴差阳错，这生意人由于人参、鹿茸下肚，热火攻心，阴阳骤然调节不当，活生生被烧死了。

县太爷几经盘问，认定是庸医滥用补药，使人致死，于是判定罚王先生纹银五百两，给死者后人生活之用。抬埋死人的一切费用由王先生承担；出殡时，要王先生全家皆披麻戴孝，抬灵绕城示众。

此事把全城都轰动了。出殡时，街上硬是围得水泄不通。王先生全家皆披麻戴孝，老两口在前，两个儿子在后，抬棺木，一步一挨地走着。王先生见围观之人议论纷纷，心里不服气，心想我行医多年，倒霉事怎么偏偏落到自己头上。想到这里，他不由自主地唱了一句"祖宗三代都行医"，老伴一听，心里可气炸了：这个老鬼，事到如今，老毛病还不改呀！她越想越气，接了一句："医死病人连累妻。"不到二十岁的两个儿子受此牵连遭活罪，加上肩上压力太沉，还要受围观之人指指戳戳，正在好气，突然听到老两个在前面还有心肠唱调子，也忍不住抱怨道："这个死人真正重，"王先生听儿子之言，心想，死的这小子也确实太胖了，难怪儿子抬不动，实在可怜！嘴里接着唱道："下回专拣瘦的医。"围观的人听了，不由得捧腹大笑起来。

三女婿拜寿

讲述：华兴武
记录：华艳芬
1984 年采录
流传地区：巍山庙街

从前，王员外有三个女儿，大女儿嫁给织布的，二女儿嫁给打猎的，三女儿嫁给种地的。三女儿婆家比较贫困，不如大姐和二姐家，因此岳父和姐夫们都有点瞧不起三女婿。三女儿和三女婿也知道父亲和姐姐姐夫们的心思，平时里很少和他们来往。

岳父六十大寿那天，三个女婿都去给岳父祝寿。一家人团聚在桌，正准备吃饭，大女婿有意要讽刺三女婿，就笑容满面地对岳父说："父亲，今天是您老六十大寿，借此机会，我来出个题目吟首诗，添点雅兴好不好？"岳父点头应允，二女婿也欣然应承，三女婿见推不过，也勉强答应了。大女婿说："那我们就以有去有来、有去无来各吟一首吧。"然后自己就先吟了起来："有去有来机上梭，有去无来水上波。机上梭，水上波，小子无钱连汤都不能喝。"二女婿也连忙接道："有去有来梁上燕，有去无来弓上箭。梁上燕，弓上箭，小子无钱莫赴宴。"三女婿一听，知道他们在奚落自己，沉思了片刻道："有去有来口中气，有去无来肚中屁。口中气，肚中屁，君子无钱受狗气。"大女婿和二女婿被反讥了一番，只好讪讪地笑着说："吃饭吃饭。"

老来莫放牛

讲述：左恩相
记录：左育能
2004 年采录于巍山五印

传说有一老人，粗识几个字，来得一口顺口溜。一天，他去放牧，羊朝前跑，牛又走得慢。牵着驴子朝前赶，来到山脚下，架起土锅煮洋芋，突然上边过来几只羊，滚下石头砸烂了土锅，洋芋顺坡滚下去了，火灰满天飞。

老人又饥又饿又累，回到家里吃饭时，老人编了一段顺口溜：

"羊倌朝前冲，牛倌跟不上，驴倌在后，枪声不断，走到背阴山，架起土围城，野火春风斗土城。突然间，羊将军过来，石将军下去，攻破土围城，兵马逃山下，此时间，灰将军又起，满城烟雨，斗得天昏地暗。"

儿女们听了觉得很有趣，只是不知其意。老妈妈说："是说你爹去放牧，土锅烂了，饿了一天，回来已疲惫不堪。"儿女们一听，都变明白了。从这天后，儿女们轮流放牧，不再让老人去放牧。从此，也留下了"老来莫放牛"的俗语。

三人比高

采录：陈秀峰
1985年采录

一日，一位巍山人、一位大理人、一位四川人在一家茶馆不期而遇。三人一边喝茶一边就闲聊起来。你一言我一语，就聊起各自家乡的山水建筑。由于过去交通信息闭塞，又不兴旅游，三人并不知晓对方家乡的情况。言来语去，感觉三个地方各有千秋。后来四川人提出，不如大家用一句话来讲讲家乡最具代表性的东西。大理人和巍山人就答应了。敢为人先的四川人就首先开口了，说道："四川有座峨眉山，隔天只有三尺三。"心想，峨眉山乃名山名川，准能镇住他们两人。不想大理人说道："大理有名是三塔，隔天只有一尺八。"巍山人一听前两个人都分别说出了各自家乡有名的东西，都在比高，他想了片刻就说："巍山有座钟鼓楼，半截伸在云里头；初一去烧香，十五才下楼。"四川人和大理人听后无话可说。

大嘴姑娘相亲

采录：郑宏鑫
1984年采录

过去，有个二十多岁的姑娘，身段长相都可以，就是嘴巴大了点。她要不吱声还好，如开怀大笑，嘴里扔进个大荷包绝不成问题。

一天，媒人带她去相亲，路上一再叮嘱："到了对象家少说话，别笑，问你话时尽量用闭口音回答。"姑娘点头答应。

到了对象家，对象的母亲问："贵姓？""姓鲁！""多大年纪了？""二十五！""家住哪里？""杨家铺！""干什么工作？""卖布！"

对象家听了很满意，同意了这门亲事，并留姑娘和媒人吃中饭。席间对象又给姑娘敬了三盅红葡萄酒，谁知酒劲一上来，她把媒人嘱咐的话忘了个一干二净。

偏巧，对象的三姨来了，问姑娘："贵姓？""姓花！""多大年纪？""二十八！""家住哪儿？""北大洼！""干什么工作？""卖瓜！"说完就张开大嘴"哈哈"地笑开了，吓得对象目瞪口呆，于是这桩婚事砸了。据说，嘴与下身一样大，咋不令人害怕？

附录一　故事家小档案

左育能

彝族，1943年生，巍山县龙街乡人。参加工作后曾任公社副主任、中共巍山县委副书记、县民委主任等职。因是当地土著民族，善于讲述民间故事，成为当地的民间故事讲述家，又因热爱民间文学，认为民间文学有其哲理性、趣味性，因此在担任县民委主任的十几年间，还不断记录民间传说故事数十篇，在省、州报刊上均有发表。

马育文

字英才，回族，云南巍山人，生于1917年。热爱民间文学，同时通书法、诗词、楹联。新中国成立后，全身心投入对民族历史文化的抢救工作中，经他调查、收集、整理的民间文学作品50余篇，先后在《巍山文史资料》《云南回族社会历史调查》《大理州彝族社会历史调查》等刊物上发表。

胡有亮

1951年生，巍山县庙街镇北桥乡人。酷爱民间文学，走村串寨对民间传说故事进行收集整理，约有几十篇在省、州、县报刊上发表。

李建周

1952年生，巍山县庙街镇北桥乡人。本人身居农村，具有高中毕业文化程度，对乡野文学颇有兴趣，认真对民间文学进行收集整理，先后有几十篇故事在报刊发表。

附录二　未收入本卷的主要故事篇目

金笔山的故事

龙的传说

麻姑冲

飞来城

大仓三街的由来

西山街

四趾佛

三鹤洞的故事

飞来佛的传说

杜文秀宽大收英雄

杜文秀请客

金凤凰

白衣财神

紫金山佛像

翻

后记

在州、县党委、政府的直接领导下,由大理白族自治州白族文化研究所牵头编辑的《中国民间故事丛书·云南大理·巍山卷》正式出版了。

巍山彝族回族自治县位于云南省西部,是建置历史悠久的地方。早在春秋战国时就属滇国地;西汉元封二年(前109年)设邪龙县;唐代,是南诏国的发祥地。

从古至今,巍山都是一个多民族聚居的地区,现居住着的汉、彝、回、白、苗、傈僳等民族都是巍山境内定居百年以上的世居民族。众多的民族各自有着优秀的民族文化,在各民族中间,蕴藏着丰富的民间文学,就故事传说而言,主要有关于人类起源、南诏崛起、机智人物、地名、寺庙宫观、风景名胜、宗教信仰、风俗民情等方面的内容。这些故事传说不仅内容丰富,而且充满了哲理性、科学性和趣味性,从不同角度折射出了历史的光辉。

作为中国民间文化遗产抢救工程项目的《中国民间故事丛书·云南大理·巍山卷》,得到了诸多方面的关注。该书在采用了《巍山民间故事选》中部分故事的基础上,又吸收了新的内容。该书收入的故事坚持全面性、科学性,以求"全"、求"真"。忠实保持口传文学的特点、地方特点和民族特点;

保持原创作品的原汁原味和鲜活性,所收故事均在巍山境内各民族中流传,又充分体现出口头性和流传性。

  该书的编辑出版,得到了巍山县杨化宇、茶崇亮、字绍华、吉向阳、熊艳平等党、政领导的支持;在具体业务工作中,有李继武、范辉、罗永贵等同志的热情帮助;有杨光樑、字开春、朱介林三同志为该书提供了照片,在此一并致谢!

编者

2004年9月1日

图书在版编目（CIP）数据

中国民间故事丛书·云南大理·巍山卷/罗杨总主编．—北京：知识产权出版社，2016.8
ISBN 978-7-5130-4369-4

Ⅰ.①中… Ⅱ.①罗… Ⅲ.①民间故事—作品集—巍山彝族回族自治县 Ⅳ.①I277.3

中国版本图书馆CIP数据核字（2016）第195253号

责任编辑：孙　昕　　　　　　　装帧设计：研美设计
责任出版：刘译文

中国民间故事丛书·云南大理·巍山卷
中国民间文艺家协会　组织编写
总 主 编　罗　杨
本卷主编　王丽珠

出版发行	知识产权出版社有限责任公司	网　　址	http://www.ipph.cn
社　　址	北京市海淀区西外太平庄55号	邮　　编	100081
责编电话	010-82000860转8111	责编邮箱	sunxinmlxq@126.com
发行电话	010-82000860转8101/8102	发行传真	010-82000893/82005070/82000270
印　　刷	北京科信印刷有限公司	经　　销	各大网上书店、新华书店及相关专业书店
开　　本	720mm×1000mm　1/16	印　　张	19.75
版　　次	2016年8月第1版	印　　次	2016年8月第1次印刷
字　　数	334千字	定　　价	49.00元

ISBN 978-7-5130 4369 4

出版权专有　侵权必究
如有印装质量问题，本社负责调换。